로지컬 리스닝

로지컬 리스닝

—속마음을 읽어내는 기술

지은이 | 후나카와 아쓰시
옮긴이 | 한승동 · 양은숙
펴낸이 | 김성실
편집주간 | 김이수
편집 | 조성우 · 박남주 · 천경호
마케팅 | 이동준 · 이준경 · 강지연 · 이유진
디자인 · 편집 | (주)하람커뮤니케이션(02-322-5405)
표지인쇄 | 중앙P&L(주)
본문인쇄 · 제본 | 한영문화사
펴낸곳 | 시대의창
출판등록 | 제10-1756호(1999. 5. 11)

초판 1쇄 인쇄 | 2007년 11월 9일
초판 1쇄 발행 | 2007년 11월 14일

주소 | 121-816 서울시 마포구 동교동 113-81 4층
전화 | 편집부 (02) 335-6125, 영업부 (02) 335-6121
팩스 | (02) 325-5607

ISBN 978-89-5940-085-0 (03320)
값 13,500 원

로지컬 리스닝

후나카와 아쓰시 지음 | 한승동 · 양은숙 옮김

시대의창

머리말

커뮤니케이션의 질을 높이기 위해 꼭 필요한 기술

"저 사람은 좀체 얘기를 하지 않는 데다가 입을 연다 해도 무슨 말을 하는 건지 도통 모르겠다. 무엇보다 상대방의 얘기를 들으려 하지 않는다."

아마 대부분의 사람들이 이런 상황을 경험해봤을 것이다. 로지컬 리스닝logical listening은 바로 이런 생각을 하는 사람들에게 필요한 커뮤니케이션 능력이다. 즉, 상대방의 이야기를 들으면서 상대방의 머릿속에 들어 있는 생각과 의도를 이해하는 기술이다. 이 기술은 정보수집에서부터 교섭, 회의에서의 합의 그리고 새로운 깨달음을 이끌어내거나 조직 속에서 부가가치를 창출하는 데 이르기까지 비즈니스 현장에서 강력히 요구되고 있다.

리스닝, 즉 '듣기'는 커뮤니케이션의 가장 중요한 기능이며 '듣기'를 단련한다는 것은 결국 말하기 능력을 높이는 일이기도 하다. 로지컬 리스닝은 '듣기'를 중심으로 커뮤니케이션을 종합적으로 파악하고 그 질을 향상시키기 위해 반드시 익혀야 할 능력이다.

따라서 서두에서 지적한 것처럼 대화의 문제를 무조건 상대방의 탓으로 돌리기 전에 '나는 저 사람이 이야기하기 쉽도록 분위기를 만들어줬나?' '상대방의 발언을 이해하기 위해 얼마나 노력했나?' '발언 뒤에 숨겨진 전제에 대해 생각해봤나?'를 생각해봐야 한다.

로지컬 리스닝이란 말은 2004년 11월에 출간된 《비즈니스 현장에서 통하는 사고력과 대인관계 능력》(니혼게이자이신문사)이라는 책에서 처음 사용되었다. 또한 2005년 3월, EQ의 제창자인 예일 대학의 피터 셀로비Peter Salovey 박사와 함께 기조강연을 했을 때도 내가 소개한 적이 있다.*

그때까지만 해도 커뮤니케이션에는 사고력과 대인관계 능력, 이 두 가지만 중요하다고 생각해왔다. 때문에 기업연수 프로그램에서는 대인사고력對人思考力(Interactive Thinking)이란 개념 정도만 교육하고 있었다. 그런데 가까스로 커뮤니케이션의 장애가 '리스닝'에 있었다는 사실에 눈을 뜨게 된 것이다.

나는 지난 15년간 경영 컨설턴트로서 '글로벌 비즈니스의 사람과 조직'이라는 주제를 다뤄왔다. 자칫 거창해지기 쉬운 '글로벌 경영'에 관한 이야기인데 이 문제를 다루면 다룰수록 오히려 근본적인 문제가 마음에 걸렸다.

그것은 '왜 이야기의 앞뒤가 맞지 않지?'라는 소박한 의문이었다. 이 문제의식은 비즈니스 스쿨에 가기 전인 외국계 기

* 'EQ이론'의 학술적 교류와 비즈니스상의 실천을 소개한 심포지움이다.

업에서 근무하고 있을 때부터 갖기 시작했다. 당시는 지금과는 반대로 컨설턴트를 고용했다. 나는 거품경제가 한창이던 시절 전략입안戰略立案 프로젝트 팀의 사무국에서 일하게 되었다. 비전을 만들고 전략을 짜는 작업을 하면서 '선택된 멤버들' 사이의 커뮤니케이션이 제대로 이루어지지 않는 상황을 지켜봤다. '선택된 멤버들'이기 때문에 의견을 조율하기가 더 어렵다는 것을 당시에는 이해하지 못했다.

이러한 갈등은 미국 본사와 일본 지사 사이에서도 많이 일어났다. 언어문제 이상으로 의견을 조율하기가 어려웠고, 그 의견이 제대로 공유되지도 못했다. 가끔 미국 본사에서 온 방문객을 당시의 대장성(현 재무성)에 데려간 적이 있는데, 그럴 때 커뮤니케이션은 더 어긋나버렸다. 그런 상황 속에서 큰 좌절감을 맛봤던 경험이 회사를 그만두고 다시 한 번 공부를 해야겠다고 마음먹은 계기가 됐다.

나는 미국에서 비즈니스 스쿨을 졸업하고 실리콘밸리에 있는 컨설팅회사에 들어갔다. 이후, 문화와 언어의 벽을 넘어 어떻게 조직을 꾸려갈 것인가라는 주제를 중심으로 4년간 미국에서 프로세스 컨설팅Process Consulting 활동을 했다. 한번은 실리콘밸리의 하이테크 기업과 일본의 대기업 간의 다양한 제휴·협력사업을 지켜본 적이 있는데 기술, 재무, 시스템, 전략이라는 하드웨어적인 면도 결코 호락호락하지 않지만 문화와 언어의 벽을 넘어 사람의 문제를 다루는 소프트웨어적인 면이 더 힘든 일이 아닌가 생각했다. 그래서 그 주제를 정리해 책을 출간한 후 1995년 말에 일본에 돌아왔고 창업한 지 3년째인 글로비스 사에 스무 번째 사원으로 입사했다. 이 책의 독자라면 알고 계실 분도 많으리라 생각하지만, 글로비스 사는 민간 비즈니스 스쿨로 특히 기업의 MBA 교육 분야에서 선두를 달리는 교육기관이다. 그 뒤 나는 본업인 프로세스 컨설팅을 계속하면서 매니지먼트 스쿨 및 기업연수 강사를 시작했다. "글로벌화에 대응하기 위해서는 사람도, 조직도 기술 향상이 필요하다"고 확신했기 때문이다.

'경청'과 '논리검증'이라는 두 가지 작업을 동시에 하다

독립한 지 8년째인 지금도 이 기본적인 자세에는 변함이 없다. 나는 프로세스 컨설턴트와 연구 강사, 바꿔 말하면 퍼실리테이터facilitator를 하고 있다. 참고로 2005년에 수행한 기업연수는 일수로 178일이었고, 참가자는 2049명이었다. 이것은 앞서 말한 강연 같은 건 제외한 숫자다. 9시부터 5시까지(경우에 따라서는 밤에도) 진행하는 인터랙티브interactive, 즉 참여형 모임이다.

이와 함께 프로세스 컨설턴트로서는 인터뷰, 태스크포스task force와의 협동작업, 사내의 과제 공유 워크숍 등을 담당한다. 나는 최근 몇 년 동안 거의 이런 활동을 계속하고 있다. 참가자의 10퍼센트는 외국인이다.

결국 국적, 업계, 직종, 연배가 다른 다양한 사람들과의 업무를 수없이 체험하고 관찰해온 셈이다. 이는 '리스닝'을 실천할 수밖에 없는 환경이기도 하고 내 공부의 원천이기도 하다.

이 모임에서는 나와 참가자 사이의 의견교환뿐 아니라 참가자들끼리의 의견교환도 이루어진다. 때문에 모임에 참여하는 다양한 사람들의 사고 패턴과 감정이 종종 드러난다.

그 중에는 컨설턴트나 외부강사 같은 부류에 대해 부정적인 이미지를 갖고 있는 사람, 인터뷰를 부탁해도 입을 열지 않는 사람 그리고 말 그대로 삐딱한 사람도 있다. 거꾸로, 열심히 얘기는 하지만 논점을 파악하기 어려운 사람도 있다.

나는 그런 상황에서도 참가자들의 다양한 의견이나 생각을 듣고 지적할 부분을 전달해줘야 한다. 상대방의 의견을 받아들이면서도 의견이나 생각 그리고 그것들 이면에 숨겨진 전제를 끌어내 발언 내용의 타당성을 검증해야 하는 것이다.

로지컬 리스닝은 경청과 논리검증이라는 상반돼 보이는 작업을 동시에 수행할 필요가 있다.

로지컬 리스닝이란 개념에 도달하는 데는 지난 15년간의 이러한 경험이 바탕이 됐다. 물론 경험만으로는 부족한 부분들이 많고 편향된 시각을 가질 수 있기 때문에 로지컬 리스닝이나 경청 세미나 등에서 사용한 친숙한 이론체계 등도 가미했다. 여기에서는 먼저 로지컬 리스닝에 대한 세 가지 중요한 사실을 소개하겠다.

FACT 1: 로지컬 리스닝은 영업사원에서부터 연구개발팀 리더에 이르기까지, 전략 컨설턴트로부터 퍼실리테이터에 이르기까지 범용성이 높은 핵심기술이다

1) 커뮤니케이션 없이 협력 작업은 불가능하다.
2) 리스닝은 커뮤니케이션에서 사용빈도가 가장 높다.
3) 하지만 리스닝은 교육의 우선순위가 가장 낮다.

FACT 2: 로지컬 리스닝은 사고력과 대인관계 능력, IQ와 EQ의 통합기술이다

1) 사고력과 대인관계 능력은 서로 결합돼야 일에 활력을 불어넣는다.
2) 하지만 사고력과 대인관계 능력은 단절돼 있다.
3) 그 결과 어느 한쪽도 계발하기가 어려워졌다.

FACT 3: 로지컬 리스닝은 상대와의 업무(쌍방향성) 중에 발휘되는 실천적이면서 역동적인 기술dynamic skill이다

1) 상대가 언제나 협력적으로 나오는 것은 아니다.
2) 상대가 언제나 논리적으로 알기 쉽게 얘기하는 것은 아니다.
3) 그런 상황에서 자신이 임기응변식으로 어디까지 대응할 수 있을지를 묻는 기술이다.

방치되어온 핵심기술

로지컬 리스닝은 '방치되어온 핵심기술'이다. 따라서 이 책에

서는 로지컬 리스닝의 개념을 소개하고 그것을 실천하는 데 필요한 도움을 주고자 한다. 방치돼 있던 기술만으로도 커뮤니케이션 능력을 충분히 키울 수 있다.

또 로지컬 리스닝을 두고 "논리만으로 다른 사람의 얘기를 경청할 수 있다는 말입니까?"라고 염려하시는 분도 있다. 이런 분이 있어서는 안 되겠기에 강조해둔다. 앞서 말했지만 로지컬 리스닝은 논리만으로 이루어지는 것이 아니다. '마음의 지능지수'라는 EQ 역시 반드시 필요하다. 자세한 얘기는 본문에서 하겠지만 내가 '로지컬'이라고 이름을 붙인 이유는 '로지컬 리스닝'으로 대표되는 사고력과 '경청기술'로 대표되는 대인관계 능력의 통일을 강조하고 싶었기 때문이다.

또한 이 책은 '리스닝'을 중심으로 기술했지만, 커뮤니케이션 전반에 대해 언급했다. 상대방을 이해하기 위한 리스닝임은 두말할 것도 없고 자신의 말을 이해시키기 위한 리스닝이기도 한 것이다. 커뮤니케이션은 상호이해를 위한 역동적 기술dynamic skill이기 때문에 일방적으로 듣는 것에서 그치는 것이 아니라 상호작용 속에서 사고해야 한다.

내가 지금까지 만나온 많은 고객들이 없었다면 아마 이 책을 쓰지 못했을 것이다. 또한 내가 담당하고 있는 공개강좌에(퍼실리테이터 기술 연수) 참여한 수료자들에게도 많은 도움을 받았다. 이 모든 분들께 감사드린다. '리스닝'이 공부하는 데 얼마나 중요하고 많은 깨달음을 주는지 이 책을 쓰면서 다시 한 번 확인할 수 있었다.

마지막으로 로지컬 리스닝이란 기술을 세상에 널리 알리는 임무를 함께해주신 다이아몬드사의 편집담당 다카노쿠라 도시가쓰高野倉俊勝 씨에게 이 기회를 빌려 감사드린다.

독자 여러분이 '논리적이지 않은 논의'를 조금이라도 '논리적인 논의'로 바꿔, 새로운 공부와 발견의 계기를 찾는 데 이 책이 일조할 수 있었으면 한다.

후나카와 아쓰시

CONTENTS

PART 02

로지컬 리스닝이 요구하는 것은 무엇인가

PART 03

커뮤니케이션의 본질

PART 04

로지컬 리스닝에 필요한 사고력을 연마하라

PART 05

이야기를 끌어내기 위한 로지컬 리스닝의 실천

PART 06

논리적인 논의를 위해 필요한 것들

PART 07

집단 내 로지컬 리스닝

PART 08

"로지컬 리스닝"을 넘어서

로지컬
LogicalListening
리스닝

Keys to Winning Heart and Minds

PART 01

왜 로지컬 리스닝이 중요한가?

01. 로지컬 싱킹의 보급으로 가능해진 것
02. 로지컬 리스닝은 사고력+대인관계 능력이다
03. 단절된 '사고력'과 '대인관계 능력'
04. 밸류체인을 움직이는 것: '커뮤니케이션 나무'
05. 불완전한 커뮤니케이션의 위기: 파탄난 '호흡 맞추기'
06. 《바보의 벽》의 공과功過, "얘기해보면 안다"는 건 거짓말일까?
07. 수신계(받아들이는 계통)부터 단련하라
08. 대화 없이는 '다이변 시대'를 헤쳐나갈 수 없다

[column 1]

크리티컬 싱킹과 로지컬 싱킹은 어떻게 다른가

01 로지컬 싱킹의 보급으로 가능해진 것

"논리적 사고에 관한 책을 읽어보긴 했습니다만 막상 실제로 직장에서 활용하려 하면, 아무래도……."
"로지컬 라이팅logical writing 연수는 받아봤는데요, 회의 같은 토론 자리엔 너무 쓸데없는 얘기가 많아서요……."

최근 몇 년 동안 '로지컬 싱킹' '크리티컬 싱킹'의 보급과 함께 각 기업에서는 논리적 사고 계통의 연수가 늘고 있다. 나 역시 1999년 무렵부터 '사고력 강화연수'라는 프로그램을 제조업으로부터 금융업에 이르기까지 그리고 국내뿐 아니라 해외에 있는 외국인에게도 실시하고 있다. 참고로 지난해에는 약 40회에 걸쳐 800명 가까운 분들이 참여해주셨다. 이는 머리말에서 얘기한 2005년에 내가 진행한 모임의 40퍼센트에 해당한다. 연령은 20대부터 50대까지였고 제약회사 연구개발자, 싱크탱크의 컨설턴트, 하이테크 제조업체 엔지니어 그리고 광고대리점 직원 등 높은 전문성이 요구되는 일을 하고 있는 사람들이 많이 참여했다.

이 장 첫머리의 코멘트는 보통 세미나 오프닝에서 자기소개와 주제에 대한 문제의식을 참가자에게 물어볼 때 흔히 들을 수 있는 말이다. 대부분의 회사에서 이런 말을 들을 수 있다. 얼마 전에도 다음과 같은 매우 흥미로운 발언을 들었다.

"이 세상은 감정적으로 얘기하는 사람과 논리적으로 얘기하는 사람으로 나뉜 것 같아요. 물론 우리 회사에는 전자가 많아서 난처하지만요."
"기획서를 쓸 때는 피라미드를 의식해서 논리적으로 생각하게 되는데, 그걸 말로 하면 갑자기 엉망이 돼버려서……."
"논리적 사고에 관한 책을 읽고 나서 Why(왜?) 라든가 So what?(그래서 어쨌다고?) 등을 써먹어보려고 했는데 위에서 쓸데없이 말만 많다고 화를 내버리시니……."(그림 1-1)

[그림 1-1] 로지컬 싱킹은 확산돼왔는가

사고력을 키우는 것만으로는 충분하지 않다

로지컬 싱킹에 관한 교육을 받은 수강자들, 혹은 컨설턴트와 친분이 있는 경영기획 직원들은 "MECE, 피라미드" 같은 자기들끼리만 알고 있는 공통언어로 대화하는 경우가 많다. 하지만 다른 직원들은 그 의미를 알지 못한다. 그래서 "공부 좋아하는 부류들만 신났네"라고 생각하는 경우가 많다.(그림 1-2)

즉, 로지컬 싱킹이 확산돼온 것은 좋은 일이지만 그것만으로는 충분하지 않다는 것이다. 현재 논리적 사고를 포함한 사고력을 키우는 일은 비즈니스계를 넘어 일반 대중에게도 널리 확산되고 있다. 지식 그 자체뿐 아니라 지식을 편집하거나 어떠한 사실에 가설을 세워 입증하는 작업도 사고력이다. 지적 부가가치가 중요시되는 시대에 사고력은 꼭 필요한 요소다. 자세한 내용은 나중에 얘기하겠지만, 우리(일본)는 지금까지 사고력을 향상시키는 교육을 제대로 하지 못했다. 그런데 최근 몇 년간 논리적 사고를 중심으로 사고력의 중요성에 대한 이해가 높아지면서 교육 기회가 많아졌다. 로지컬 싱킹, 크리티컬 싱킹(칼럼 1 참조)과 같은 논리라는 타이틀이 들어간 '사고'에 관련한 책이 대중적으로 보급되고, 그런 류의 교육이 늘어난 것은 다 이유가 있는 것이다.

하지만 사고력을 키우는 것만으로는 충분하지 않다. 이는 타이어를 새것으로 교체하고 고속도로를 달리다가 한쪽 타이어가 교체되어 있지 않다는 걸 알아차리는 것과 같은 이치다. 그렇다면 무엇이 부족한 것일까? 그것이 바로 이 책에서 소개하는 로지컬 리스닝이다.

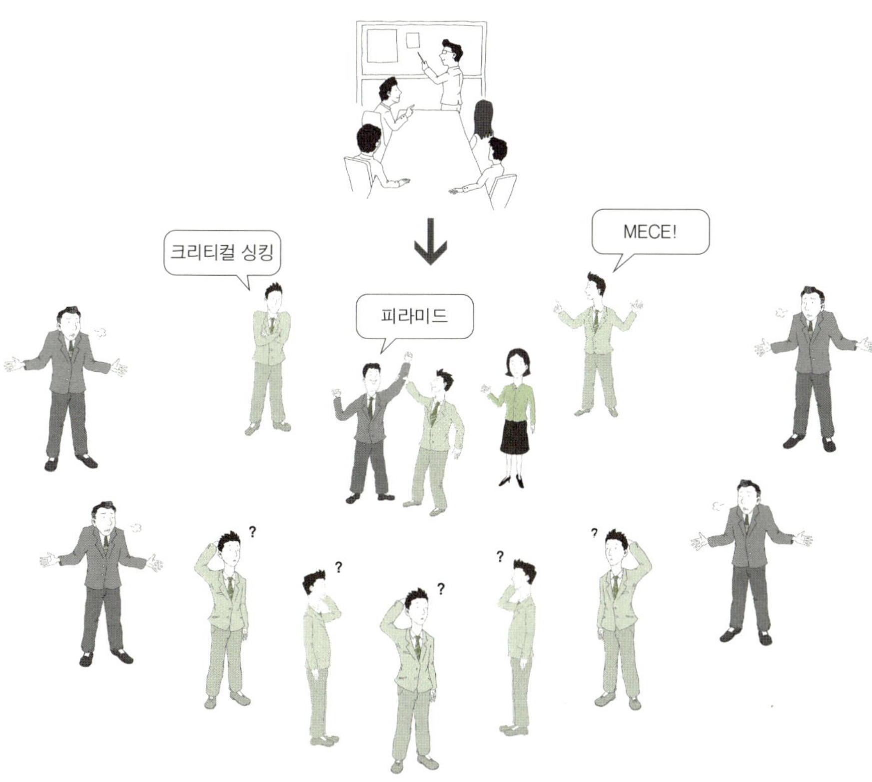

[그림 1-2] 로지컬 싱킹은 확산돼왔으나

02 로지컬 리스닝은 사고력+대인관계 능력이다

로지컬 리스닝은 사고력과 대인관계 능력을 합친 대인사고력의 핵심이다. 먼저 대인사고력부터 살펴보자. 대인사고력은 영어로 Interactive Thinking이라 한다. 여기서 말하는 Interactive, 즉 인터랙션Interaction이란 쌍방향을 의미한다. 당연한 얘기지만 사고력만으로는 비즈니스가 불가능하다. 비즈니스는 다른 사람들과 커뮤니케이션을 하면서 협력해나가야 하기 때문이다. 물론 이건 비즈니스에만 국한되는 건 아니다. 사회생활을 하기 위해서는 스스로 건강한 생각을 가지고 다른 사람들과 부대끼며 협력해나가야만 한다.

인터랙션은 커뮤니케이션의 본질이다. 사고력과 대인관계 능력은 모두 중요하다. 그런데 이 당연한 사실이 비즈니스 현장에서는 잘 이루어지지 않는다. 어느 한쪽의 능력만 가지고 있으면 문제없다는 고정관념이 있기 때문이다. 하지만 실제로 두 가지 요소는 모두 중요하다. 로지컬 리스닝을 양자일체兩者一體 개념으로서의 대인사고력이라고 한 까닭이 여기에 있다.

오래 방치되어온 중요한 기술

그렇다면 로지컬 리스닝이 무엇인지 더 깊이 들어가보자. 리스닝, 즉 '듣는 일'은 커뮤니케이션을 할 때 가장 중요한 기술이다. 그런데 그 중요한 기술이 오랜 시간 방치되어왔다.

최근 몇 년간 상담원이나 대인관계 관련 강사들이 지도해온 '경청 세미나'에서는 상대방의 얘기를 이끌어내는 기술들을 소개해왔다. 듣는 것의 중요성이 마침내 인지되기 시작한 것이다. 이것은 시대의 필요에 따른 것으로 환영해야 할 일이다. 하지만 중요한 요소 하나를 간과했다. 그것은 상대방의 얘기를 들으면서 상대방의 말뿐 아니라 얘기의 줄기를 쫓아가며 그 이면에 숨겨진 의도를 이해하는 일이다.

즉, '듣는' 것과 동시에 '생각하는' 것도 중요하다는 뜻이다. 그런데 "자기 생각에 빠져있을 때는 상대방의 얘기가 들리지 않는다"고 반론을 제기하는 사람들이 있다. 맞는 말이다. 그런데 "자신이 다른 생각을 하고 있을 때는 상대방의 얘기를 들을 수 없다"고 표현하는 것이 더 정확할 것이다. 상대방의 얘기를 들으면서 이런저런 생각을 하고 있다면 당연히 상대방의 얘기를 들을 수 없는 것이다.

상대방이 말하려는 의도, 논지, 상황을 생각하면서 듣는 것은 충분히 가능하다. 그리고 그것은 중요하다. 즉, '듣는' 것과 '생각하는' 것은 양립할 수 있다는 말이다. 물론 생각하는 것은 듣는 것과 마찬가지로 자기 선입관의 영향을 쉽게 받는다. 그것을 바탕에 깔고 '듣는' 것과 '생각하는' 것의 양립을 지향하는 것이 바로 로지컬 리스닝의 묘미다.

상대방의 얘기를 들으면서 논지와 의도를 이해하는 기술

왜 '생각하는 일'이 그토록 중요한가? 안타깝게도 상대방에게 논리정연하고 알기 쉽게 얘기할 수 있는 사람은 많지 않다. 하지만 상대방의 말 속에 숨어 있는 전제나 논리가 무엇인지를 생각하면서 들을 수 있어야 한다. 경우에 따라서는 적절한 질문이나 반응을 보임으로써 상대방이 말하려는 얘기의 줄기를 알아듣기 쉽게 만들어야 한다.

즉, 로지컬 리스닝은 "상대방의 얘기를 들으면서 상대방이 머릿속으로 무슨 생각을 하고 있는지 그리고 그 의도가 무엇인지"를 이해하는 기술이다.

얼핏 보기엔 아주 기본적이고 쉬운 말 같다. 하지만 문제는 비즈니스 현장에서 이것이 잘 이루어지지 않는다는 것이다. 여기서 기본적이라는 것은 영업사원에서부터 연구개발팀 리더에 이르기까지, 그리고 전략 컨설턴트로부터 퍼실리테이터facilitator에 이르기까지 모든 사람들이 사용할 수 있는 필수적인 기술을 말한다.

그런데 왜 그토록 중요한 기술이 오랫동안 방치되었던 것일까? 그 이유는 '경청'과 '로지컬 싱킹'이라는 두 가지 기능이 그동안 단절돼 있었기 때문이다.

03 단절된 '사고력'과 '대인관계 능력'

비즈니스 현장에서는 '사고력'과 '대인관계 능력' 모두를 갖춰야 살아남을 수 있다. 하지만 사람들 사이에서 뿌리깊이 남아 있는 생각은 '어느 한쪽'만 갖추어도 된다는 것이다. 즉, "사고력과 대인관계 능력은 서로 어울릴 수 없는 기술이기 때문에 어느 한쪽만 익히면 다른 한쪽은 익히지 않아도 된다"는 풍조가 있다. 이것을 '사고인저思高人低(생각은 높고 사람은 낮다)' '인고사저人高思低(사람은 높고 생각은 낮다)'라고 이름 붙이겠다.

먼저 '사고인저'란 "사고력은 비교적 높은데, 대인관계 능력이 낮은" 타입을 말한다. 이 사람들은 "머리가 좋으면 모든 게 잘 풀린다, 대인관계 능력은 사고력이 낮은 사람에게나 필요하지 내겐 필요 없다"고 확신하고 있기 때문에 대인관계 능력을 계발하지 않는다. 그러나 나는 이런 사람들 중에 본인이 생각하는 것만큼 사고력이 높은 사람을 만나본 적이 없다. 많은 지식을 갖고 있거나 머리 회전이 빠른 것에 스스로 도취돼 있어 성장이 멈춘 경우가 많다. 그럼에도 불구하고 자기 자신은 그렇지 않다고 확신하기 때문에 대인관계 능력의 결함이 한층 더 현저해지는 타입이다.

실제로 사고력이 높은 사람은 다른 사람의 의견을 존중하고 사고가 유연하며 자연스럽다. 결코 '나 혼자 잘난' 사람이 아니다. '나 혼자 잘난' 사람이 되어서는 결코 대인관계 능력을 키울 수 없다.

학교 교육은 사고력을 무시해왔다

한편, '인고사저'란 "대인관계 능력은 비교적 높지만 사고력이 낮은" 타입을 말한다. 이들은 "세상사 이치에 따라 움직이면 고생하지 않는다. 그러니 까다로운 건 필요 없다. 무엇보다 머리 좋은 작자들 중에 착실한 인간을 못 봤다"는 자기정당화를 갖고 있다. 이런 사람들 역시 사고력을 키울 수 없다. 결코 '머리가 좋다=사고력이 높다' '머리가 나쁘다=사고력이 낮다'란 등식은 성립하지 않는다. 학교 교육은 사고력thinking을 경시하고, 지식이라기보다는 기억력knowing을 중시했기 때문에 이 도식은 부합하지 않는다. 그럼에도 불구하고 스스로 '인고사저'에 머물러 있는 사람들이 있는데 정말 안타까운 일이다. 사고력은 누구나 노력하면 성장할 수 있다.

이처럼 '사고력'과 '대인관계 능력'은 커뮤니케이션에서 모두 중요한 요소다. 그런데 그동안은 어느 한쪽만 갖추어도 괜찮다는 생각을 많은 사람들이 가지고 있었기 때문에 이 두 가지 기술이 서로 단절돼 있었다. 게다가 교육하는 사람들, 이런 기술을 제공하는 사람들도 이런 '한쪽 지향적인' 고정관념에 사로잡혀 있는 경우가 많았다.

'논리적 사고'와 '경청' 사이에 있는 깊은 단절

논리적 사고에 관한 유명한 책 중에 "심리학자나 독심술사가 아닌 다음에야 상대방 말을 100퍼센트 이해할 수 있겠는가, 그런 일에 신경쓰는 건 쓸데없는 짓"이라는 취지의 얘기가 쓰여 있는 구절을 보고 놀란 적이 있다. 논리적 사고가 결여돼 있는 데 대한 문제제기를 하고 싶은 저자의 의도로 본다면 이 말은 충분히 이해할 수 있다. 하지만 그렇다고 해서 대인관계 능력을 가볍게 여겨서는 안 된다. 상대방을 관찰하는 일은 '사이비 심리학자'가 되기 위함이 아니라 커뮤니케이션을 하는 데 중요하기 때문이다.

이 책에서는 상대방의 발언에 대한 정보가 100퍼센트 주어져 있지 않더라도 그 말 이면에 숨어 있는 생각을 깊이 들여다봐야 한다는 것을 권장하고 있는데 "상대방의 말을 100퍼센트 이해할 수 없으니까 이해하려는 노력 자체를 포기하는 게 옳다"는 주장을 인정한다면 '논리의 일관성'이 없는 것 아니겠는가?

물론 그 반대의 경우도 많다. 나는 종종 "어차피 인간은 감정적인 동물이기 때문에 논리로는 움직이지 않는다"는 글을 접한다. 왜 양쪽 모두 중요하다고 생각하지 않는 건지 이해하기 어렵다.

이처럼 '논리적 사고'와 '경청' 사이에는 깊은 단절이 있다. 그것은 '사고력'과 '대인관계 능력'의 단절을 의미한다. 이런 상황에서는 '사고계'와 '대인계'의 상호이해가 불가능하다. 결국 단절된 벽만 높아질 뿐이다.

04 밸류체인을 움직이는 것: '커뮤니케이션 나무'

그런데 단절이라는 말이 나온 김에 '기술skill의 단절'에 대해서도 살펴보자. 영어로는 Skill Fragmentation이라 부른다. Fragmentation이란 조화를 이루지 못하고 뿔뿔이 흩어진 상태를 가리킨다. 즉, 개개의 기술이 단절돼 있어 전체적인 상이 보이지 않는 것을 말한다.

최근 내 스케줄에는 '사고력 강화연수' '대인사고력' '퍼실리테이터 기술facilitator skill' 같은 기업연수가 압도적으로 늘고 있다. 하지만 원래 나는 컨설턴트로서 '사람과 조직의 글로벌화'라는 주제를 주로 다루었다. 가끔 인재 육성이나 교육 프로그램 설계와 관련된 일을 요청받은 적도 있었지만 말이다.

당시 내가 실시했던 프로그램은 경영간부 후보를 위한 MBA(Master of Business Administration 경영학 석사)형 연수, 젊은 층을 위한 프레젠테이션이나 경청 세미나, PMBOK(Project Management Body of Knowledge 프로젝트 관리 지식체계)를 토대로 한 프로젝트 매니지먼트 강화 등이었다. 종종 신임부장 연수, 관리자 연수 같은 '계층 연수'만 요구하는 기업도 있었다.

교육 프로그램 설계를 의뢰받을 때 내가 가장 주의하는 것은 전체적인 상이 어느 정도로 다듬어져 있는가 하는 점이다. 그것은 사업특성이나 조직의 필요성에 따라 전략방침과 합치되는 기술교육이 제공되고 있는지, 인재 육성이 이뤄지고 있는지를 본다는 의미다. 만약 기획하는 쪽이 잘 이해하고 있지 못하면 참가자들은 "프레젠테이션 강좌와 프로젝트 리더 연수는 어떤 관계인가?" "컴플라이언스compliance 강의와 경청 세미나는 도대체 어떻게 연관돼 있나?" 하는 식의 혼란을 느끼게 된다.

로지컬 리스닝은 비즈니스 종사자들의 운영체제다

이러한 전체적인 상을 생각할 때 빼놓아서는 안 되는 것이 펀드멘털 기술, 즉 기초적인 운영체제Operating System의 존재다. 다양한 기업연수 프로그램을 지도하면서 이 운영체제의 존재를 깨닫게 된 것은 일본에 돌아와 기업연수를 시작한 지 3~4년이 지나서부터다. 앞서 말한 대로 나는 1995년에 글로비스 사에 입사했다. 비즈니스맨에게 필요한 운영체제의 존재를 깨닫게 된 때가 바로 이 시기다. 그때부터 수많은 기업연수 프로그램에 참관할 수 있었다. 당시에는 사원이 스무 명 정도밖에 안 됐기 때문에 무엇이든 했다. 강사나 컨설팅뿐 아니라 다른 강사의 강습회에도 참여했다. 그러던 중 '선발연수' '비지니스 스쿨형 연수'라는 광고를 보고 모인 참가자들에게 전략, 마케팅,

회계학, 사례연구법case method 등을 설명하는 강의를 듣게 되었는데, 그 강의를 듣다가 문득 깨달은 게 있었다. 그것은 "운영체제를 단련하지 않으면 4P(마케팅의 4대 요소인 제품Product, 촉진Promotion, 장소Place, 가격Price), DCF(현금수지 할인Discounte Cash Flow), SWOT(기업의 강점Strength, 약점Weakness, 기회Opportunity, 위협 요소Threat) 분석도 소용없다"는 것이다.

21세기 사회에서 세계적인 비즈니스 기술과 거기에 필요한 지식을 배우는 것은 대단히 중요하다. 하지만 운영체제가 잘 단련되어 있지 않으면 아무 소용이 없다. 식스시그마six sigma(품질혁신과 고객만족을 달성하기 위해 전사적으로 실시하는 21세기형 기업경영전략)나 밸런스 스코어 카드Balanced Score Card(균형성과 기록표) 같은 최신 기술을 도입하더라도 운영체제가 신통찮으면 움직이지 않는 것이다. 이는 최신 버전의 액셀이나 파워포인트도 윈도XP가 아니면 움직이지 않는 것과 마찬가지다.

하지만 아직도 운영체제를 윈도95나 DOS에서 사용하는 사람이 있는 게 현실이다. 여기서 말하는 운영체제는 사고력과 대인관계 능력, 즉 싱킹 기술과 커뮤니케이션 기술을 말한다.

이 두 가지 기본 기술이 제대로 작동하지 않으면 매니지먼트 기술도 기능하지 않으며, 기업의 부가가치도 향상되지 않는다. 그동안은 경영진이나 연수사무국이 운영체제의 중요성을 명확하게 파악하지 못했다. 그러나 경영지식이나 프레젠테이션 능력을 점검하기 전에 운영체제에 대한 점검이 반드시 필요하다.

서두에서 소개한 바와 같이 로지컬 싱킹을 적용한 기업들 중에는 그 성과가 나타나는 곳도 있다. 그러나 앞서 말했듯이 대인 능력계가 뒤처지거나 그 위치 설정이 불명확한 경우가 많다. 이런 기술의 단절을 막기 위한 하나의 모델로 '커뮤니케이션 나무'를 소개하고자 한다.(그림 1-3)

이 그림은 커뮤니케이션 없이 밸류체인value chain(부가가치가 생성되는 과정)은 작동하지 않는다는 것을 보여준다. 커뮤니케이션 능력을 높이기 위해서는 사고력도 구사해야 한다. 그런데 그 커뮤니케이션 능력이 지금 위기에 처해 있다.

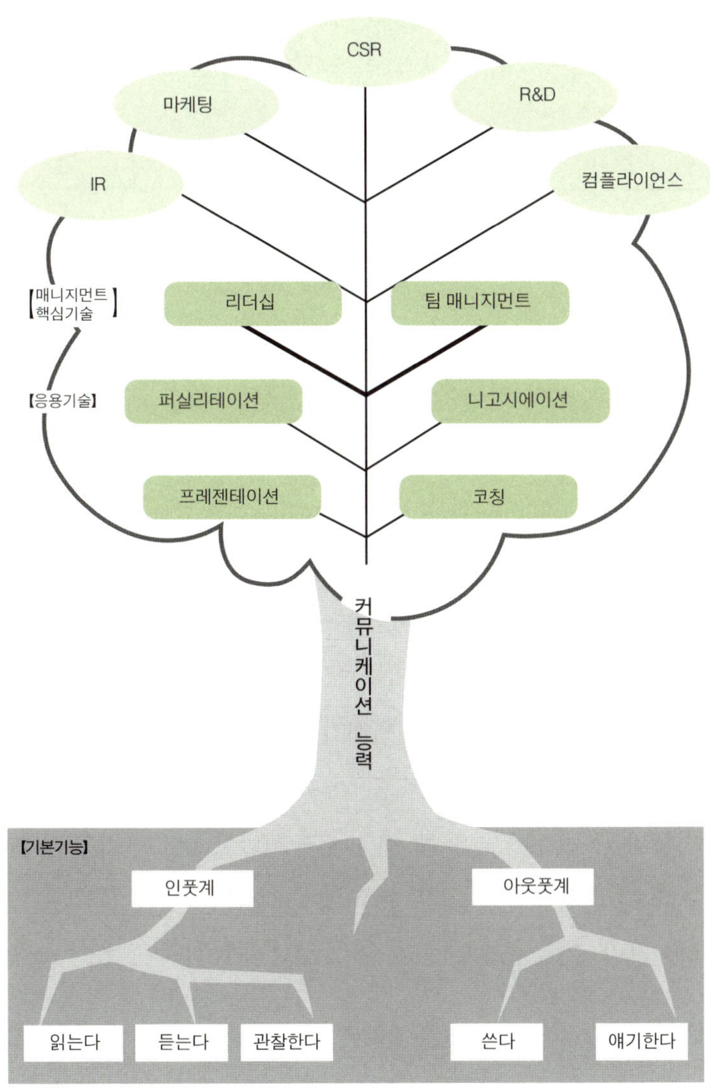

[그림 1-3] 커뮤니케이션 나무

05 불완전한 커뮤니케이션의 위기: 파탄난 '호흡 맞추기'

'커뮤니케이션 브레이크다운'이라는 구절을 알고 있는가? 이 구절은 이미 전설이 된 브리티시 록의 기수 레드 제플린이 40년 전에 발표한 데뷔곡의 제목이다. 러브송인 이 노래의 가사에는 "Communication breakdown, Drive me insane"(소통의 단절, 제정신으론 못 살겠어!)이라는 말이 있다. 그런데 지금 일본에서 그리고 세계에서는 이 '커뮤니케이션 브레이크다운'이 문제가 되고 있다.

사람들은 "IT 혁명으로 세계가 하나로 이어졌다"고 말하고 "The World is Flat('세계는 평평하다'*)"이라고 생각한다. 하지만 미국과 중동, 한 · 중 · 일, 선진국과 개발도상국 그리고 다양한 민족 간에 불완전한 커뮤니케이션은 지금도 계속 일어나고 있다. 정말 "Communication breakdown, Drive the world

* 토머스 프리드먼, 《플랫Flat화하는 세계》, 니혼게이자이신문사, 2006년(한국에선 《세계는 평평하다》로 번역됐다.)—옮긴이

insane" 이 돼버린 것이다.

거시적인 얘기는 일단 제쳐놓고 일본 국내만 보더라도 불완전한 커뮤니케이션으로 문제가 된 사건, 사고가 일일이 열거할 수 없을 정도로 많다. 고의로 커뮤니케이션에 문제를 일으키거나 정보를 은폐하는 일 그리고 서로 협력해야 할 부서들끼리 연락을 게을리해서 일어난 사고를 신문에서 발견하는 게 일상다반사가 됐다.

직장에서도 '커뮤니케이션 브레이크다운'의 문제가 심각하다. "요즘 젊은 사람들은" 하는 식의 얘기는 기원전 2000년 무렵의 이집트 파피루스 종이에도 쓰여 있을 만큼 계속 되풀이되는 모양이다. 지금도 디지털 세대와 아날로그 세대 간의 직장 내 커뮤니케이션의 차이가 존재한다. 이제는 '호흡 맞추기'라는 말이 통용되기 어려운 시대가 되었다. 그 이유는 단지 세대 간의 차이뿐 아니라 일본 사회가 균질한 사회에서 다양한 사회로 바뀌고 있기 때문이다.

일본어는 높은 컨텍스트 언어

일본어는 높은 컨텍스트Context 커뮤니케이션이라고 한다. 컨텍스트란 문맥이라는 의미다. 반면 영어권은 낮은 컨텍스트 커뮤니케이션이다. 이문화異文化 커뮤니케이션으로 많이 알려진 이 모델은 에드워드 홀Edward T. Hall에 의해 소개됐다. 나는 그것을 토대로 컨텐츠Contents와 컨텍스트Context 모델을 주장했

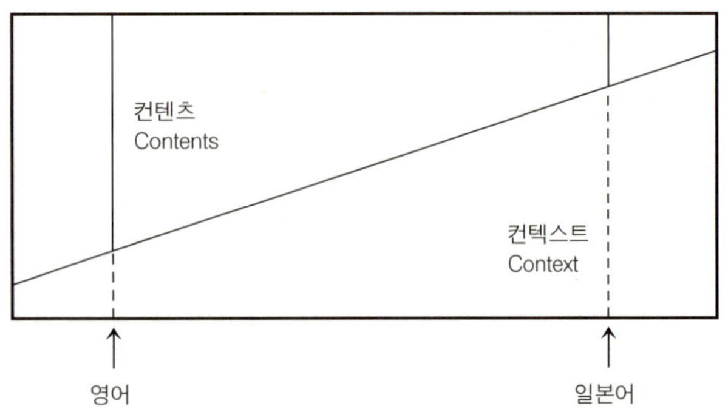

출처: Transcultural Management, A. Funakawa, 1997, Jossey-Bass

[그림 1-4] 컨텐츠와 컨텍스트 모델

다.(그림 1-4) 다른 책에서도 다루고 있지만 커뮤니케이션에서 중요한 주제기 때문에 다시 한 번 소개하고자 한다.

커뮤니케이션을 할 때의 요소로는 컨텐츠(정보의 내용 그 자체=문자정보, 수학, 데이터, 비주얼 등)와 컨텍스트(컨텐츠 외의 것=상황, 맥락, 분위기 등) 두 가지가 있다. 귀에 들리는 얘기는 컨텐츠다. [그림 1-4]는 문화, 특히 언어권에 따라 컨텐츠를 중시하는지 컨텍스트를 중시하는지를 보여주는 그림이다. 일본어는 "하나를 들으면 열을 안다" "암묵적인 이해" "이심전심"과 같은 말에서 알 수 있듯이 높은 컨텍스트 언어다. 반면에 영어는 "하고 싶은 말 있으면 다 하세요" 식의 낮은 컨텍스트 언어다.

높은 컨텐츠 커뮤니케이션이 요구되고 있다

이문화異文化 커뮤니케이션을 얘기하면서 소개했듯이, 문화나 언어에 따라 커뮤니케이션 스타일은 모두 다르다. 그런데 이러한 사실보다 더 중요한 것이 다음과 같은 점이다.

높은 컨텍스트 언어는 컨텍스트를 공유해야 비로소 커뮤니케이션이 이뤄질 수 있다. 즉 상황, 맥락, 분위기를 공유하기 쉬운 균질사회에서 쉽게 통할 수 있다는 얘기다.

에드워드 홀보다 앞서, 언어학자 버질 번스타인은 높은 컨텍스트라는 말 대신에 '제한 코드'라는 표현을 사용했다. 그에 따르면 '제한 코드 화자話者'는 사회적 지위가 같거나 로컬그룹local group에 소속해 있다는 전제에 의존하고 있다고 한다.*

바로 그러한 균질성 높은 그룹의 영향을 받아온 부류가 일본의 중장년 남성층이다. 예를 들어, 어떤 회사의 관리부장이 "김대리, 그거 있잖아, 문제없지?" 하고 부하 직원에게 말하면, 부하 직원은 "예, 어제 저쪽에 얘기해뒀습니다"라고 대답하는 식이다. 또는 "어이, 나머지는 쌈빡하게 처리해둬!"라는 지시만으로도 부하 직원은 움직인다. 이는 컨텍스트를 충분히 공유하고 있기 때문에 '말'이라는 컨텐츠를 최소한의 수준에서 사용한 것이다.

하지만 이제는 지금까지 공유해온 컨텍스트가 직장에서 무너지고 있다. 즉, 예전엔 사원 간의 균질성이 높았으나 이젠 다양해지고 있다. 그동안은 남성 대졸사원이 기업 사회의 중심이

---

* B.Bernstein, 《Elaborated and Restricted Codes: Their Social Origins and Some Consequences》, 1964.

었다. 하지만 이제는 여성사원은 말할 것도 없고, 계약직 사원, 경력 사원 그리고 외국인 근로자도 늘어나고 있는 추세다. 또한 예전엔 입사 연차를 물어보는 것만으로도 금세 컨텍스트를 공유할 수 있었지만 지금은 그런 것이 별 의미가 없다. 외국계 기업에서는 입사 연차 같은 것이 화젯거리도 되지 못한다. 이제는 "그거 있잖아, 그거!" 하고 부르기만 하는, 높은 컨텍스트 언어를 구사하는 부장은 통할 수 없게 된 것이다.(그림 1-5)

다양성이 중요시되는 조직과 사회에서는 높은 컨텐츠 커뮤니케이션이 필요하다. 특정 그룹 속에 제한된 커뮤니케이션 방식은 조건이 다른 상황에서는 기능하기 어렵기 때문이다. 가

[그림 1-5] 높은 컨텍스트 언어를 구사하는 상사의 말은 알아듣기 어렵다

장 알기 쉬운 예는 인터넷이다. 빌 게이츠는 "인터넷은 컨텐츠가 중요하다"고 말했다. 이는 "컨텍스트가 아니"라는 의미다. 높은 컨텍스트 커뮤니케이션 스타일에 익숙해진, 특히 일본인 중장년 남성에게 이것은 중대한 과제다. 앞서 말한 "어이, 나머지는 쌈빡하게 처리해둬!"라는 말이나 "그거 있잖아, 그거!" 같은 대화는 이제 통하지 않는다.

06 《바보의 벽》의 공과功過, "얘기해보면 안다"는 건 거짓말일까?

최근, 커뮤니케이션 자체를 포기해버린 사람을 만났다. 그 사람은 "얘기해봤자 어짜피 이해할 수 없는 것 아닙니까?"라는 식으로 말한다. 요로 다케시의 《바보의 벽》이란 책은 일본에서 400만 부 이상 팔린 베스트셀러다. 저자는 《바보의 벽》을 이해의 한계라는 의미의 '벽壁', 그리고 이해하는 것을 포기해버린 채 다른 사람들과 자신 사이에 만드는 '벽壁'이라는 두 가지 의미로 사용한 것 같다. 후자는 "자신만이 옳다"는 원칙주의자들에 대한 비판이기도 한데, 납득할 수 있다.

하지만 어떤 책에서 "'얘기해보면 안다' 따위의 말은 완전히 거짓말"이라는 광고 문구를 본 적이 있다. 이 말은 커뮤니케이션 따위를 하지 않아도 사회생활을 하는 데 아무 문제 없다고 생각하는 사람에겐 딱 맞는 말이다. 실제로 《바보의 벽》을 애독하고 있던 고이즈미 전 총리가 도로공단 민영화 문제로 야당의 공격을 받았을 때 "얘기해보면 안다는 건 거짓말이라는 구절을 책에서 본 적이 있다. 그런데 실제로 저 사람들은 아무리 설명해줘도 알려고 하지 않는다"며 그들의 공격을 한칼에 내쳤다고 한다.*

'얘기해보면 안다는 건 역시 거짓말이야'라고 생각하면 상대하기 싫은 사람을 무시해버릴 수 있다. 그리고 이보다 더 마음 편한 일도 없을 것이다. 물론, '얘기해보면 안다'고 너무 쉽게 믿어버리는 건 어리석고 교만한 것이다.

교만에 관한 또 한 가지 눈에 띄는 것들이 있는데 '사람을 마음먹은 대로 움직인다' '부하를 자기 생각대로 부린다' 따위의 책들이다. 그런데 자기 마음대로 사람을 움직이겠다고 아무리 노력해봤자 헛수고다. 만약, 사고의 편향이 강한 사람이 자기 생각대로 사람들을 움직일 수 있다면 정말 큰일이지 않겠는가? '얘기해보면 안다'고 너무 쉽게 믿거나 '사람을 마음먹은 대로 움직인다'는 생각은 모두 인간의 교만이다. 커뮤니케이션은 쉽게 되는 것이 아니다. 이러한 전제 위에서 커뮤니케이션을 하기 위해 최선을 다하는 것이 우리가 해야 할 일이다.

* 《AERA》(2004.6.14), 아사히신문사가 발행하는 시사종합 주간지—옮긴이

07 수신계(받아들이는 계통)부터 단련하라

커뮤니케이션의 질과 능력을 향상시키려 할 때 강조하고 싶은 것이 수신계다. 수신계란 '관찰하는 것'과 '듣는 것'을 말한다. 이 두 가지는 모두 중요하다. 상대방의 말을 관찰하지 않고 '듣는 것'은 건 불가능하기 때문이다. 로지컬 리스닝을 강조하는 이유가 바로 여기에 있다.

물론, 로지컬 라이팅(논리적 쓰기)이나 로지컬 프레젠테이션(논리적 발표)과 같은 발신계도 중요하다. 하지만 그것만으로는 충분하지 않다.

읽고, 쓰고, 듣고, 말하는 커뮤니케이션의 기본동작 중에서 실은 가장 사용빈도가 높은 것이 '듣는' 작업이다. 그러나 교육의 우선순위는 지금까지 완전히 거꾸로 돼 있었다.(그림 1-6)

이것은 비즈니스 스쿨의 은사였던 로버트 모런Robert J. Moran 교수가 제시한 조사다. 모런 교수는 미국 비즈니스 스쿨에서 '이문화異文化 경영' 관련 텍스트로 널리 사용되고 있는 《Managing Cultural Differences》의 공동저자 중 한 사람인데, 비즈니스 이문

사용빈도 우선순위		미국 교육의 우선순위
1위(45%)	듣기 : Listening	4위
2위(30%)	말하기 : Speaking	3위
3위(16%)	읽기 : Reading	2위
4위(9%)	쓰기 : Writing	1위

출처 : 《Managing Cultural Differences》, P.Harris & R. Moran

[그림 1-6] 커뮤니케이션의 4대 요소 : 교육의 우선순위가 뒤바뀌었다

화 커뮤니케이션 분야의 창시자격인 교육자다. 일본보다 커뮤니케이션 교육에 더 많은 노력을 기울이고 있는 미국에서도 이런 형편이니 일본의 상황은 더 말할 필요도 없을 것이다.

"E 메일이 보급된 지금은 예전보다 읽기와 쓰기가 늘고 있는 것 아닌가요?"라는 반론이 있을지도 모르겠다. 옛날과 비교해 보면 쓰는 시간이 늘어난 것은 사실이다. 하지만 그리 큰 차이는 없다. 또한 E 메일 환경이 갖춰진 기업도 아직까지 얼굴을 마주보고 대화하는 Face-to-Face 커뮤니케이션을 이용한다. 게놈 신약개발을 하고 있는 제약업체나 ERP(Enterprise Resource Planning 기업자원계획) 패키지를 제공하고 있는 IT 기업들 역시 얼굴을 마주보는 화상 회의를 중시하고 있다. '듣는' 작업이 매우 중요하다는 점은 예나 지금이나 변함이 없다.

의식적으로 들어야 한다

하지만 실상은 어떨까? 사람들은 '커뮤니케이션 능력=말하기 능력'이라는 생각을 가지고 있다. 스피치 컨테스트(발표대회)는 있어도 리스닝 컨테스트(듣기대회)라는 건 없지 않은가. 물론 나중에 경청 세미나 같은 프로그램이 나오긴 했지만 말이다.

그런데 '말하기 능력'이 빵점인지 아닌지는 금방 알 수 있지만 '듣기 능력'이 빵점인지 아닌지는 알기 어렵다. 지금까지 듣는 기술을 체계적으로 배울 기회가 별로 없었던 것이다.

또한 '듣는' 일은 '소극적으로 해도 되는' 수동적 작업이라 여겨진 면이 있다. 물론 '듣는' 일은 수신계에 속한다. 하지만 수동적이 아니라 능동적인 작업이 필요하다.

'듣기 능력'이 빵점인지 아닌지를 상대방이 알 수 없기 때문에 '듣는 체'하는 사람들이 많다. '듣는 체하기'는 고민할 필요도 없고 상대방을 관찰하지 않아도 된다. 하지만 정말로 상대방의 얘기를 듣고 싶다면 상대를 깊이 관찰하고 사고력과 대인관계 능력 그리고 지성과 감성을 모두 동원해야 한다. 바로 능동적인 듣기가 요구되는 것이다. 물론 여기서 말하는 능동적이라는 말은 듣는 사람이 무엇인가를 얘기해야 한다는 의미가 아니라 '능동적으로 침묵한다'는 의미다.

그런데 능동적인 듣기를 하지 못함으로써 상대방의 말을 놓치거나 듣지 못하는 일이 너무 쉽게 일어난다. 나는 워크아웃workout에 대한 강의나 세미나를 할 때 정말 알기 쉽게, 오해를 부르지 않도록 얘기하려고 노력한다. 이는 퍼실리테이터의 기본이다. 따라서 목소리 크기가 적절한지 그리고 논리가 이해하기 쉬운지를 신경 쓰고, 강의 내용을 잘못 이해하거나 빠뜨리는 참가자가 나오지 않도록 질문과 사인포스팅Sign posting*을 반드시 두 번 되풀이한다. 이렇게 해도 스무 명에 한 명 정도는 흘려듣는 사람이 있다. 그 결과 다음과 같은 질문이 나온다.

나: (팀 활동에서 각 팀별로 경쟁을 붙였을 때) "빨리 마무리 한 팀이 이기는 겁니다. 먼저 마무리 한 팀이 나오면 끝내겠습니다."
참가자: "저…… 끝나는 시간이 언제예요?"

나: (사고계통 훈련의 과제로) "맥주 생산량이 많은 상위 5개국을 적어 주세요. 제한시간은 5분입니다."
참가자: "저기…… 환율은 어떻게 합니까?"

나: (팀을 바꿀 때) "순번을 ABCD로 나눌 테니까 자신이 어느 팀인지 기억해두세요. 자 그러면 이쪽 분부터 A, B, ……"
참가자: "…… 난 어디지?"

내 강의에서는 참가자가 자유롭게 질문할 수 있도록 하고 있기 때문에 이처럼 이야기를 흘려듣는 사람이 종종 눈에 띈다.

---

* "지금, OO페이지를 봐주시겠어요?" 와 같은 안내 — 옮긴이

그들을 이해하는 입장에서 얘기한다면, 아마 잠깐 다른 생각을 하고 있었거나 무척 피곤한 상태였을 것이다. 하지만 어느 쪽이든 '귀담아 듣지 않고는' 다른 사람들의 말을 이해할 수 없다. 듣기 역시 발신계의 말하기나 쓰기와 마찬가지로 의식적으로 노력해야 발전하는 것이다.

이처럼 듣기 기능을 활성화하고 불완전한 커뮤니케이션을 일으키지 않으려면 로지컬 리스닝이 반드시 필요하다. 그리고 이것은 비즈니스 현장에만 국한되는 것이 아니라 모든 업계, 모든 사람들에게도 적용된다.

08 대화 없이는 '다이변 시대'를 헤쳐나갈 수 없다

내가 사회에 첫 발을 내디딘 건 1980년, 일본이 '고도성장시대'에서 '저성장시대'로 바뀌었다는 얘기가 나올 무렵이었다. 당시에도 연수에서 사원들을 교육할 때, 커뮤니케이션이 중요하다고 얘기했다. 하지만 지금과는 크게 달랐다. 단지 "커뮤니케이션, 뭐 중요하지요"라는 정도로 간부나 인사담당자가 언급했을 뿐 구체적인 방법론에 관한 얘기는 없었던 걸로 기억한다.

구체적이라고 해봤자 '시금치(호렌소*)'가 중요하다는 정도였다. 그런데 제조업 종사자들이나 중장년 독자들에게는 그 말이 공통언어였겠지만 외국계 기업이나 서비스업 종사자들 그리고 젊은 직장인들은 '도대체 왜 시금치가 중요하다는 거지? 야채가 부족해서 그런가?' 따위로 받아들이는 경우도 있었다. "그건 말이야 보고, 연락, 상담을 얘기하는 거야!"라고 말하며 '아

* 일본어로 '보고'는 호코쿠, '연락'은 렌라쿠, '상담'은 소당으로 발음하는데, 그 각 단어의 첫 글자를 따서 만든 말이다. 시금치를 가리키는 말인 호렌소와 발음이 같은 데서 나온 오해-옮긴이

차!' 싶은 표정으로 설명하는 관리직이 지금도 있는지 모르겠지만, 어쨌든 예전에는 그 정도 선에서 커뮤니케이션을 다뤘다. '호렌소 철저'라는 정도였던 것이다.

그런데 보고, 연락, 상담을 의미하는 '호렌소'의 전제가 되는 피라미드 조직이 당시에도 있었다. 즉, 상명하달식 커뮤니케이션인데 당시에는 이것이 주류였다. 하지만 지금 이 모델은 활용되지 않는다. 그 이유는 '다이변多異變 시대'에 돌입했기 때문이다. 사카이야 다이치 씨는 1995년《'무서운' 시대—상식파괴와 대경쟁》(고단샤)이란 책을 썼다. 그 책에서 그는 "일본에는 일찍이 성장신화, 부동산신화, 고용신화라는 세 개의 신화가 있었으나 앞으로 그 신화는 붕괴될 것"이라고 썼다. 이들 '신화'가 살아 있던 시절에는 상사의 지시를 이해하고 실행하면서 약간의 개선과 공부를 통해 '호렌소'를 실천하기만 하면 아무 문제가 없었다. 하지만 앞으로는 그 신화가 무너져 '무서운 시대'가 된다는 게 사카이야 씨의 분석이었다.

나는 그 3대 요소를 불확실성, 다양성 그리고 스피드라는 의미로 해석했고, 이를 '다이변 시대'라고 바꿔 읽었다. 한 가지 덧붙이자면, 최근에는 '안전신화'나 '주식 내부자거래신화' 역시 붕괴되고 있다.(그림 1-7)

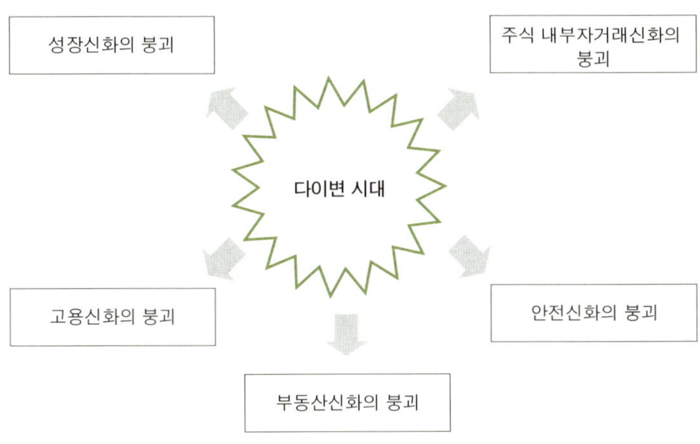

[그림 1-7] 다이변 시대는 신화의 붕괴를 불렀다

논리적인 논의와 대화를 위해 로지컬 리스닝이 필요하다

커뮤니케이션은 커뮤니케이션일 뿐이라지만 균질성 높은 조직이 요구되었던 성장시대와 불확실성, 다양성 그리고 스피드가 요구되는 '다이변 시대'는 커뮤니케이션의 질이 다르다. 물론 그때나 지금이나 보고, 연락, 상담은 중요한 요소다. 문제는 그 내용인데, 지금 요구되는 커뮤니케이션은 전세계의 온갖 시장에 접근해서 다양한 사람들과 협동하고 공동으로 문제를 해결해야 하는 그런 커뮤니케이션이다.

그렇다면 자기들끼리만 통하는 얘기가 아니라 조리 있고 논리적으로, 배경이 다른 상대의 의견을 존중하면서 대화해나가는 것이 필수적이다. 대화란 토론이지 논쟁이 아니다.

'다이변 시대'는 하나의 기업이나 한 국가에만 국한된 이야기가 아니다. 세계의 많은 나라에도 '다이변 시대'가 도래하고 있다. 환경문제, 인구문제 등 금세기에 우리들이 풀어야 할 전 세계적 차원의 과제가 많이 있기 때문이다.

물론 이런 문제들은 이해관계가 복잡하게 얽혀 있어서 그리 간단하지만은 않다. 그렇기 때문에 논리적인 논의와 대화를 이끌기 위한 로지컬 리스닝이 중요한 것이다. 다음 장에서는 로지컬 리스닝에 대해 구체적으로 살펴보자.

SUMMARY

Logical Listening

- 로지컬 리스닝이란 '상대방의 얘기를 들으면서 상대방의 생각과 그 이면에 감추어진 의도를 이해하는' 기술이다.
- 지금까지는 '사고력'과 '대인관계 능력' 사이에 깊은 단절이 있어서 이 두 가지 기술을 균형 있게 향상시키지 못했다.
- 경영지식이나 프레젠테이션 능력보다 먼저 자신의 머릿속에 있는 운영체제를 점검할 필요가 있다.
- 다양성이 높은 조직 속에서는 더 이상 '암묵적인 이해'가 통하지 않는다. 명확한 컨텐츠를 통한 커뮤니케이션이 필요하다.
- '듣는' 일은 수신계(받아들이는 계통)지만 수동적이 아니라 능동적으로 해야 한다.
- 듣는 기술을 발달시키고 불완전한 커뮤니케이션을 일으키지 않으려면 로지컬 리스닝이 반드시 필요하다.

크리티컬 싱킹과 로지컬 싱킹은 어떻게 다른가

크리티컬 싱킹Critical Thinking(비판적 사고)과 로지컬 싱킹Logical Thinking(논리적 사고)은 자기계발을 위해 노력하는 사람들 사이에선 완전히 정착된 말이다. 다만 오해나 혼란에 빠지지 않도록 정리해두자.

먼저 로지컬 싱킹은 일본식 영어다. 영어권에선 거의 사용하지 않는 말이다. 그 대신 Critical Thinking이란 말을 쓰는데 이것이 일본에서 얘기하는 로지컬 싱킹이라 생각하면 된다. 참고로 Logical Reasoning(논리적 사고)이라는 말은 존재한다. 원래 Think의 어원은 Logic과 마찬가지로 logos다. 본래 생각하는 것은 로지컬하기 때문이다. 물론 그 배경을 충분히 설명한다면 영어 사용자들도 'Logical Thinking'이라는 말을 이해할 것이다.

실제로 나는 해외에서 대인사고력對人思考力(Interactive Thinking)의 일환으로 이른바 로지컬 리스닝Logical Listening이라는 말을 소개하고 있다.

그런데 "크리티컬 싱킹은 비판적 사고만을 의미하는 것이 아니다!"라고 하는 분들이 있다. 또 "로지컬 싱킹은 크리티컬 싱킹이 아니다"라는 분들도 있다. 이는 크리티컬 싱킹이나 로지컬 싱킹 또는 논리적 사고를 좁은 의미에서 파악하고 있기 때문에 생기는 오해다. 즉, 크리티컬 싱킹을 인지심리학적 입장에서 "바탕이 되는 것을 탐구할 때 나타나는 사고왜곡 과정"으로 특화해서 소개하는 곳도 있다는 것이다(좁은 의미의 크리티컬 싱킹). 또한 로지컬 싱킹 중에서도 구성방식의 논리성에만 초점을 맞춘 '논리적 사고'나 '로지컬 싱킹'도 있다(좁은 의미의 논리적 사고, 좁은 의미의 로지컬 싱킹).

어느 것이 됐든 비즈니스에 필요한 것은 사고과정의 왜곡을 지양하면서 논리적인 사고를 추구하는 것이다. 이것을 넓은 의미의 크리티컬 싱킹이라 말하며 일본식으로 표현하자면 넓은 의미의 로지컬 싱킹이라 부른다. 이 책에서 크리티컬 싱킹이라는 말을 사용할 때는 넓은 의미의 로지컬 싱킹을 의미한다.

로지컬
LogicalListening
리스닝

Keys to Winning Heart and Minds

PART 02

로지컬 리스닝이 요구하는 것은 무엇인가?

01 대인사고력의 4단계

로지컬 리스닝이 '대인사고력', 즉 사고력+대인관계 능력의 통합기술이라는 건 이미 앞에서 얘기했다. 바꿔 말하면 대인사고력이 로지컬 리스닝의 모체가 된다. 비즈니스 현장에서 대인사고력이 부가가치를 낳는 과정에는 다음 4단계가 있다.(그림 2-1)

STEP 1: 머릿속에서 '생각'을 구성한다

사고력이란 '머릿속에서 생각을 구성하는 힘'이라 할 수 있다. STEP 1 단계는 개인의 사고력을 발휘하는 데서 시작한다. '생각'의 자리에 '다음 주 스케줄'을 놓는 것은 그리 어렵지 않다.(그림 2-1) 그런데 '고객만족도 개선책' '신제품 사업화 계획' '10년 뒤의 비전' 등을 놓는다면 STEP 1 단계더라도 그리 간단하지 않을 것이다. 즉, 난이도가 높아짐에 따라 사고력이(여기에는 구상력, 전략입안 능력, 문제해결 능력이 포함된다) 요구되는 것이다.

STEP 1: Thinking
머릿속에서 '생각'을 구성한다.

STEP 2: Logical Speaking
머릿속에서 구성한 것을 상대방이 알아듣기 쉽게 전달한다.

STEP 3: Logical Listening
다른 사람의 얘기를 들으면서 상대방이 머릿속으로 구성한 것을 이해한다.

STEP 4: Collaboration
여러 명의 상대와 생각을 교환, 공유하면서 문제를 해결하거나
새로운 사고를 함께 창출한다.

[그림 2-1] 대인사고력의 4단계

STEP 2: 머릿속에서 구성한 것을 상대방이 알기 쉽게 전달한다

STEP 2부터는 커뮤니케이션 능력이 요구된다. 중요한 것은 '상대가 알아듣기 쉽게 전달하는 방법'이다. 그런 의미에서 이를 로지컬 스피킹이라 해도 좋다. STEP 2 역시 전하는 내용과 '상대'에 따라 난이도가 달라진다. '상대'를 '주주총회의 참석한 모든 사람'이라든가 '중국 항저우에 있는 협력공장에서 근

무하는 외국인'으로 설정해보면 분명해진다. 이처럼 이해관계 외에도 상대하는 사람의 숫자가 달라지거나 국적이 바뀌면 난이도 역시 높아진다.

게다가 'DNA 시퀀서 원리'를 '생물학, 정보처리공학, 기초과학 등을 공부하지 않은 상대'에게 알기 쉽게 전달하려 할 때 알 수 있듯이 전문지식이 필요한 내용을 전문분야가 아닌 사람이 이해하기 쉽게 전달하는 작업도 무척 어려운 일이다. 물론 상대가 이해하는 데는 한계가 있다. 하지만 그런 상황에서도 상대에게 자신이 구상한 것들을 전달할 수 있어야 한다. 이를 실현하기 위해서는 커뮤니케이션 능력과 사고력이 필요하다.

STEP 3: 다른 사람의 얘기를 들으면서 상대방이 머릿속으로 구성한 것을 이해한다

STEP 3에서는 로지컬 리스닝이 요구된다. 커뮤니케이션은 발신과 수신이라는 쌍방향 작업이다. 그럼에도 불구하고 STEP 2에서 만족해버리는 사람들이 있다. 프레젠테이션을 생각해보면 분명해진다. 확실히 프레젠테이션에서는 STEP 2가 점하는 비율이 높다. 하지만 그것만으로는 상대를 납득시킬 수 없다. 질의응답 시간만 중요한 게 아니라 프레젠테이션을 필요로 하는 사람들이 얼마나 되는지에 대한 확인, 참가자들의 흥미, 이해의 정도를 짐작하면서 진행하는 것도 중요하다. 그렇지 않으면 효과적인 프레젠테이션은 불가능하다.

이처럼 자신이 발신뿐 아니라 상대방의 발신을 제대로 수신하는 것도 중요하다. 상대방이 반드시 이해하기 쉽게 얘기한다는 보장은 없다. 전제가 감춰져 있거나 논리의 비약이 당연하다고 여기는 편이 차라리 좋을 것이다. 서로의 기초 상식이 다르거나 앞서 얘기한 것처럼 서로의 전문분야가 다른 경우가 비즈니스 현장에서는 흔히 있다. 그렇기 때문에 상대방의 생각을 논리적으로 짐작해가면서 상대방이 머릿속으로 구성한 것을 알아듣는 작업이 필요하다. 이야기의 핵심을 정확하게 짚어가며 듣는다는 의미에서 이것을 로지컬 리스닝이라고 이름 붙였다.

STEP 4 : 여러 명의 상대와 생각을 교환, 공유해가면서 문제를 해결하거나 새로운 생각을 함께 창출한다

STEP 4는 협력collaboration과 지식 공동창출knowledge creation의 무대이다. 매니저 일의 75퍼센트는 회의라고 한다. 그러면 무엇을 위해 회의를 하는 걸까. 단지 정보를 공유하는 것뿐이라면 메일을 교환하는 것이 훨씬 효율적일 것이다. 그런데 메일이 대중적으로 보급되었는데도 많은 직장에서는 아직도 회의를 한다. 그 이유는 이제 회의의 질이 달라졌기 때문이다. 정례회의보다는 과제공유나 문제해결을 위한 회의가 많아진 것이다. 앞서 말한 바와 같이 지적 부가가치가 앞으로 더 요구되는 비즈니스 환경에서는 문제해결을 위한 회의가 필수적이다.

다만 그런 기술 혁신innovation이나 협력collaboration의 장이

항상 제대로 기능한다는 보장은 없다. 정보에서 지식knowledge으로, 다시 개인의 지식에서 팀이나 조직의 지식창조로 가는 프로세스가 이론처럼 다 되는 것은 아니다. 지금까지 다룬 STEP 1에서 STEP 3까지가 없다면 그림의 떡이나 마찬가지다. 그리고 STEP 4를 실천할 수 있어야 비로소 새로운 부가가치가 창출된다.

커뮤니케이션은 다이내믹 프로세스

이러한 과정을 이해하면 로지컬 리스닝의 위치가 좀더 명확해질 것이다. 지금까지는 크리티컬 싱킹이나 로지컬 싱킹 같은 '사고계思考系'가 STEP 1을, '프레젠테이션계'가 STEP 2를 각각 다뤄왔다. 또 '경청 기술계'는 STEP 3를 다뤘는데 친밀한 관계나 비언어적 요소를 중시하기보다는 '듣기'의 일부 측면에 초점을 맞춘 경우가 많았다. 게다가 앞서 말한 경영혁신, 전략입안에 관한 것이 STEP 4까지 자동적으로 이뤄지는 것처럼 경영이론을 전개하는 경향도 있다, 물론 예외는 있지만.

이에 반해 로지컬 리스닝은 STEP 1에서 STEP 4까지를 유기적으로 결합한 것을 의미한다. 그것은 '듣는' 기술에만 머무르지 않는다. 다시 말하지만 커뮤니케이션은 다이내믹 프로세스기 때문에 전체적인 흐름을 명확하게 이해하는 것이 중요하다.(그림 2-2)

또 편의상 STEP 1에서 STEP 4까지를 4단계로 나눠 설명했지

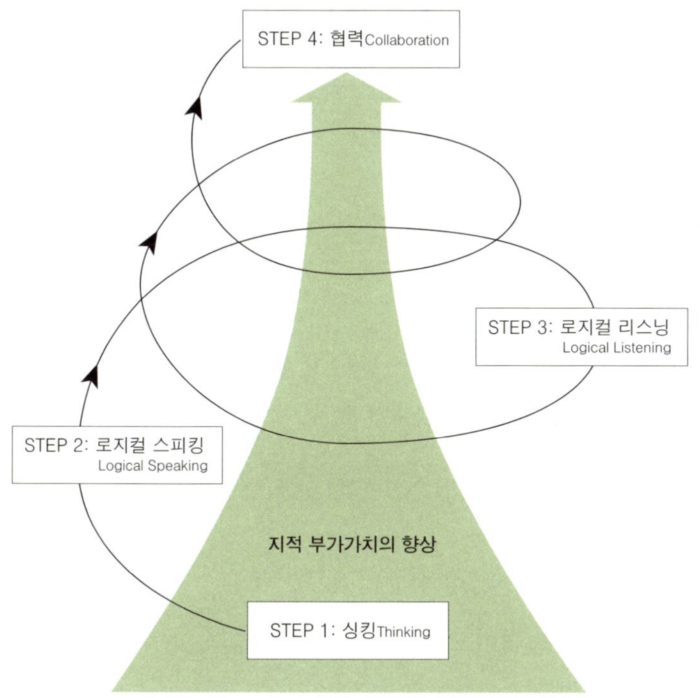

[그림 2-2] 대인사고력은 다이내믹 프로세스

만, 이 단계들이 순조롭게 진행되는 경우는 그렇게 많지 않다. 오히려 실제로는 STEP 3의 로지컬 리스닝에서 시작해 STEP 1의 자기사고Thinking를 거쳐 상대에게 전달하는(STEP 2) 식으로 상호작용한다. 이러한 상호작용의 질을 높이는 것이 바로 로지컬 리스닝이다. 즉, 로지컬 리스닝은 개인에서 조직으로 지적 부가가치를 향상시키고, 협력을 실현하는 원동력인 것이다.

02 계발하고 싶은 세 가지 보유 능력

기술skill교육 분야에서는 보유 능력과 발휘 능력이라는 분류가 있다. 글자 그대로 '갖고 있는 능력'과 행동으로 '발휘되는 능력'이라는 의미다.

예를 들어, 야구선수가 100미터를 11초로 주파하는 것은 그 선수의 보유 능력이고, 주루 플레이를 빨리 할 수 있다거나 도루를 잘 할 수 있는 것은 발휘 능력이다.

보유 능력을 평소에 계발하지 않으면 당연히 발휘 능력의 수준도 올라가지 않는다. '달린다'는 행위가 들어가는 야구와 축구는 공통의 보유 능력이 있지만 축구와 사격을 놓고 봤을 때는 보유 능력이 상당히 달라진다. 또 '달리기'라는 보유 능력은 같지만 발휘 능력에서는 위의 예처럼 좀더 개별적이고 구체적인 것이 되기도 한다.

이제부터 얘기하는 로지컬 리스닝의 보유 능력과 발휘 능력을 이해하면 그것을 쉽게 응용하고 실천할 수 있을 것이다. 로지컬 리스닝은 사고력과 대인관계 능력의 통합기술이기 때문에 그 보유 능력을 높인다면 팀 리더로서의 자질 역시 높아질 것이다.

또 로지컬 리스닝 자체가 프레젠테이션이나 퍼실리테이션facilitation 그리고 코칭coaching 발휘 능력의 하나기 때문에, 로지컬 리스닝을 계발하면서 대화 방법이나 자료작성 기술 등을 첨가한다면 프레젠테이션 기술은 확실히 향상된다.

최근, 'How to'로 시작하는 책을 흔히 접하게 되는데 한 가지 우려되는 것은 그러한 책들이 발휘 능력부터 소개한다는 것이다. 구체적이고 알기 쉽게 설명해놓긴 했지만 실전에서는 사용할 수 없다는 것을 많은 독자들이 경험해봤을 것이다. 그 이유는 두 가지다. 첫 번째는, 기본적인 보유 능력을 습득하지 못한 상태기 때문에 그 기술을 발휘할 수 없는 것이다. 두 번째는, 각자의 상황에 따라 발휘되는 능력이 모두 다른데 일반적으로 적용할 수 있다고 오해하고 있기 때문이다. 평소에 기본적인 보유 능력을 계발하면서 상황에 따라 발휘 능력을 활용하는 것이 기술을 키우는 요령이다.

지성, 감성, 이성이 로지컬 리스닝의 보유 능력

서론은 이 정도로 해두고, 로지컬 리스닝에 필요한 보유 능력부터 살펴보자. 로지컬 리스닝의 보유 능력으로서는 지성, 감성, 이성 세 가지가 있다.(그림 2-3)

지성은 지식과 사고력을 포함한다. 지식에서는 커뮤니케이션에 대한 이해를 어느 정도는 심화시켜둬야 한다는 걸 강조하고 싶다. '어느 정도'라고 굳이 얘기하는 이유는 언어학, 인지심리학, 사회심리학 같은 커뮤니케이션과 관련된 분야를 모두 공부할 필요는 없다는 얘기다. 왜냐하면 그토록 방대한 학문체계를 '이해한다'는 것은 정말 공부하기 좋아하는 사람이 아니면 어렵기 때문이다. 물론 알아두면 실무에 도움이 되는 좋은 이론이나 구조는 있다.

또 하나 지성에 포함되는 것이 사고력이다. 앞서 언급한 4단계 STEP에서도 다루었듯이 머릿속에서 생각을 구성하는 힘은 필수다. 거기에는 명확하고 조리 있는 구성을 만드는 논리적 사고(로지컬 싱킹)가 있고, 자유롭게 상상을 불러일으키는 창조적 사고(크리에이티브 싱킹)도 있다. 평소에 이러한 사고력을 활성화

[그림 2-3] 로지컬 리스닝의 보유 능력

해 두지 않으면 상대방의 이야기나 논리전개에 대응할 수 없다.

다음은 감성이다. 로지컬 리스닝에 요구되는 감성은 대인감수성對人感受性이라고 바꿔 말할 수 있다. 이는 '마음의 지능지수'로 알려진 EQ를 말한다. EQ는 대니얼 골먼Daniel Goleman에 의해 1990년대 후반부터 급속히 확산됐으나 EQ의 논리 자체는 존 메이어John Mayer와 피터 셀로비Peter Salovey가 개발했다.

예전에 나는 피터 셀로비 박사와 함께 강연할 기회가 있었다. 그때 얻은 귀중한 교훈은 "감정은 정보다"라는 것이다. 감정을 지성이나 이성과는 반대되는 것처럼 보는 사람들도 있는데 꼭 그런 것은 아니다. 오히려 감정의 이해를 심화하고 상대방의 감정을 식별하는 것이 비즈니스뿐 아니라 인생을 풍요롭게 만드는 비결이다. 피터 셀로비 박사의 연구 중에는 감정을 잘 활용하면 논리적 사고를 효과적으로 발휘할 수 있다는 연구도 있다.

그리고 대인감수성을 높이기 위해서는 오픈마인드open-mind가 돼야 한다. 글자 그대로 마음을 열어두지 않으면 감성 안테나의 수신력은 올라가지 않는다. 구체적으로 말하면 '좋다-싫다' '선하다-악하다'는 식의 이분법적 사고를 지양해야 한다. 왜냐하면 인간의 두뇌는 일단 결정을 내리면 그 결론에 맞는 정보를 찾아내려 하기 때문이다. 이것은 로지컬 리스닝의 발휘 능력 중 하나인 관찰력에 큰 영향을 준다. 또한 결론을 내릴 상황이 되면 일단 판단을 유보하는 것이 좋다. 이는 의사결정을 유보한다는 의미가 아니다.

마지막으로 이성에 대해 알아보자. 이성의 항목으로는 자기인지력과 자기관리력이 있다. 우선 자기인지력이란 자신을 아는 것에서부터 시작한다. 자신을 모르면 사고력도 대인관계 능력도 발휘할 수 없다. 자기 자신이 지닌 사고의 편향이나 감정의 특성이 색안경이 돼버리기 때문이다.

자신을 알기 위해서는 다양한 검사를 받아보는 것이 효과적이다. 그런데 검사 중에는 타당성이나 신뢰성이 의심스러운 것들도 꽤 있다. 과학적으로 검증되지 않은 혈액형별 성격 분류라든지 행동과학 구조에 따른 진단 등 '재미삼아 하는 검사'들이 만연해 있다.

그런 의미에서 안심하고 권할 만한 것이 MBTI(Myers-Briggs Type Indicator) 검사다. 이 검사는 외향적인지 내향적인지, 숲을 보는지 나무를 보는지, 감정적인지 사고적인지, 관찰형인지 결정형인지 등 네 가지 축으로 개인의 성향을 분석한다. 그 결과 16가지 타입의 성격 유형이 나온다. MBTI는 전 세계에서 연간 500만 명이 이용할 정도로 널리 보급된 검사다.

물론, 이런 검사를 받았다 하더라도 그 결과에 일희일비할 필요는 없다. 있을 수 있는 결과들 중 하나로만 받아들이면 된다. 하지만 세상에는 검사 결과뿐 아니라 다른 사람으로부터 오는 피드백feedback조차 인정하지 않으려는 사람들이 많다. 그들은 "그렇게 검사한다고 해도 알 수 없다"는 말만 되풀이한다. 이런 사람들은 있는 그대로의 자기 모습을 받아들이지 못한다. 자기인지력이란 자기를 부정하지 않고 있는 그대로를 받아들이는 것을 말한다.

자기 자신을 알 수 있다면 자기 자신을 제어할 수 있다. 즉, 자기관리력이 생기는 것이다. 로지컬 리스닝이 필요한 상황에서 때로는 상대방으로부터 예상치 못한 반응을 겪을 때가 있다. 이때 자기관리력이 없다면 너무 쉽게 감정에 치우칠 수 있고 사고력이나 커뮤니케이션 능력 또한 발휘되지 않는다.

03 감성 없는 '질문'으로는 상대방의 대답을 들을 수 없다

최근 '질문'이라는 단어를 많이 접한다. 효과적인 커뮤니케이션을 하기 위해서, 또는 어떤 문제를 해결하기 위해서는 상대방에게 '질문'을 해야 한다. 질문의 기본은 5W 1H*다. '질문'에 관한 책을 읽어보면 특히 WHY?(왜)라고 묻는 걸 많이 강조하고 있다. 바꿔 말하면 그것은 일상생활에서 주어도 명확하지 않은 '저기, 저기' 식의 높은 컨텍스트high context 커뮤니케이션으로 이야기하는 경우가 얼마나 많은지를 보여주는 지표이기도 하다. 나 역시 WHY?(왜)라고 질문하는 것이 사고력, 특히 논리적 사고를 키우는 첫걸음이라고 권장하고 있지만, 문제는 그 묻는 방식이다.

비협조적인 사람을 어떻게 질문하게 만들 수 있을까?

컨설턴트는 WHY? 없이는 일을 할 수가 없다. 하지만 '왜 그

* Who, What, Where, When, Why 그리고 How—옮긴이

렇습니까?'라고 솔직하게 물을 수 없는 상황도 있다. 인터뷰가 그렇다. 경영수뇌부, 기획부, 인사부 같은 부서가 어떤 안건을 가지고 사원을 인터뷰하는 경우가 있다. 통상적으로 소회의실에서 많이 하는데, 두 사람 정도(한 사람은 서기)가 참석하는 것이 일반적이다. 다음은 내가 경험한 사례이다.

[인터뷰 현장]

어느 외국계 기업에서 인터뷰를 진행할 때다. 그 사원은 무뚝뚝하게 인터뷰실에 들어왔다. 상례대로 인사를 나누고 명함을 건넸다. 그리고 자리에 앉아 자기소개, 인터뷰의 취지, 비밀엄수 의무, 협력의뢰 등의 안내말을 전했다. 내가 이야기하고 있는 동안 그 사원은 '삐딱하게' 앉아 있었다. 신체언어body language로 보건대 "알아서 하세요!"라는 태도가 역력했다. 그러나 나는 냉정하게 안내말을 끝내면서 마지막으로 말했다.

"OO님, 허심탄회하게 말씀해주시기 바랍니다."

내 말이 끝나자 잠시 침묵이 이어졌다. 아마 실제로는 10초도 되지 않았을 것이다. 하지만 나로서는 그 이상으로 길게 느껴졌다. 상대는 아직 나를 쳐다보지 않았다.

마침내 그는 숨을 천천히 들이쉰 뒤 토해내면서 "한 마디만 해두고 싶은데, 컨설팅 따위는 정말 싫어요!"라고 말했다. 그 말만 하고는 여전히 팔짱을 낀 채 입을 다물어버렸다. 자, 당신이라면 이럴 때 어떻게 하겠는가?

A: 솔직하게 "왜 그러시죠?" 라고 묻는다.

B: "잘 알겠습니다. 협조해주시지 않겠다니 좋습니다" 하고 인터뷰를 끝낸 뒤 담당자에게 다른 사람으로 바꿔달라고 부탁한다.

C: "실은 나도 이런 일 하고 싶지 않아요" 라며 상대방의 공감을 얻어낸다.

D: "다른 컨설턴트는 어떤지 몰라도, 저는 당신에게 불이익이 될 일은 하지 않습니다" 라며 협조를 구한다.

E: 그 어느 것도 아니다.

현장 분위기를 파악하고 질문하는 기술

나는 세미나 참석자들에게 역할극을 하게 했다. 내가 인터뷰에 응하는 외국계 사원 역할을 하고 말이다. 그러면 의외로 A와 같이 "왜 그러시죠?" 라고 묻는 사람이 많다. 상대가 컨설턴트에 대해 불신감을 갖고 있다는 건 분명하다. 물론 그 원인을 찾아야 하겠지만 현장 분위기를 파악했다면 A처럼 직접적으로 물어서는 안 된다.

실제로 A 유형은 신참 컨설턴트가 가장 범하기 쉬운 오류다. "왜 그러시죠?" 라고 물으면 "바로 당신 때문이지!" 라든가 "아직도 모르겠단 말이에요?" 라는 날카로운 대답이 돌아올 것이다. 그것을 돌파구로 생각하지 말란 법은 없지만 말다툼이 일어나거나 상대방이 나가버릴 위험도 있다.

감성 능력을 키우지 않으면 교과서대로 '질문'한다 해도

먹히지 않는다는 걸 보여주는 전형적인 사례다.

쉽게 동요하는 사람 중에는 B를 선택해서 빠져나가는 경우도 있다. 그런데 그렇게 해서는 모처럼 마음 속 얘기를 들어볼 기회를 잃어버리는 것이다. 분위기를 봤을 때 C나 D 역시 통하지 않을 것이라는 걸 알 수 있다.

앞서 말한 역할극을 '코칭'이나 'NLP'를 공부한 사람에게 시켜보면 "왜 그러시죠?"라고는 하지 않을지 모르지만 역시 상황을 해결하기는 어려울 것이다. 아마 미러 테크닉(Mirror Technic 상대의 발언을 그대로 되풀이하면서 맞장구를 치는 기술)을 구사해 "저도 정말 싫어요!"라며 앵무새처럼 남의 말을 그대로 받아치는 사람도 있을 것이다.

그 뒤로 계속 이어진 역할극에서 내가 입을 다물어버리자 반응을 얻어내지 못한 채 그대로 굳어버린 사람도 몇 명 있었다.

코칭이나 NLP는 중요한 기술이다. 물론 제대로 익혀두면 그런 일은 없겠지만, 단편적인 지식만으로는 실제 상황에서 활용할 수 없다. 그렇다면 이런 경우에는 어떻게 하는 것이 좋을까? 바로 로지컬 리스닝이 필요한 대목이다.

04 로지컬 리스닝의 발휘 능력

이쯤에서 이번엔 실제 상황에서 필요한 로지컬 리스닝의 발휘 능력을 살펴보도록 하자.(그림 2-4)

[그림 2-4]를 보면 알 수 있듯이, 상대방의 액션은 상대로부터 오는 입력이고 자신의 액션은 자신으로부터 나가는 출력이 된다. 액션이란 표현을 쓴 것은 언어를 통한 발언에만 국한하지 않고 의도하지 않은 발신까지 포함하기 때문이다. 언어 부분을 컨텐츠, 비언어를 컨텍스트로 했다.

상대방의 발언을 제대로 듣는다는 것은 위의 네 가지 영역 가운데 하나에 속한다는 것을 말한다. 그런데 그것이 결코 쉬운 일은 아니다. "나는 우선 이런 전제를 가지고 있습니다. 그렇기 때문에……"라든가 "결론은 이렇습니다. 왜냐하면……"이라는 로지컬 스피킹을 하고 있는 사람이 얼마나 많은지를 생각해 본다면 알 수 있을 것이다.

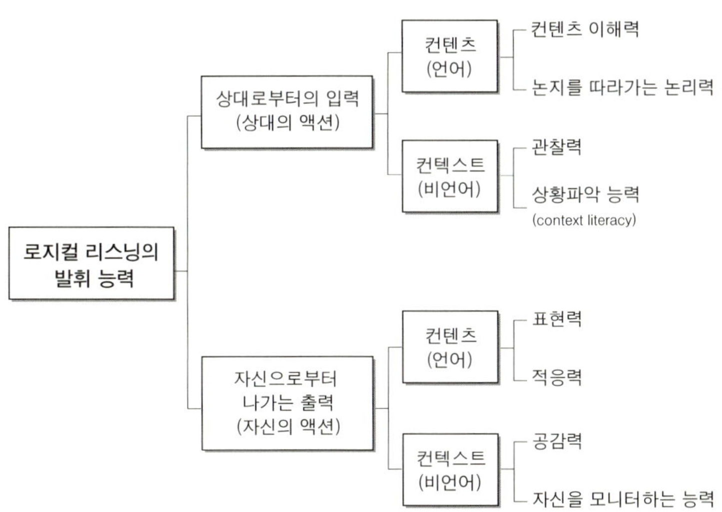

[그림 2-4] 로지컬 리스닝의 발휘 능력

이해력과 논지를 파악할 수 있는 논리력이 필요하다

사람들은 논리의 비약이 있거나 전제가 숨겨진 말을 종종 당연하게 여긴다. 때문에 상대방의 발언내용을 정확히 듣고 논지를 밝혀가면서 최종적으로 그 발언의 의도를 파악해야 한다.

그러기 위해서는 컨텐츠에 대한 이해력은 물론 논지를 파악할 수 있는 논리력이 필요하다.

로지컬 리스닝은 다이내믹한 상황에서 발휘해야 한다

논리력이라는 얘기가 나온 김에 한 가지 더 강조해두고 싶은 것은 로지컬 리스닝은 다이내믹dynamic한 상황에서 발휘해야 한다는 점이다.

논리력을 키우는 방법에는 여러 가지가 있다. 그런데 대부분의 방법들은 정적인 상황을 전제로 하고 있다. 물론, 정적인 상황에서 형식적인 논리 문제를 가지고 고민해보는 것도 이해력을 단련하는 데 도움이 될 것이다. 이 책 PART 04에서도 논리력에 필수적인 원리원칙을 얘기할 것이다. 하지만 로지컬 리스닝의 논리력은 어디까지나 살아있는 인간을 상대로 한 다이내믹한 상황 속에서 활용해야 한다. 상호작용이란 말 그대로 서로간에 취하는 액션에 의해 커뮤니케이션이 이뤄지기 때문이다. 또한 로지컬 리스닝은 앞으로 소개하는 다양한 발휘 능력과 유기적으로 연대되어야 한다. 이러한 시각에서 여러 가지 발휘 능력들을 체크해볼 필요가 있다.

05 비언어적인 영역의 중요성

상대방의 액션에서 컨텍스트 부분에 해당하는 비언어 부분에 대해 살펴보자. 목소리의 톤이나 표정 등 비언어적인 영역에서 우리가 입수하는 정보는 매우 중요한 판단재료가 된다. 흔히 알고 있는 메라비언 효과 때문에 "언어보다 비언어가 더 중요하다"는 식으로 오해하고 있는 사람들이 많은데, 정확하게 얘기하면 메라비언 효과는, 대화의 내용과 신체언어와 같은 비언어가 일치하지 않았을 경우에 어떤 요소를 판단기준으로 삼을 것인가 하는 것을 조사한 것이다. 조사 결과 언어가 7퍼센트, 목소리가 38퍼센트, 신체언어가 55퍼센트였다는 사실이 앨버트 메라비언Albert Mehrabian에 의해 소개됐다.(그림 2-5)

그러나 이는 우리가 평소 언어 부분에 주의를 기울이지 않는다는 얘기가 아니다. 즉, 직장에서 프레젠테이션할 때 언어가 7퍼센트밖에 도움을 주지 않는다고 말할 수 없다는 얘기다. 언어 부분과 비언어 부분은 모두 중요하다. 언어의 컨텐츠만으로 판단하기 어려울 때는 비언어가 주는 정보가 큰 도움이 되는 것이다.

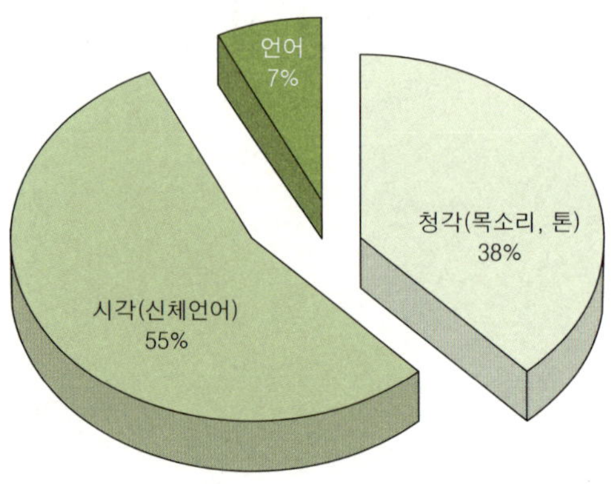

[그림 2-5] 비언어를 얕볼 수 없다(Albert Mehrabian의 조사)

상대방의 비언어적인 요소에 주의를 기울여라

당신이 새로운 시스템에 대한 교육을 하고 있다고 가정해 보자. 새로운 시스템의 도입으로 업무 효율성을 대폭 개선할 수 있게 됐다는 프레젠테이션을 하고 있을 때, 어느 참석자가 부드러운 목소리로 "다른 방법은 없나요?" 라는 질문을 했다면 질문을 한 참석자에게 감사해야 할 것이다. 하지만 거친 목소리로 "다른 방법은 없나요?" 라고 질문했다면 참석자가 비판적으로 프레젠테이션을 보고 있다는 걸 알 수 있을 것이다.

이처럼 상대방의 비언어적인 요소에 주의를 기울이는 것은 매우 중요하다. 여기서 나타나는 발휘 능력은 관찰력과 상황을 파악하는 능력Context Literacy이다.

관찰력이란 상대방의 표정과 목소리의 톤 그리고 자세 등을 종합적으로 관찰하는 것을 말한다. 관찰력은 EQ를 증대시키는 첫 단계이기도 하다.

피터 셀로비 박사에 따르면 다음 네 가지 능력이 뛰어난 사람일수록 주변 사람들과 원활한 커뮤니케이션을 할 수 있고 좋은 반응도 이끌어낼 수 있다고 한다.

감정의 식별: 감정을 지각한다. 타인이 느끼고 있는 감정을 정확하게 식별하고, 동시에 자신의 감정도 정확하게 인식한다.

감정의 이용: 상황에 어울리는 감정을 갖는다. 감정은 생각에 영향을 끼친다. 감정과 상황을 융합시킨다.

감정의 이해: 감정으로 미래를 예측한다. 감정의 의미를 이해한다. 일어날 수 있는 사태에 대해 분석한다.

감정의 조정 · 관리: 자신과 타인의 감정에 개방적이며 이를 조절할 수 있다. 감정과 사고를 통합한다.

06 상황을 파악하는 능력

세상에는 공부를 아무리 많이 해도 '상황 파악을 잘 못하는 사람'이 있다. 상황 파악을 못하고 분위기를 깨는 얘기를 계속 한다거나 다른 사람을 당황하게 하고 있는데도 자신은 전혀 눈치 채지 못하는 사람들이다. 이런 말을 하면 주위에 몇 사람이 떠오를 지도 모르겠다.

이처럼 '상황을 파악 하는 것' 같은 눈에 보이지 않는, 말로 표현하기 어려운 요소가 있다. 그런데 이것은 커뮤니케이션에 결정적인 영향을 주는 요인 중 하나다.

히토쓰바시 대학의 이타미 히로유키 교수는 '상황'을 "사람들 간의 정보적 상호작용과 심리적 상호작용이 일어나는 공간"으로 정의했다. 이타미 교수의 말을 빌리자면 "업무 현장에는 정보와 감정이 흐르고 있는"* 법이다.

그 상호작용에는 의식적인 것도 있고 무의식적인 것도 있기

* 이타미 히로유키, 《상황의 매니지먼트》, NTT출판, 1999.

때문에 의도적인 행동도 의도하지 않은 행동도 커뮤니케이션에 영향을 끼친다.

정보 능력은 높지만 상황을 파악하는 능력이 약한 사람은 심리적인 상호작용이 일어나는 '공간'에 주의를 기울여야 한다는 것을 쉽게 놓친다. 즉, 상황을 파악하는 능력이란 그런 상호작용 모두를 관찰하면서 그 흐름을 이해하는 힘이다.

심리적 요소와 물리적 요소를 종합적으로 파악하라

10년도 더 지난 얘기다. 내가 컨설턴트로서 신참이었을 무렵, 어느 전략 컨설팅회사와 외국계 기업과의 협동 프로젝트에 참여한 적이 있다. 주어진 임무는 외국계 기업이 그 컨설팅회사에 의뢰한 마케팅 관련 안건을 해결하는 것이었다. 그래서 외국계 기업의 미국 본사에서 두 명, 일본 지사에서 한 명, 컨설팅회사에서 세 명 그리고 나를 포함해 모두 일곱 명으로 팀이 꾸려졌다. 도쿄 지사의 꽤 넓은 사무실이 제공돼 우선 사흘간의 합동작업을 시작했다.

몇 가지 작업 중 하나로 일본 지사의 영업사원을 인터뷰하게 됐다. 그래서 내가 젊은 컨설턴트에게 "인터뷰할 장소를 알아봐주시겠어요?" 하고 제안했더니 그 컨설턴트는 "네? 여기 괜찮지 않아요?"라고 대답했다. 그래서 내가 "직속상관은 아니더라도 미국 본사에서 온 직원 두 명이 함께 작업하고 있어서 인터뷰하기가 좀 껄끄럽네요" 하고 말하자 "그런 얘기였어요?"

라고 말하는 것이었다. 그 컨설턴트는 내 말을 잘 알아듣지 못하는 것 같았다. 결국 사무실과는 별도의 작은 방을 제공받아 인터뷰를 할 수 있었다.

그 컨설턴트는 인터뷰가 이루어지는 곳의 '상황'을 파악하지 못했던 것이다. 대학을 나오자마자 곧바로 그 컨설팅회사에 들어간 그에게서 그러한 상황판단 능력을 기대하기는 어려웠을지도 모르겠다. 그런데 그 젊은 컨설턴트만 그런 것이 아니다. 상황을 파악하는 능력을 기르는 데는 누구나 어느 정도 경험이 필요한 것이다. 나 역시 도시바에 입사한 뒤 본사 법인영업팀에서 근무했을 때 그리고 높은 컨텍스트 투성이의 영업현장을 방문했을 때, 상황을 제대로 파악하지 못해 선배에게 많은 질책을 받았던 적이 있다. 이처럼 '상황'을 파악하는 능력을 단련하기 위해서는 심리적인 요소에 주의를 기울여야 한다.

또한 물리적 요소도 충분히 고려해야 한다. 단순히 장소뿐 아니라 상대방과의 물리적 거리, 앉는 방향이나 위치도 커뮤니케이션에 영향을 미치기 때문이다. 상대방과의 물리적 거리는 문화나 나라에 따라 차이가 있는데 예를 들어, 라틴 국가들은 상대방과 가깝게 앉아 얘기하는 경향이 있다. 때문에 이러한 문화적 요소에도 주의를 기울여야 한다.

그런데 우리는 상대와의 친밀도에 따라, 공식적이냐 비공식적이냐에 따라, 물리적인 거리를 무의식적으로 조절한다. 앉는 위치를 살펴보면 쉽게 알 수 있는데 서로 마주보느냐, 나란히 앉느냐, 책상 모서리를 이용해 비스듬히 앉느냐에 따라 일정한 선을 긋는 관계를 유지하려는 건지, 친근한 관계를 만들려는 건지를 알 수 있다. 커뮤니케이션에 영향을 끼치는 요소인 것이다. (그림 2-6)

상대와 일정한 선을 긋는다.
대립적인 관계로 발전하기 쉽다.

➡ 입사 면담

같은 입장임을 강조한다.
친해지기 쉽다.

➡ 비공식적인 면담

대립적인 관계가 되기 어렵다.
서로의 얼굴이 잘 보인다.

➡ 코칭

[그림 2-6] 앉는 위치에 따라 관계는 달라진다.

07 '듣기'를 위한 '출력'

이번에는 '듣기'를 위한 '출력'에 대해 알아보자. '듣기'위해서 왜 '출력'이 필요한 걸까? 여기서 말하는 '출력'이란 상대방에게 무엇인가를 전달하기 위한 '출력'이 아니라 '상대방의 출력'을 높이기 위해 이쪽에서 보이는 어떤 행동을 의미한다. 바꿔 말하면 상대방이 편하게 얘기할 수 있도록 분위기를 형성하는 작업 같은 것이다.

맞장구치기는 그 대표적인 예다. 맞장구치기는 코칭이나 경청세미나에서 반드시 소개하는 항목이다. 효과적인 맞장구를 치기 위해서는 다음과 같은 세 가지 발휘 능력이 필요한데, 커뮤니케이션을 잘 하는 사람과 그렇지 않은 사람의 '맞장구치기'를 비교해보면 이 세 가지 항목이 발휘되었는지 아닌지를 금방 알 수 있다.

먼저 표현력이다. 맞장구치기를 잘 하는 사람은 표현력이 풍부하다. 일반적으로 같은 말을 되풀이해 들으면 귀에 거슬린다. 맞장구치는 기술이 부족한 사람은 열심히 맞장구를 치려고

'그렇구나'라는 소리만 되풀이한다. 반면, 맞장구를 잘 치는 사람은 '그렇구나'란 말을 여러 가지 변형된 형태로 표현한다.

글로는 설명하기 어렵지만 '그렇구나……'와 '그렇구나!' 같이 다르게 표현하는 경우다. 여기에 '진짜?' '그래서?' '아!' '이야!' 같은 표현을 섞는다면 훌륭한 맞장구치기가 된다. 물론 이러한 표현은 앞서 언급한 것처럼 상황을 파악하며 사용해야 한다.

두 번째는 즉시대응력이다. 이는 상대방의 이야기가 다 끝난 다음에 맞장구를 치는 것이 아니라 상대방의 이야기에 재빠르게 반응을 보여야 한다는 말이다. 그 반응에는 '의도적인 침묵'도 포함될 수 있다. 바꿔 말하면 상대방의 발언을 듣고 당황해서 얼어 있으면 안 된다는 것이다. 난처한 상황일지라도 어떻게든 반응을 보여야 한다. 그러기 위해서는 사고력을 모두 동원하지 않으면 안 된다. 그런데 그럼에도 불구하고 종종 무슨 말을 해야 할지 모를 상황은 있다.

앞에서도 소개했지만 나 역시 "한마디만 하고 싶은데, 컨설팅 따위는 정말 싫어요!"란 말을 들었을 때 당황한 나머지 잠시 얼어버렸다. 그런데 곧바로 정신을 가다듬고 대응방안을 생각하기 시작했다. 이처럼 즉응력이란 훈련을 통해 몸에 익히게 되는 것이다.

세 번째는 공감력이다. 풍부한 표현력을 가지고 있고 적절한 맞장구를 친다 해도 공감력이 없다면 아무 소용이 없다. 공감력을 낳는 것은 감정이입empathy, 즉 상대방의 입장에서 생각할 줄 아는 힘이다.

이것은 한 노련한 심리학자에게 들은 건데, 감정이입에 대한 재미있는 얘기가 있다. 앞면은 '파란색'이고 뒷면은 '흰색'인 도화지를 세 살 정도 되는 아이 앞에서 "지금 무슨 색이 보여?" 하고 묻는 실험을 했다. 당연히 도화지를 뒤집을 때마다 아이는 자기가 보고 있는 색을 말한다.

그런데 재미있는 것은 실험자가 "그럼, 지금 내가 보고 있는 건 무슨 색이니?"라고 질문했을 때의 반응이다. 아이가 '파란색'을 보고 있을 때 실험자는 분명 '흰색'을 보고 있게 된다. 그러나 세 살 정도의 아이들 대부분은 "파란색!"이라고 자기가 보고 있는 색을 말한다는 것이다. '상대방이 보고 있는 색'을 제대로 말할 수 있는 연령은 사람에 따라 다르겠지만 대게 네다섯 살 정도라고 한다. 경우에 따라서는 그 이상의 시간이 흘러야 되는 경우도 있다.

결국 사람은 '상대방의 입장에서 생각하는' 것을 학습을 통해 익혀왔다는 말이다. 실제로 도화지의 반대쪽 색이 무엇인지 대답하는 것은 쉬운 일이다. 하지만 일상생활 속에서 상대방의 입장에서 생각할 줄 아는 사람을 만나는 것은 그렇게 쉽지 않다. 자칫하면 자기 스스로 그러한 상황에 빠져버리는 경우도 있다.

최근에는 피상적인 감정이입이나 래포르rapport*를 쌓는 노하우에 대해 설명하는 책들이 눈에 띄게 많아졌다. 그러나 그런 피상적인 방법은 사람들 사이에서 통하지 않는다. 이내 본색이 드러날 것이다. 공감력의 기본은 어디까지나 '상대방의 입장에서 생각하는' 자세다.

맞장구를 치면서 공감대를 조성하라

그러면 이쯤에서 "한 마디만 해두고 싶은데, 컨설팅 따위는 정말 싫어요!"라고 말했던 사원에게 내가 어떻게 반응했는지 얘기하겠다. 이 상황에서는 "왜 그러시죠?"라고 묻는 것도, 미러 테크닉을 이용해 "저도 정말 싫어요"라고 상대방의 말을 받아치는 것도 좋은 방법이 아니라고 얘기했다. 그렇다고 "그렇게 말씀하신다면" 같은 '왜라는 말을 사용하지 않고도 왜인지를 묻는 말투'도 아직 사용하기에 이르다. 상대방이 '말하기 싫어!'라는 신체언어를 취했기 때문이다.

이 주제를 가지고 역할극을 할 때 "실은 나도 싫어요"라고 반응하는 참가자도 있었다. 그런데 이런 피상적인 반응으로는 상대방의 기분을 맞추어주지 못한다. 상대방에게는 모두 귀찮은 소리로만 들릴 것이다. 물론 정답은 한 가지가 아니다. 당시 나는 그 사원의 말을 듣고 잠시 얼어버렸고 솔직히 난처했다. 그런데 이런 난처한 상황에서는 기본으로 돌아가는 게 중요하다. 먼저 상대방의 발언을 있는 그대로 받아들여야 한다. 그리고

* 신뢰감을 기초로 한 소통성—옮긴이

끝까지 중립적인 자세를 취해야 한다.

그래서 나는 약간의 시간을 두고 "이야, 정말 ○○씨처럼 말씀하시는 분도 있군요" 하고 말했다. 먼저 상대방의 발언을 인정하면서 래포르를 형성하고자 했던 것이다. 말은 하지 않았지만 나도 10년 동안 샐러리맨을 했기 때문에 그 사람이 왜 그런 말을 했는지 이해할 수 있었다. 그러고 나서 "컨설팅 알러지는 결코 당신만 있는 게 아니다"라는 뜻을 넌지시 비쳤다. 상대방에게 "당신과 비슷한 사람들도 많이 있다. 이런 일은 당신에게만 일어나는 '비극'이 아니"라는 걸 이해시키면 상대방은 상황을 다소 냉정하게 바라볼 수 있게 된다.

또한 나는 그 사원이 우리를 환영하지 않는다는 걸 신체언어를 통해 충분히 느끼고 있었기 때문에 "이야"라고 말하면서 다음에 무슨 말을 해야 할지를 생각할 수 있었다. 당연히 세미나에서 강의하는 말투로 이야기하지 않았다. 부드럽고 조용한 톤으로 이야기했다. 천천히 말하는 것의 장점은 말하는 사람 역시 차분하게 생각하면서 말할 수 있다는 것이다.

이후에 나는 "이번에 저희가 이곳에 온 건……"이라며 다시 한 번 자기소개를 했고 인터뷰의 취지, 인터뷰를 통해 얻는 정보의 처리와 평가에 대해 설명했다. 결국 처음으로 되돌아간 것이다. 그러자 그 사원은 몸을 약간 앞으로 숙이고 "아, 그러면 댁은 ○○사에서 나온 사람이 아닙니까?"라고 물어왔다. 물론 맨 처음 자기소개를 할 때 나는 회사이름을 밝혔다. 하지만 상대방은 듣고 있지 않았던 것이다. 아마 대략적인 상황을 상상할 수 있을 것이다.

이 인터뷰를 통해서 그의 컨설턴트 알러지를 만든 과거의 트라우마(외상후 스트레스 장애)의 일면을 엿볼 수 있었다. 단, 끝까지 상대방 스스로가 말할 수 있도록 해야 한다. 이 점과 관련해서도 역할극을 벌인 적이 있는데, 상대방의 대답에 뛸 듯이 기뻐하며 "저희는 그런 회사와 다릅니다!"라든가 "그 회사는 좀 이상해요!"와 같은 말로 응답해버리는 사람도 있었다. 그런데 이런 대화 방법으로는 상대방의 신뢰를 얻을 수 없다.

나는 "네"라고만 대답하고 상대방의 반응을 살폈다. 그러자 잠시 후에 "아, 그래요? 난 또 ○○사에서 나온 사람인 줄 알았어요" 하고 말하는 것이었다. 그리고 잠시 뜸을 들였다가 "그런데 당신도 알고 있겠지만 2년 전에 사장이 새로 와서 말이지"라고 말을 잇기 시작했다. 거기서부터 나는 그 사람과 대화를 이어나갈 수 있었다.

"2년 전에요?"

"그래요, 그 사장이 인원감축을 하는 바람에."

"인원감축이라……"

"그래서, 우리 부서 같은 데는……"

하는 식으로 말이다. 상황을 정확히 파악하고 상대방의 말에 맞장구를 치면서 공감하는 것으로 당초 비협조적이었던 사람의 마음을 움직일 수 있었던 것이다.

08 자신을 모니터하는 힘

마지막으로, 아웃풋output으로서의 비언어 부분에 대해 알아보자. 우리 모두는 자신도 모르는 사이에 정보를 발신하고 있다는 것을 기억해야 한다. 즉, 무의식 중에 어떤 '상황'에 영향을 끼치고 있는 것이다.

따라서 자신의 무의식적인 행동이 상대방에게 공감을 형성하는지 아니면 불쾌감을 주는지 되돌아볼 필요가 있다. 만약, 내가 앞서 소개한 상황에서 다리를 꼬고 앉아(상대방은 그런 자세였지만) 소파에 푹 기댄 채로 얘기했다면 아마 다른 결과를 낳았을 것이다.

자기 자신의 신체언어를 모니터하는 것은 오히려 쉬운 편이다. 영상을 찍어서 모니터하면 되기 때문이다. 어려운 건 눈에 잘 띄지 않는 부분을 모니터하는 것이다. 이런 의미에서 왜 로지컬 리스닝의 중요한 보유 능력으로 자기인지력을 꼽았는지 이해할 수 있을 것이다. 자기인지력은 자기성장에 빼놓을 수 없는 요소이기 때문이다.

나는 앞에서 소개했던 MBTI를 비롯해 갤럽사의 설문조사, Kouzes & Posner의 리더십 재고조사inventory 등 널리 사용되고 있는 검사 방법을 이용하고 있다. 그런데 지난해에는 EQ 지수 검사를 받아봤다. 그리고 두 명의 EQ 전문가로부터 여러 가지 조언을 들었다. '감정의 식별'과 '감정의 이해'는 높은 점수였지만 '감정의 이용'은 낮은 점수였다. EQ 전문가는 내가 컨설턴트라는 직업 때문에 감정을 억제하는 경향이 있다고 지적했다. 또한 "감정도 활용하지 않으면 녹슬어버린다"는 조언도 해줬다. 사실 나는 EQ 지수가 상당히 발달돼 있으리라 그동안 믿고 있었다. 이 검사가 나 자신을 아는, 즉 자기인지력을 높이는 좋은 경험이었다고 생각한다.

지금까지 얘기했던 것들을 종합해 본다면 로지컬 리스닝이 '사고력과 대인관계 능력, IQ와 EQ, 우뇌와 좌뇌, 지성과 감성의 통합 기술'이라는 걸 확인할 수 있을 것이다.

한 번에 모든 기술을 다 발휘할 순 없다. 또 로지컬 리스닝에서 '마스터했다'는 건 있을 수 없다. 자신이 잘하는 부분과 못하는 부분을 자각하고 못하는 부분을 조금씩 훈련하면 된다. 물론, 막연하게 훈련하면 아무 것도 나아지지 않는다. 잘 짜인 훈련이 필요하다. 이 훈련에 대해서는 다시 소개하겠다.

SUMMARY

Logical Listening

■ 로지컬 리스닝에는 다음 4단계가 있다.

STEP 1 Thinking : 머릿속에서 '생각'을 구성한다.

STEP 2 Logical Speaking : 머릿속에서 구성한 것을 상대방이 알아듣기 쉽게 전달한다.

STEP 3 Logical Listening : 다른 사람의 얘기를 들으면서 상대방이 머릿속으로 구성한 것을 이해한다.

STEP 4 Collaboration : 여러 명의 상대와 생각을 교환, 공유해가면서 문제를 해결하거나 새로운 생각을 함께 창출한다.

■ 로지컬 리스닝의 보유 능력은 지성, 감성, 이성이다. 이 능력을 꾸준하게 향상시켜야 한다.

■ 로지컬 리스닝의 발휘 능력은 다이내믹한 기술이다. 아래와 같은 능력을 유기적으로 발휘해야 한다.

- 컨텐츠 이해력
- 논리력
- 관찰력
- 상황파악 능력
- 표현력
- 즉응력
- 공감력
- 자신을 모니터하는 힘

COLUMN 2

Logical Listening

MBTI

MBTI(Myers-Briggs Type Indicator)는 캐서린 쿡 브릭스(Katharine C. Briggs)와 그의 딸 이자벨 브릭스 마이어즈(Isabel B. Myers)가 개발한 성격유형 검사(Personality Inventory 또는 Personality Profiles)다. 융의 성격유형 이론을 기본으로 개발한 것인데, 1962년에 초판이 완성된 이래 40여 년에 걸쳐 세계적으로 널리 이용되고 있다. MBTI는 개인의 성격을 마음의 기능과 태도의 측면에서 파악한 것으로 '흥미와 관심의 방향(외향, Extrovert ⇔ 내향, Introvert)' '사물에 대한 관점(감각, Sensing ⇔ 직관, Intuitive)' '판단방식(사고, Thinking ⇔ 감정, Feeling)' 그리고 '외부세계에 대한 대응방식(판단적 태도, Judging ⇔ 지각적 태도, Perceiving)'이라는 4가지 지표에서 각각 어느 쪽으로 끌리기 쉬운가를 분석한 것이다. 총 16가지의 유형이 있다.

검사를 해 보면 16가지 유형 가운데 자기가 어느 유형에 해당하는지를 파악할 수 있다. MBTI 전문 상담사는 이 결과에 대한 상세한 해설을 하면서 피검자의 검사 결과를 검증하고 피검자와 잘 맞는 유형을 스스로 발견하도록 돕는다.

흔히 성격유형 검사라 하면 에니어그램이나 에고그램이 알려져 있지만, MBTI는 심리학의 골조framework에 토대를 두고 있다는 점, 비즈니스에 필요한 정보수집 방식에서 의사결정의 흐름을 이해할 수 있다는 점, 매년 500만 명이라는 피검자가 있다는 점 등에서 성격검사의 세계적인 표준이 돼 있다.

실제로 지난 15년간 수많은 대기업에서 실시한 컨설팅이나 간부 교육 과정에 MBTI 성격유형 검사가 기본적으로 포함돼 있었다. 물론, 이 검사를 할 때는 고정관념에 영향을 받지 않도록 충분히 주의해야 한다. 자기 자신을 알아가는 또 하나의 중요한 재료로 활용할 수 있을 것이다.

COLUMN 3

Logical Listening

NLP 신경언어 프로그래밍

NLP(Neuro-Linguistic Programming)는 이제 특정한 기술이나 모델을 가리키는 말로 너무나 광범위하게 보급되고, 활용되고 있는 방법이다. 그것은 사람이 어떻게 생각하고, 느끼고, 행동하고, 성과를 내는지를 체계적으로 연구한 원리이기도 하다.

1974년에 캘리포니아 주립대학 샌터크루즈 캠퍼스의 언어학 교수였던 존 그라인더John Grinder와, 당시 심리학과 수학을 수강하던 학생이자 심리요법에 관심을 갖고 있던 리처드 밴들러Richard Bandler가 팀을 짜서, 국제적인 평가를 얻고 있던 심리치료사 3명의 커뮤니케이션 조작법, 언어사용법, 무의식 활동에 대해 연구하기 시작했다. 그 결과, 인지행동 패턴의 모델을 확립하고 1977년까지 여러 권의 책을 엮어냈다. 이것이 NLP의 기본이 되었다. 이 초기 연구에서는 세계적인 문화 인류학자이자 과학자이기도 한, 뉴 사이언스적 발상의 새로운 패러다임을 제시했던 영국인 그리고리 베이트슨Gregory Bateson의 지원도 받았다. 따라서 NLP는 언어학, 인지심리학, 커뮤니케이션 이론, 사이버네틱스 등의 이론체계를 기본으로 하고 있다.

원래는 세라피스트Therapist들 사이에서 연구, 활용되어 보급되었지만, 지금은 유명 운동선수나 정치가, 사업가의 목표

달성을 위해 그리고 자기개발personal development 방법으로 확산되고 있다. 클린턴 전 미국 대통령의 자기개발 코치를 역임했던 앤서니 라빈즈를 필두로, NLP를 응용하고 있는 코치, 세라피스트는 적지 않다.

의식있는 NLP 연구자와 실천가는 NLP로 우리들의 잠재능력을 최대한으로 끌어내고, 자기성장과 자기혁신에 이바지하는 것을 목표로 삼고 있지만, '타인을 조작' 하는 수법으로 악용하는 사람도 있다. 그런 의미에서 NLP에 대한 비판적인 의견도 들려오고 있다.

로지컬
LogicalListening
리스닝

Keys to Winning Heart and Minds

PART 03

커뮤니케이션의 본질

01. 왜소화된 커뮤니케이션 능력
02. 들리는 것은 일부에 지나지 않는다
03. 평가를 하면 입력은 제한되기 쉽다
04. 상대방의 숨은 의도를 이해하라
05. 나만의 커뮤니케이션 기술 학습 방법
06. 커뮤니케이션은 발신자가 아닌 수신자에 의해 결정된다
07. Who와 How에 따라 받아들이는 방식이 달라진다
08. 머리를 써야 커뮤니케이션도 잘 한다
09. 《생협의 시라이시 씨》를 통해서 보는 로지컬 리스닝

01 왜소화된 커뮤니케이션 능력

"인사를 아무리 잘 해도 일을 못하면 소용없잖아요"라는 말을 회사 내에서 종종 듣는다. 확실히 그렇다. 덧붙여 설명하자면 '인사'로 시작하는 커뮤니케이션 능력은 있지만 사고력과 전문지식이 없으면 신제품 개발이 불가능하고, 상품에 대한 지식, 계약체결에 대한 지식이 없으면 영업이 불가능하다.

그런데 '인사를 잘 해도'라는 표현이 '인사 따위 잘 해도'라는 뉘앙스로 들리는 경우가 있다. 좀더 깊이 들어가 보자. 로지컬 리스닝에 필요한 보유 능력과 발휘 능력에 대해 훑어봤다면 커뮤니케이션 능력이란 게 결코 '인사를 잘 합시다!' 같은 말로 끝낼 문제가 아니라는 걸 확인할 수 있을 것이다. 물론 인사는 커뮤니케이션의 시작이다. 인사조차 제대로 할 수 없다면 곤란한 일이다.

게다가 '인사 따위 잘 해도'라는 말투에는 커뮤니케이션 능력과 대인관계 능력에 대한 경시와 멸시가 깔려 있다. 사고력은 높지만 대인관계 능력이 낮은 '사고인저思高人低'형의 사람에 대해, 그리고 사고계思考係와 대인계對人係의 간극에 대해 앞에서도 다루었듯이 대인관계 능력에 대한 뿌리 깊은 오해가 있는 것 같다.

커뮤니케이션에 대한 올바른 마음가짐이 필요하다

한 회사에서 '대인 사고력'에 대한 강의를 하고 있을 때의 일이다. 이 회사에는 '인사를 하지 않는 문화'가 있다. 그래서 강의를 하면 확실히 일반적인 회사와는 다른 분위기가 느껴진다. 스무 명 안팎의 참가자가 모인 강의에서 나는 네다섯 명씩 팀을 이루어 앉도록 했다. 팀별로 모인 참가자들은 서로 인사를 하지 않았다. 삼삼오오 모여 앉아있을 뿐 아무 말도 하지 않았다. 하다못해 가벼운 목례조차 찾아볼 수 없었다. 그러니 오전 강의가 시작되기 전엔 무척 썰렁한 분위기일 수밖에 없었다. 예외적인 사람이 있었는데 회사에 들어온 지 얼마 안 된 사원이었다. 그 사원은 아직 그 '문화'에 물들지 않은 상태였다. 신입사원들도 근무연수가 늘어감에 따라 점점 인사를 하지 않게 되는 모양이었다. 이 회사는 시스템 엔지니어가 많은 곳이었다. '시스템 엔지니어=인사를 하지 않는다'는 말을 하려는 게 아니다. 시스템 엔지니어가 많은 회사라 하더라도 이 회사와 분위기가 다른 곳이 숱하게 많다.

그래서 나는 조금 진도를 빠르게 나가면서 다양한 방법을 동원해 참가자들의 사고를 흔들고 발언을 이끌어내려 했다. 대부분의 참가자들은 소속과 업무의 내용을 소개하는 데 10초 정도 밖에 걸리지 않았다. 그래서 남은 30초 동안 '왜 내가 여기 있냐면 말이지요……'라는 말로 대화를 이어가 주기를 부탁했다.

서투르게 "여러분의 수강 동기에 대해 말씀해주십시오" 따위로 얘기하지 않았다. "어떻게 여기에 왔냐면 윗분이 제 스케줄을 마음대로 바꿔버려서 뭐가 뭔지도 모른 채 끌려왔습니다"라고 해도 상관없다고 말했다. 부담 없이 자기 속마음을 얘기해도 된다고 유도한 다음 참가자 한 사람 한 사람에게 발언해 줄 것을 부탁했던 것이다. 이런 방식으로 자기소개를 부탁하면 차가워 보였던 참가자도 조금씩 이런저런 얘기를 꺼내 놓는다. 그중에는 논리적 사고를 공부한 적이 있는데 그 활용법을 배우고 싶다고 참가동기를 밝힌 사람도 있었다.

어느 참가자는 이렇게 말했다.

"요즘 조금씩 고객들로부터 시달리다보니까 저도 뭐랄까, 좀 더 사람들의 비위를 맞추는 방법을 공부해야 하지 않을까 하는 생각이 들더라고요."

그는 약 스무 명의 참가자들 앞에서 얘기하고 있음에도 불구하고 몸을 숙이거나 흔들면서 참가자들과 한 번도 눈을 맞추지 않았다. 규정된 시간은 45초였는데 30초도 못 채웠다.

이 발언에는 커뮤니케이션 능력을 키우기 위한 중요한 교훈이 숨어 있다. 그 참가자는 어찌됐든 '커뮤니케이션 능력'이란 상대방의 '비위를 맞추는 것'이라 생각했던 것이다. '커뮤니케이션 능력'이 정말 그런 거라면 '몰라도 괜찮아'라고 생각하는 것도 무리는 아니다. 하지만 커뮤니케이션 능력은 '비위 맞추기'가 아니다. '비위 맞추기'라는 말은 결국 상대방을 정면으로 바라보지 않는다는 걸 의미한다.

즉, '커뮤니케이션은 사소한 일'이라는 마음으로는 '커뮤니케이션 능력'을 키울 수 없다. 왜냐하면 자신의 커뮤니케이션 능력과 스타일을 점검해보려는 마음이 생기지 않기 때문이다. 때문에 프레젠테이션의 기본도 되어 있지 않은 것이다.

커뮤니케이션 능력은 중요한 비즈니스 기술

반대의 사례도 있다. 한 민간 연수센터(기업에 공간을 빌리고 있는 곳)에서 휴식을 취하고 있을 때의 일이다. 옆 강의실에서 "그렇게 해서는 들리지 않아요! 한 번 더!"라는 강사의 호통에 가까운 목소리가 들렸다. 곧이어 "잘 부탁드립니닷!" 하고 참가자의 외치는 듯한 대답소리가 들려왔다. 강의실 앞에는 '리더쉽 강화 연수'라는 안내판이 놓여 있었다. 물론 다른 것들도 많이 배우겠지만, 문득 인사가 중요하다느니 어떻다느니 하고 말하고 싶어 하는 강사의 모습이 떠올랐다. 되풀이하지만 인사는 원활한 인간관계를 만드는 첫 발일 뿐이다. 즉, 인사가 인간관계의 전부는 아니라는 말이다. '인사도 못한다'는 사람도, '인사밖에 할 줄 모르는' 사람도, 비즈니스에는 적합하지 않다. 마찬가지로 커뮤니케이션 능력은 비즈니스 기술 가운데 중요한 요소지만 그것이 전부는 아니다.

이점을 명심하면서 커뮤니케이션에 대해 공부해 두면 비즈니스 기술을 향상시키는 데 큰 도움이 될 것이다. 여기서는 로지컬 리스닝의 실천을 위해 알아둬야 할 커뮤니케이션의 본질에 대해 언급하고자 한다.

02 들리는 것은 일부에 지나지 않는다

영어로 히어링hearing과 리스닝listening은 확실히 다르다. hearing aid를 보청기라 하는 것처럼 히어링은 어디까지나 '귀로 듣는다, 듣고 있다'는 의미다. 이에 비해 리스닝은 상대방의 메시지를 듣는다는 의미를 갖고 있다. 예를 들어, 대학에서의 강의는 '히어링' 하는 것이 아니라 '리스닝' 하는 것이다. 로지컬 리스닝은 로지컬 히어링과는 분명히 다른 말이다.

물론, 리스닝에도 다음 몇 가지가 있다.

냉소적 리스닝Cynical Listening 처음부터 냉소적인 마음으로 듣는다. 상대방의 발언을 왜곡해서 듣는다.

선택적 리스닝Selective Listening 상대방의 발언을 왜곡해서 듣지는 않지만 자기에게 유리한 것만 골라서 듣는다.

고상한 리스닝Polite Listening 고상하게 들으려고 한다. 때문에 피상적인 대화가 주를 이룬다.

이처럼 어느 것도 상대방의 말을 진심으로 듣고 있다고 말할 수 없다. 이에 반해 적극적인 리스닝Active Listening은 듣는 사람이 적극적인 역할을 수행하는 것을 의미한다. 액티브라고 해서 듣는 사람이 무턱대고 상대방에게 질문해서는 안 된다. 상황에 맞게 조용히, 또는 참을성 있게 적극적인 리스닝을 해야 하는 것이다.

당연히 로지컬 리스닝에 필요한 '듣기'는 적극적인 리스닝이다. 중요한 것은 '들리는 것은 일부에 지나지 않는다'는 관점을 가지고 있어야 한다는 것이다. 여기에는 앞 장에서도 언급했듯이 귀로 들어오는 언어정보뿐 아니라 비언어 부분 즉, 상황을 파악하는 능력도 포함된다.

가까운 사람끼리도 얘기가 잘 통할 때가 있는가 하면 안 통할 때가 있다는 걸 경험해 봤을 것이다. 상대방의 말을 듣고 있긴 하지만 상황이 다르거나 가치관이 다른 경우가 그렇다. [그림 3-1]을 보면 쉽게 이해할 수 있다. 서로의 배경이 다른 것이다. 여기에는 교육환경과 문화적 배경도 포함된다. 외국인과의 커뮤니케이션 같은 경우 이 빙산의 수면 밑에 가라앉아 있는 부분이 많은 영향을 끼친다.

그런데 이문화異文化 커뮤니케이션 사고방식이 꼭 외국인들과의 사이에서만 적용돼야 하는 것은 아니다. 같은 문화 속에서 살아가는 사람들 사이에서도 중요하게 적용돼야 한다.

[그림 3-1] 들리는 것은 일부에 지나지 않는다

물론 공통 기반도 있다. 기술에 관한 전문영역에서 기술자들끼리는 회사가 다르고 국적이 달라도 커뮤니케이션이 쉽게 이루어진다. 이는 확고한 공통기반이 있기 때문이다. 그런데 이 기술자들끼리도 프로젝트 진행방식을 둘러싸고 갈등이 일어나는 경우가 있다. 그런데 그 갈등은 상대방의 발언을 이해하지 못하는 데서 시작한다. 발언은 그 바탕에 전제가 깔려 있기 마련이다. 하지만 그 전제를 알아채는 것은 쉽지 않다.

하물며 전문영역이 다른 사람들끼리 모여 함께 일하는 경우에는 어떻겠는가. 각자 '맞다고 생각하는 부분'이 다르기 때문에 갈등이 일어나기 쉽다. 어떤 전제가 깔려있는 당연하다고 생각하는 이야기를 전제를 모르는 사람에게 설명하기란 어려운 것이다. '발언의 전제에 대해 모르는 사람이 그 발언을 이해하기 쉽도록 설명할 수 있는 능력'은 의식적으로 노력하지 않으면 연마되지 않는다.

숨은 전제에 주의를 기울이는 것이 중요하다

간단한 예를 소개하겠다. 내 세미나에서는 말을 중요시한다. '이런 건 누구나 알고 있겠지'라고 여기지 않도록 확인 작업을 자주 한다. 예컨대 최근 강조하고 있는 것 중 하나는 '무어의 법칙Moore's Law*을 자신에게 적용하자'이다. 그 얘기를 하면서 '무어의 법칙에 대해 들어본 적이 있는 사람은 손을 들어주세요' 하고 말하면 하이테크 생산업체에 종사하는 참가자들은 50~90퍼센트가 그리고 의료, 부동산, 광고, 식품, 자동차 같은 업종에서 일하는 이과계통의 참가자들은 많아봤자 20~30퍼센트

* 인터넷 경제의 3원칙 가운데 하나다. 마이크로칩 기술 발전의 속도는 18개월마다 두 배로 늘어난다는 법칙을 말한다. 1965년 페어차일드Fairchild의 연구원이었던 고든 무어Gordon Moore가 예견했다. ―옮긴이

가 손을 든다. 나는 손을 든 참가자들과 다음과 같은 말을 주고 받는다.

나 "그럼, 손을 들지 않은, 즉 무어의 법칙에 대해 들어본 적이 없는 분들에게 이 법칙을 알기 쉽게 설명해 주시겠어요?"
손을 들었던 참가자 A "저…… 분명히 두 배로 되는 거 아닌가요?"
나 "두 배가 돼요? 뭐가요?"
손을 들었던 참가자 A "속도 아니, 가격이었던가?"
나 "속도요? 어떤 속도를 말하는 겁니까? 그럼 B씨(같이 손을 들었던 참가자 중 한 사람을 지목)가 말씀해 주시겠어요?"
손을 들었던 참가자 B "CPU 아니었나요?"
나 "CPU의 어떤 게요?"
손을 들었던 참가자 B "연산처리요"
나 "아, 그러니까 CPU의 연산처리가 두 배가 된다, 그런 말씀이시군요. 그런데 왜요? 이번엔 C씨가 말씀하시죠."
손을 들었던 참가자 C "아마, 반도체의 집적밀도가 2년마다 두 배가 된다는 얘기 같은데요?"
나 "그래요. 정확하게는 18개월마다 그렇게 됩니다. 말이 나온 김에 무어란 사람 어떤 사람이죠?"
손을 들었던 참가자 C " 저어, 인텔을 만든 사람이죠?"

무슨 말을 하려는지 알 것이다. 전자공학, 전기공학을 전공한 사람이나 반도체 기업에 근무하는 사람에게는 '무어의 법칙'이 당연한 상식일지 모른다. 그러나 세미나 참가자들 중에는 전자공학이나 전기공학을 전공하지 않은 이과나 문과 계통의 사람이 있는 법이다. 이처럼 내가 '다른 사람도 알기 쉽게' 설명해달라고 부탁해도 '누가, 무엇을, 어디서, 언제, 왜 그래서 어쨌다는 거야?'라는 것들을 알기 쉽게 설명할 수 없는 경우가 많다. 물론, 앞서 말한 A씨의 경우는 '전제'에 대해서도 어설프게 알고 있었다. 당연히 '어설픈 전제'로는 분야가 다른 사람에게 그 뜻을 이해시키기가 어렵다.

내가 '무어의 법칙을 자신에게 적용하자'는 메시지를 던진 의도는 '반도체의 집적밀도는 18개월마다 두 배가 된다. 그런데 우리는 18개월마다 얼마나 성장하는가? 깨달음이나 배움이 있었나?'라는 질문을 던지기 위함이었다. 이런 고민이 '다이변多異變 시대'를 살아나가는 데 도움이 되는 지침이 될 것이라는 의미였다.

이처럼 커뮤니케이션에 임할 때는 평소에는 잘 의식하지 못하는 '빙산의 밑 부분', 즉 숨은 전제에 주의를 기울이는 태도가 필요하다. 발신을 할 때는 자신의 빙산 밑부분을 바깥에서 바라보는 듯 얘기하면 '알기 쉬운 설명'을 할 수 있다.

한편, 듣는 사람은 발언뿐 아니라 그 이면에 있는 숨은 의도를 살펴 들을 필요가 있다. 그러기 위해서는 정보를 받아들이고 해석하면서 결론을 도출하는 인지 프로세스를 이해하는 것이 중요하다.

03 평가를 하면 입력은 제한되기 쉽다

이문화異文化 커뮤니케이션 분야에는 D.I.E 구조framework가 있다. 이 구조는 사람들 사이에서 이루어지는 정보처리 단계를 말한다.

Description: 자신이 손에 넣은 정보를 묘사하는 단계
(이하 D모드라고 부른다)
Interpretation: 해석하는 단계(I모드)
Evaluation: 평가하는 단계(E모드)

인간의 머릿속에서는 보통 순식간에 이루어지는 단계지만, 이를 분석breakdown하는 이유는 생각을 검증하기 위해서다. 왜냐하면 이문화 환경에서 느닷없이 자문화自文化의 구조로 상대방을 평가해버리면 오해가 생길 수 있기 때문이다.

예를 들어, 일본에서는 부모가 아이들에게 '다른 사람이 얘기할 때는 조용히 들어라'고 가르친다. 그런데 미국을 비롯한 영

어권에서는 '잘 듣는다는 건 다시 확인하고 질문하는 것'이라고 가르친다. 그래서 종종 영어권 사람들이 일본인이 얘기하는 도중에 질문을 해오는 경우가 있다. 만약 그때 일본인이 E모드 단계에서 '버릇없다'거나 '참을성이 없다'는 쪽으로 평가를 내리게 되면 '잘 듣는 사람은 많이 질문하는 사람'이라는 상대방의 가치관을 이해할 수 없게 된다. D모드는 어디까지나 '한창 얘기를 하고 있을 때 질문했다'는 사실을 가리킨다. 만약 영어권 사람에게 물어본다면 '그건 당신 얘기에 흥미가 있다는 걸 표시하는 겁니다'라고 가르쳐 줄 것이다.

이처럼 이문화 커뮤니케이션 분야에서는 오해와 불신을 풀기 위해 D.I.E 구조로 분석하는 게 필요하다. 그러나 이것은 이문화 환경에만 국한되지 않고 같은 문화를 가진 사람들 사이에서도, 또 같은 회사 사람들 사이에서도 커뮤니케이션의 질을 높이는 데 응용할 수 있다. 예를 들어, 당신이 새로운 시스템을 도입함으로써 업무효율을 대폭적으로 개선할 수 있다는 얘기를 참가자들에게 설명하고 있다 치자. 참가자로부터 "다른 방법은 없을까요?"라는 질문을 받았을 때 I모드로 들어가 '이 참가자는 내 설명에 만족하지 않는다'고 해석하면 E모드에서 '모처럼 프레젠테이션을 하는데 정말 재수없군'이라고 평가내리기 쉽다. 오해의 위험이 있는 것이다.

목소리의 톤이나 신체언어를 통해 다른 해석도 가능하다. 만약 그 발언자가 당신의 프레젠테이션을 열심히 메모하면서 들

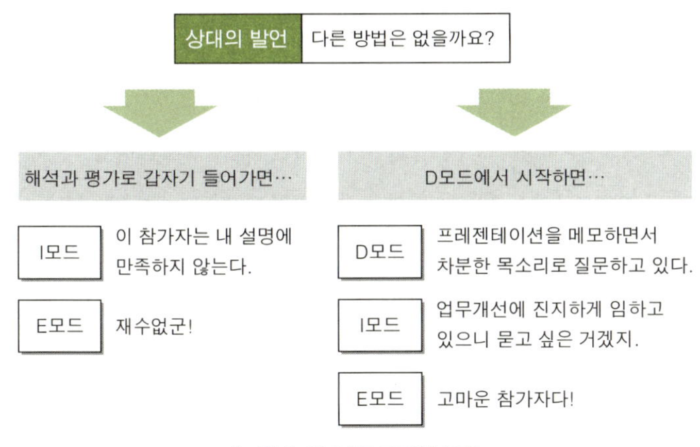

[그림 3-2] D.I.E 구조의 응용

었고 차분한 목소리로 질문했다는 사실을 인식했다면(D모드) '이 참가자는 업무효율 개선에 대해 진지하게 임하고 있다'고 해석하게 되고(I모드) 프레젠테이션을 하는 입장에서는 '고마운 존재'라는 식으로 앞에서와는 다른 결론(E모드)을 내릴 수도 있다.(그림 3-2)

E모드로 달려가지 말고, D모드로 돌아가 생각하라

D.I.E 구조는 조금만 의식하고 있으면 실천할 수 있다. 중요한 것은 I모드나 E모드로 곧바로 들어가지 말고, 쉽게 단정하지도 말라는 것이다. 인간은 일단 단정을 하게 되면 거기에 들어맞는 정보를 취하려 한다. 그 이유는 인간의 두뇌가 '인지적 불협화cognitive dissonance'를 가장 싫어하기 때문이다.

'백 번 듣는 것보다 한 번 보는 게 낫다'라는 말도 있지만 사실 더 중요한 것은 어디를 보느냐의 문제다. 자신이 본 것과 생각한 것 사이에 차이gap가 있으면 자신이 평가한 것에 들어맞는 정보를 가지고 그 차이를 메우려는 경향이 있다는 말이다. 그래서 E모드로 들어오는 정보를 선택적으로 제한해버리는 것이다. 선택적 리스닝이 일어나는 것도 같은 원리다.

짝사랑하는 상대가 아무 생각 없이 한 말을 제멋대로 해석해버린 경험을 많은 사람들이 가지고 있을 것이다. 일단 감정에 휩싸이면 E모드로 치닫기 쉽다. 따라서 E모드로 달려가지 말고 D모드로 돌아가 생각하는 게 중요하다.

E모드를 보류하면 창조적 사고를 발휘하게 된다

E모드로 달려가지 않는 것은 창조적creative 사고를 기르는 방법도 된다. 스탠포드 대학에서 오랜 기간 비즈니스계의 창조적 사고를 가르치고 있는 마이클 레이는 '가치판단을 아주 조금만 억제해도 상황에 창조적으로 대응할 수 있는 능력을 높일 수 있다'고 말한다. E모드를 유보함으로써 입력하는 정보를 최대화해 다양한 가능성을 생각해낼 수 있기 때문이다. 확실히 이것은 로지컬 리스닝에 필요한 관찰력과 즉응력을 발휘하기 위해서도 좋은 방법이다.

04 상대방의 숨은 의도를 이해하라

그럼에도 불구하고 자신이 프레젠테이션을 하고 있을 때 불만에 찬 목소리로 "다른 방법은 없는 거요?" 하는 말을 듣는다면 기분이 좋지는 않을 것이다. 또한 그 참가자가 늦게 온 데다가 메모도 하지 않고 다리를 꼰 채 문자나 주고받으면서 그렇게 말했다면 '욱' 하고 화가 치밀어 오르는 게 사람 심리다. 기업 구조조정이나 M&A(기업 합병)가 이루어진 뒤에 통합강의를 할 때는 그런 신체언어로 저항과 무관심을 나타내는 참가자가 적지 않다. 지금이야 어느 정도 면역이 되었지만 예전에는 울컥했던 적이 한두 번이 아니었다. 이런 상황을 거치면서 내가 배운 게 있다면 '누구나 나름대로 '이유'가 있다. 그래서 그 '이유'에 따른 의도를 이해해야 한다'는 것이다.

예를 들어, 거만한 태도를 보이거나 '거친 감정'을 표현하는 참가자가, 예전에 업무 효율을 개선하기 위한 프로젝트에 매달렸다가 최고위층의 '호령' 한 마디로 프로젝트를 중단한 경험이 있다면, 왜 그런 식으로 발언했는지 충분히 이해할 수 있다.

로지컬 리스닝에서는 이러한 개인적인 배경과 숨은 전제를 알아내는 것도 필요하다.

어떤 기업 관계자로부터 "후나카와 씨는 왜 그런 일에 관심을 갖는 거죠?"라는 질문을 받은 적이 있다. 내 입장에서는 '당연한 일'이라 말하고 싶었던 순간, 이 대답은 내 빙산의 밑 부분이라는 걸 깨달았다. 그래서 "아마 프로세스 컨설팅 분야에 맨 처음 발을 들여놓았기 때문인 것 같습니다. 간부들이나 경영기획자 뿐 아니라 현장 사람들과도 다양하게 접촉하면서 일하고 있으니까요"라고 말했다. 확실히 프로세스 컨설턴트는 앞서 소개했던 인터뷰 사례처럼 흥미로운 경험을 많이 한다.

다음 장에서는 내가 어떻게 커뮤니케이션 기술을 배웠는지에 대해 얘기해보려고 한다.

05 나만의 커뮤니케이션 기술 학습 방법

비즈니스 스쿨을 마치고 나서 실리콘밸리의 컨설팅 회사에 들어간 나는 선배와 동료들로부터 많은 것들을 배웠다. 프레젠테이션이나 워크샵을 하고 난 뒤에는 반드시 리뷰를 했다. 또 강습이 끝난 뒤에는 설문조사를 해서 강의를 모니터하는 습관을 들였다. 일본에서도 세미나나 연수 뒤에 설문조사를 하지만, '이번 연수 내용이 좋았다고 생각하십니까?' '강사에 대해 만족하십니까?'와 같이 추상적이다. 반면 미국에서는 그 항목이 굉장히 상세하다. 예를 들면,

"내용에 대한 충분한 식견을 가지고 있었는가?"

"강의의 목적을 충분히 이해하고 있었는가?"

"참가자의 요구와 수준을 이해하고 있었는가?"

"설명은 명확하고 알아듣기 쉬웠는가?"

"이론뿐 아니라 실제 사례나 체험도 소개했는가?"

"참가자의 질문에 대해 대답했는가?"

"참가자들이 질문하기 편한 환경을 만들어 주었는가?"

"프로젝터나 OHP(Overhead Projector), 플립 차트, 화이트보드 등 기자재 조작은 적절했는가?"

"시간 관리는 적절했는가?"

등등이다.

또한 동료들끼리 설문조사를 공유했고 사내에도 공개하고 있었기 때문에 누구의 강의가 어떻게 좋았는지, 또는 나빴는지를 알 수 있었다.

컨설팅 사안에 대한 프레젠테이션에서는 이와 같은 설문조사가 없지만 동료와 디브리핑(프레젠테이션과 워크샵 뒤에 하는 점검)을 한다. 회사 중역들에게 대형 안건에 대한 프레젠테이션을 할 경우에는 호텔에 숙박하며 리허설도 한다. 프레젠테이션 내용의 논리구성(Why? So what?), 영어, 프리젠테이션의 기본 자세 등 상세한 것까지 피드백을 받는 것이다. 인터뷰 방법 역시 역할극을 한 것을 비디오로 찍어 점검하고 피드백을 받는다.

설문조사로 하는 문서 피드백과 동료로부터 받는 구두 피드백, 워크샵이나 인터뷰를 할 때 상대방이 무심결에 표출하는 피드백 속에 자기 자신의 커뮤니케이션 기술을 높일 수 있는 많은 힌트가 담겨 있는 법이다.

효과적이었던 오디오 테이프 리스닝 학습

지금 생각해보면 이러한 것들 외에 오디오 테이프 리스닝이 많은 도움이 되었다. 당시에는 편도 50킬로미터를 운전해서 실리콘밸리에 있는 사무실을 다녔기 때문에 차 안에서는 늘 오디오 테이프를 들었다. '매니지먼트 전문가management guru'라 불린 톰 피터즈, 피터 생게 등의 매니지먼트 관련 테이프는 물론, 일본에도 잘 알려져 있는 스티븐 코비, 나폴레온 힐, 웨인 다이어 등의 자기개발 관련 테이프도 곧잘 들었다. 내가 하는 일은 현장에서 배우는 것만으로는 한계가 있기 때문에 체계적인 구조를 배우고, 그것을 다시 현장에서 실천하며 검증하는 습관을 몸에 익혔다.

그중에서도 NLP(Neuro-Linguistic Programming 신경언어프로그래밍)를 중심으로 독자적인 방법을 고안해낸, 지금은 미국에서 가장 유명한 코치로 불리는 앤서니 라빈스의 세미나 테이프가 특히 유익했다.

그의 테이프는 내용은 말할 것도 없고 화자話者(speaker)로서의 말하기 방법 면에서도 참고가 되었다. 앤서니 라빈스를 포함한 뛰어난 화자들의 공통점은 적절한 속도의 화술, 말과 말 사이의 적절한 호흡, 알맞은 예시, 유머와 센스 그리고 파워 프레이즈power phrase라고 일컫는 말솜씨 같은 기술을 훌륭히 구사한다는 점이다.

06 커뮤니케이션은 발신자가 아닌 수신자에 의해 결정된다

잊혀지지 않는 말 중에 "Communication is response, not intention"이라는 것이 있다. 즉, 커뮤니케이션은 발신자가 아닌 수신자에 의해 결정된다는 뜻이다. 이것은 프레젠테이션을 할 때뿐 아니라 모든 메시지를 발신할 때 염두해야 할 원칙이다.

우리들은 곧잘 "그런 뜻이 아니었어"라고 말한다. 그런데 '상대방이 어떻게 받아들였을까' 하는 점을 살피는 게 바로 커뮤니케이션이다. "화나게 할 생각은 없었어요"라고 말해봤자 상대방은 이미 화를 내버린 뒤다.

이 교훈을 깨달은 뒤부터 나는 '속마음'을 입 밖으로 말하지 않도록 조심했다. 프레젠테이션이나 강의, 퍼실리테이션을 할 때는 그게 굉장히 중요하다. "알기 쉽게 얘기할 생각이었습니다" "당신을 비난하는 게 아닙니다" "그럴 생각이 아니었습니다" 등등 나도 모르게 내 마음을 말하고 싶은 게 인지상정이다. 하지만 그런 속마음을 계속 표현해서는 메시지 발신 기술이 향상되지 않는다. '내 생각'은 변명밖에 되지 않는 것이다.

또한 커뮤니케이션은 수신자에 의해 결정된다는 교훈은 발신자가 되었을 때 유념해야 할 사항이다. 물론 수신자가 되어서도 "당신이 의도한 바는 아니겠지만 어떻게 받아들일지는 내가 결정하는 겁니다"라는 태도를 보여서는 안 된다. 앞서 예를 든 "다른 방법은 없는 겁니까?" 하고 물어온 참가자를 향해 "뭐라구요? 왜 그렇게 묻습니까? 기분 나쁘네요"라고 대꾸하면 아마 싸움이 벌어질 것이다. 수신할 때는 '상대방의 의도를 이해하고자 하는' 자세를 가져야 하며, 발신할 때는 '커뮤니케이션은 수신자에 의해 결정된다'는 점을 고려해서 메시지의 명확성, 표현력, 화술에 신경 써야 한다.

이것은 언어 부분뿐 아니라 비언어 부분, 즉 신체언어의 발신에도 해당한다.

상황에 어울리는 커뮤니케이션을 시도하라

나는 일본에 돌아온 뒤 글로비스 사에서 근무했다. 그곳에서 여러 컨설턴트와 강사들의 시중을 들었는데 이는 내게 많은 공부가 됐다. 한 가지 깨달은 것은 유능한 컨설턴트라는 말을 듣는 사람이라 해서 반드시 프레젠테이션이나 퍼실리테이션을 잘 하는 것이 아니라는 사실이다. 좋은 의미로 참고가 될 사람이 있는가 하면 그렇지 않은 사람도 있다.

예를 들어, 강의 중에 수강생의 책상 위에 걸터앉는 강사가 있었다. 본인이야 '강의 내용이 충실하면 그까짓 사소한 일쯤은 괜찮다'고 생각했을지 모르지만 참가자들은 불쾌하다고 반발했다. 특히 야간 비즈니스 스쿨이 아닌 기업 연수를 할 때는 평판이 더 나빴다. 스스로 공부하겠다고 찾아온 비즈니스 스쿨 학생들을 상대하는 것과 "인사관리부는 이런 쓸데없는 연수를 만들어서 귀찮게 하네. 시간이나 때우다 오지 뭐!" 하는 생각으로 참가한 사람들을 상대하는 것은 완전히 다른 것이다. 그 강사의 그런 행동 때문에 좋은 강의 내용을 안 좋게 평가하는 참가자도 적지 않았다.

마지못해 와 있는 참가자라도 뭔가 계기를 만들어준다면 동기부여도 되고 학습효과도 높아진다. 그런데 그 강사는 '커뮤니케이션은 수신자에 의해 결정된다'는 원칙을 무시한 것이다. 프로라면 당연히 지켜야 할 원칙인데 말이다.

07 Who와 How에 따라 받아들이는 방식이 달라진다

이처럼 커뮤니케이션은 무엇을(What) 누가(Who) 어떻게(How) 전하느냐에 따라 받아들이는 메시지가 달라진다. 아리스토텔레스의 말을 빌리자면 로고스logos(논리)뿐 아니라 에토스ethos(성격), 파토스pathos(감정)도 커뮤니케이션에 영향을 미친다.

이것는 동일한 컨텐츠라도 누가 말하느냐에 따라 수신자의 판단이 바뀐다는 걸 뜻한다.

"내년엔 금리가 꽤 오를 것 같아."

"어두운 데서 책을 읽으면 눈이 나빠진다는 말, 신경 쓰지 마."

이 두 이야기를 각각 중앙은행 관계자와 안과 의사가 얘기하는 경우와 반대로 금리 얘기를 안과 의사가, 시력 얘기를 중앙은행 관계자가 하는 경우로 구분해보면 쉽게 알 수 있다. 누가 말하느냐에 따라 그 발언이 신뢰할 만한지가 결정되는 것이다.

때문에 누가 얘기하고 있는지에 대해서 깊이 생각해둬야 한다. 그렇지 않으면 다음 장에서 소개하는 것처럼 '권위에 따른 사고 의존증' 환자가 돼버리는 수도 있다.

수신자는 당신이 어떤 사람인지 살펴보고 있다

예를 하나 더 소개하겠다. 가끔 경영간부 연수에서 회사 중역이 참가자들에게 개강인사 하곤 한다. 대부분 "극심한 글로벌 경쟁 시대에 모쪼록 여러분의 부가가치를 높이고, 뛰어난 기술과 확고한 자신만의 철학을 가졌으면 좋겠다"는 요지의 말을 한다. 그런데 그 메시지가 마음에 와닿는 사람이 있는가 하면 그렇지 않은 사람도 있다. '저 사람한테서는 부가가치나 철학에 대해 듣고 싶지 않다'고 생각하는 참가자들도 있는 것이다.

때문에 메시지를 발신할 때는 '수신자가 당신이 어떤 사람인지 살펴보고 있다'는 점을 명심해 두어야 한다. 또 who는 누구를 향해 말하고 있는지, 즉 to who나 whom에도 많은 영향을 끼친다.

받아들이는 방식은 사람에 따라 다르다

여러 패널들이 진행하는 공개토론회에서 내가 코디네이터를 하고 있을 때의 일이다. 어느 외국계 기업의 인사담당 간부가 얘기를 꺼냈다. 그는 최근까지 국내기업에서 근무했기 때문에 외국계 기업의 경영기법이 신기하게 느껴졌던 모양이다. 그 때문인지 곧잘 '인재의 파이프라인' '360도 피드백에 의한 육성' 'BSC의 도입' 같은 용어를 사용했다. 그것까지야 나쁠 것 없다. 하지만 그의 설명 첫머리에는 언제나 "여러분이 알고 계실지 모르겠지만"이라거나 "BSC(Balanced Score Card 균형성과기록표)

라는 게 뭐냐면" 같은 거들먹거리는 설명이 많았다.

강연을 듣고 있는 청중들로부터 "그 정도는 다 안다구!" "요즘에 그 정도는 최신수법도 아니야!" 하는 분위기가 전해져왔다. 사실 강사가 얘기한 내용은 모두가 아는 당연한 얘기였다. 청중은 외국계 기업과 국내 기업에 다니는 사람들이 섞여 있긴 했지만 그런 얘기에 정통한 인사관련 부서의 사람들이 많았던 것이다.

말하는 본인이야 정중하게 얘기하려고 그랬는지 모르겠지만 결국 '부처님 말씀'이 돼버리고 말았다. 이처럼 커뮤니케이션은 '수신자'에 의해 결정된다. 즉, 수신자가 누구냐에 따라 받아들이는 방식이 달라진다는 것을 명심해야 한다.

08 머리를 써야 커뮤니케이션도 잘 한다

커뮤니케이션은 듣는 것과 말하는 것만의 문제가 아니라는 것을 살펴봤다. 또 대인관계 능력과 사고력을 분리시켜서는 불완전한 커뮤니케이션이 발생한다는 것도 알게 되었을 것이다.

현재 내 고객은 제약회사의 연구개발자, 첨단기업의 엔지니어, 광고대리점 직원 등 머리를 쓰는 사람들이 많다. 그들의 공통된 고민은 프로젝트 리더를 발굴하고 육성하는 게 마음먹은 대로 되지 않는다는 것이다. 나는 그들로부터 "프로젝트 멤버는 있는데 리더가 없다"는 식의 말을 자주 듣는다.

그런데 리더는 다른 멤버를 리드할 수 있는 커뮤니케이션 능력을 갖추고 있어야 한다. 많은 사람들이 간과하고 있는 것은 커뮤니케이션도 머리를 써야 잘 할 수 있다는 사실이다. 왜냐하면 프로젝트의 주제와 목표를 정하고 방향성을 설정해서 멤버에게 전달해야 하기 때문이다. 멤버들에게 동기부여를 하면서 팀으로서의 성과를 이끌어내기 위해서는 구상력, 문제해결 능력 같은 사고력이 요구된다. 머리를 쓰지 않고는 결코 커뮤니케이션을 잘 할 수 없다.

로지컬 리스닝은 여러 가지 감각을 총동원하는 기술

'머리를 쓴다'는 것은 지성뿐 아니라 감성, 이성을 모두 사용한다는 의미다. 로지컬 리스닝은 머리와 마음 그리고 여러 감각들을 총동원하는 기술이다. "그건 좀 무리"라고 말할지도 모르겠다. 하지만 가능한 부분부터 시작하면 된다. 실천하고 있는 사람에게 배우는 것도 로지컬 리스닝 능력을 키우기 위한 좋은 방법이다.

09 《생협의 시라이시 씨》를 통해서 보는 로지컬 리스닝

지난해 말 《아사히신문》이 발행하는 주간지 《AERA》 기자에게서 "《생협의 시라이시 씨를 통해서 보는 논리력》이라는 책을 기획하고 있는데 서평 좀 써주시겠어요?"라는 부탁을 받았다. 도쿄농공대의 생협(생활협동조합) 직원인 시라이시 마사노리 씨는 '한 마디 카드' 속에 학생들이 써놓은 질문에 명쾌하게 답한 내용을 정리해서 《생협의 시라이시 씨生協の白石さん》*(고단샤)라는 책을 낸 적이 있다.

베스트셀러가 된 이 책을 서점의 계산대 근처에서 몇 번 본 적이 있었다. 그런데 《생협의 시라이시 씨를 통해서 보는 논리력》에 대한 서평 의뢰를 받았을 때는 아직 그 책을 읽은 상태가 아니었기 때문에 부랴부랴 읽고 나서 《AERA》의 청탁에 응했다. 시라이시 씨는 실제로 로지컬 리스닝을 실천하고 있는 사

* 도쿄농공대의 구내 생협에서 근무하는 시라이시 씨가 학생들의 질문에 유쾌 · 친절 · 단순명쾌하게 대답한 것을 엮어 만든 책이다. —옮긴이

람이다. 그는 '한 마디 카드'라는 한정된 정보를 가지고 상대방의 사고방식이나 생각을 정확하게 이해하고 친절하고 명확하게, 필요에 따라서는 농담도 섞어가며 답을 달아주고 있었다. 학생들의 마음의 소리에 귀를 기울였던 것이다. 《AERA》에서는 두 쪽에 걸쳐 다루었지만 여기에서는 지면관계상 시라이시 씨의 대응 사례 몇 가지만 소개하고자 한다.

상대방에 따라 정확하게 대응하라

'한 마디 카드'는 크게 생협의 비즈니스 부분과 연애 · 고민 상담 등의 비非비즈니스 부분으로 나뉜다. 시라이시 씨의 진면목은 비非비즈니스 분야의 어떤 질문을 받더라도 모두 대답해준다는 데에 있다. 예를 들면 다음과 같다.

> 질문자: 미즈카와水川하고 야마토大和는 사이가 좋지 않아요. 어떻게 좀 해주세요.
>
> (소속) 부장 (이름) ……
>
> 시라이시 씨: 모든 사람과 사이좋게 지내는 세계는 모두의 이상향입니다. 그렇지만 현실에서는 그게 잘 안 되지요. 생협으로서는 부디 관계가 좋아지길 빌 뿐입니다.

흔한 질문이지만 시라이시 씨는 성실하게 대답하고 있다. 위 문장에서 '부디'란 말이 들어가느냐 들어가지 않느냐에 따라 받아들이는 방식은 크게 달라질 것이다. 그리고 이어서 이렇게 말했다.

> 그러나 이럴 때야말로 관리직인 부장님의 역량을 보여줄 기회가 아닐까요? 솜씨 발휘, 기대하겠습니다!

시라이시 씨는 상대방이 필명으로 쓴 '부장'이라는 말을 놓치지 않았다. 작은 정보만 가지고도 적절한 대응을 하고 있는 것이다. 이러한 예는 많이 있다.

> 누군가를 좋아하게 되었는데 그 사람이 나한테 마음이 없다면, 내가 좋아한다고 고백했을 때 아마 상처를 받을 겁니다. 매번 차이기만 하는 나는 너무 많은 사람에게 상처를 주고 있어요. 앞으로 내가 누군가를 좋아해도 될까요?
>
> (소속) …… (이름)무리 속의 고양이

여기서도 시라이시 씨는 '무리 속의 고양이'라는 단어를 간과하지 않았다. 질문을 한 학생은 자신의 무력함 때문에 날마다 고민하고 자신감을 잃어버릴지도 모른다. 글에는 나타나 있지 않지만 아마 격려를 받고 싶었을 것이다. 그래서 시라이시 씨는 다음과 같이 부드럽게 격려했다.

> 좋아한다는 고백을 받은 사람은 상처를 받기보다 오히려 자신감을 얻을 겁니다. 그래서 더 당당해지고 더 멋있어지는 게 아닐까요? 그러니 거리낄 것 없이 누군가를 마음대로 좋아해도 문제없을 것 같습니다.

물론 이러한 시라이시 씨의 말을 확대해석해서 스토커짓을 하는 사람도 있을지 모른다. 그러나 시라이시 씨는 이 질문자가 그런 사람이 아니라는 것을 문맥을 통해 정확하게 간파하고 있는 것이다.

고민 상담에 로지컬하게 응하라

내가 가장 감동을 받은 것은 다음과 같은 응답이다.

> 이제 싫다.
> 죽고 싶다.
> (소속) …… (이름) ……

이런 글은 무척 난처하다. 필명조차 써넣지 않은 걸로 봐서는 장난으로 쓴 게 아닐 수도 있다. 어떻게 대답하느냐에 따라 질문자가 진짜 자살할 수도 안 할 수도 있다. 시라이시 씨는 다음과 같이 답했다.

> 생협生協이라는 말은 '살다 生' '돕는다 協'이라는 한자로 돼 있습니다. 그렇다고 해서 제가 뭐라고 말씀드리려는 건 아닙니다."

'그렇다고 해서'라는 말에는 이 대답이 섣부른 설교를 하려는 게 아니라는 점이 나타나 있다. 그리고 이렇게 말을 잇는다.

이렇듯 인간이란 타인의 생사生死에 관해 어리석을 만큼 무력하고 무관심한 존재들입니다.
당사자에게는 심각한 문제인데 말입니다. 왠지 좀 분하지 않습니까? 살아남아서 본때를 보여줍시다!

나는 이 말에 울컥했다. 먼저, 있는 그대로 '생협'이란 뜻을 설명하며 답변을 시작했다는 점이 현실감 있게 다가온다. 그리고 냉정한 듯 보이지만 냉철하게 인생의 한 측면을 언급했다. 그런 다음 마지막으로 "본때를 보여줍시다"라는 말로 끝을 맺었다.

만약에 마지막 문장을 "본때를 보여주세요"라고 했다면 큰 공감을 일으키지 못했을 것이다. 우리가 쉽게 쓰는 말 중에 '힘내세요'라는 표현이 있는데 이 말을 환자들이 가장 듣기 싫어한다고 한다.

시라이시 씨는 그렇게 하지 않았다. 눈앞의 보이는 냉혹한 현실에 대해 질문자와 함께 "본때를 보여주자"는 논리logic를 폈던 것이다.

뛰어난 로지컬 리스닝 실천자

그런데 학생들이 고민 상담만 해오는 건 아니다. 내가 한 가

* 투수가 고의적으로 타자의 머리쪽을 겨냥하고 던지는 공—옮긴이

지 더 감동한 것은 자신에게 빈볼bean ball*을 던진 상대방에 대한 시라이시 씨의 대응이었다.

> 당신 말이지!
> 무시하지 말아!!
> 무슨 생각하고 있는 거야!
>
> (소속) …… (이름) ……

> 에잇에잇에잇~!!
> 복수는 나의 스탠드* 초능력이닷!
>
> (소속) …… (이름) 바닛사

시라이시 씨는 이런 질문에 대해서도 정확하게 대응하고 있다. 뒤의 것에 대한 대응만 살펴보자.

> 용감한 의사표시, 정말 훌륭합니다.
> 이런 재판관이 있다면 마이클 잭슨도 도망칠 게 분명합니다.
> 그러나 이곳은 생협의 게시판입니다. 모처럼 높은 뜻을 품으셨는데 우리 점포에서만 죽치지 마시고 널리 전 세계로 발신을 해보면 어떻겠습니까?

* 《죠죠의 기묘한 모험(ジョジョの奇妙な冒険)》이라는 만화에 나오는 관용구다. 여기서 '스탠드'는 등장하는 초능력자들이 하나씩 가지고 있는 눈에 보이는 형태의 각양각색 에너지태를 말한다. 그러므로 이 질문 카드는 일종의 '악플' 같은 성격이다. 질문자가 만화풍의 야유와 조롱을 퍼부은 것이다. —옮긴이

시라이시 씨는 악플성 질문도 재치 있게 받아쳤다.

내가 왜 이런 대응에 관심을 갖고 있는지 말하겠다. 때때로 시라이시 씨 같은 상황이 인터넷 동호회나 팬클럽 같은 데서 일어난다. 그런 모임의 주인공들은 팬클럽이라는 폐쇄된 그룹 속에서 자아도취 돼 있는 경우가 많다. 그래서 이런 '악플'에 노출되지 않거나 악플과 맞닥뜨리더라도 묵살해버리곤 한다. 그런데 시라이시 씨는 '악플'임에도 불구하고 성실하게 답을 달아줬다.

나는 이런 시라이시 씨의 모습에 감동했던 것이다. 시라이시 씨의 글은 지성, 감성, 이성이 조화롭게 표현되어 있다. 또한 논리력은 물론 표현력과 상황파악 능력 그리고 시라이시 씨의 심오함까지 엿보인다.

마지막으로 한 가지 사례를 더 소개하고자 한다.

> 콩?
>
> 03년 4월 26일 소속 C 이름 9625

이렇게만 쓰여 있는 카드를 보고 시라이시 씨는 "이 바쁜 시간에 '콩'이 뭐 어쨌다는 말인가요?"라고 대답하고 싶었다고 한다. 그런데 "내 마음이야말로 '콩알'만 하구나란 생각이 들어 반성하지 않을 수 없었다"고 한다. 그 결과가 다음과 같은 회답이다.

> 꽤 난해한 질문이군요. 그런데 필명을 9623→9625로 정정하신 것 같은데 오히려 날짜 기입란을 정정해야 하지 않을까 하는 생각이 들었습니다. 이런 하찮은 일에나 신경 쓰는 내 마음이야말로 콩알과 같은 것인지도 모르겠습니다. 그러니 대답은 'YES'로 하겠습니다.
>
> 05년 4월26일 시라이시

시라이시 씨의 자기인식 능력, 자기관리 능력이 얼마나 높은지를 엿볼 수 있는 대목이다.

SUMMARY

Logical Listening

- '커뮤니케이션이란 사소한 것'이라는 마음을 가지고 있어서는 커뮤니케이션 능력이 늘지 않는다.
- 로지컬 리스닝에서 요구되는 '듣기'는 액티브 리스닝이다. 아울러 '들리는 것은 일부에 지나지 않는다'는 관점을 갖는 것이 중요하다.
- 커뮤니케니션을 할 때는 서로 의식하지 못하는 '빙산의 밑부분', 즉 숨겨진 전제에 주의를 기울여야 한다.
- 로지컬 리스닝에서는 개인적인 배경과 숨은 전제를 알아내는 것도 필요하다.
- 커뮤니케이션은 발신자가 아닌 수신자에 의해 결정된다.
- 발신을 할 때는 상대방의 숨은 의도를 이해하려는 자세가 중요하다. '커뮤니케이션은 수신자에 의해 결정된다'는 점을 기억하고 명확한 메시지, 표현력, 말솜씨 등으로 상대방을 배려해야 한다.
- 로지컬 리스닝은 머리와 마음 그리고 여러 감각을 총동원하는 기술이다.

PART 04

로지컬 리스닝에 필요한 사고력을 연마하라

01 사고를 활성화하지 않으면 회화가 불가능하다

앞장에서는 커뮤니케이션은 머리를 사용해야 한다고 말했다. 로지컬 리스닝의 실천자라고도 할 수 있는 '생협의 시라이시 씨'는 신슈 대학에서 그리고 대학 기숙사에서 각양각색의 사람들과 지내며 진정한 의미의 커뮤니케이션을 배웠다고 한다. 자기가 가진 생각들을 나눌 수 있는 공간이 있었다는 말이다.

계속 말해왔지만 대인관계 능력과 사고력이 분리돼 있어서는 커뮤니케이션 능력을 발휘할 수 없다. 로지컬 리스닝이란 모든 사고력을 가동하는 것이다.

최근 이루어진 실험에 따르면 똑같은 장기를 두더라도 뇌의 활성화 정도가 컴퓨터를 상대로 하는 경우와 사람을 상대로 하는 경우가 다르다고 한다. 사람을 상대로 하는 경우 뇌가 훨씬 활성화된다고 한다. 사람을 상대로 하는 경우에는 들어오는 광대한 정보를 우리가 의식하든 의식하지 못하든 접수, 처리, 저장하고 있다는 뜻이다.

앞서 소개했던 고상한 리스닝 같은 예의적인 듣기 방식이나

'듣는 척' 하는 방식은 사고를 멈추게 할 수도 있다. 그리고 사고가 액티브하지 않으면, 즉 활성화되어 있지 않으면 액티브 리스닝은 불가능하다.

이번 장에서는 사고를 활성화하고 로지컬 리스닝에 필요한 사고력을 연마하는 방법들을 소개하고자 한다.

02 머리의 생활습관병에 걸리지 않았나?

누구나 사고력을 키울 수 있다. 그러나 그러기 위해서는 우선 자기 자신의 사고 습관을 이해할 필요가 있다. 즉, 사고를 방기하거나 의존하고 있지는 않은가, 왜곡되거나 편향되어 있지는 않은가를 자각해야 한다. 사고를 방기하거나 의존적 사고를 계속하면 '사고정지'라는 병에 걸린다. 왜곡과 편향은 '불완전한 사고'라 할 수 있다. 중요한 것은 '내 사고는 완전하다'고 생각하는 순간부터 사고는 왜곡된다는 것이다.

내가 '사고의 4대 생활습관병'이라는 개념(그림 4-1)을 완성한 것은 지금으로부터 3년 전이다. '사고정지에는 원인'이 있을 것이란 생각이 들었기 때문이다. 이는 기업을 대상으로 한 '사고력 강화연수'에서 현저하게 나타난다.

사고력이란 머릿속에서 생각을 구성하는 힘

[그림 4-1]은 기본적인 지식이 없는 상태에서zerobase 생각하는 과제를 냈을 때의 반응이다. 기본적인 지식이 없는 상태에

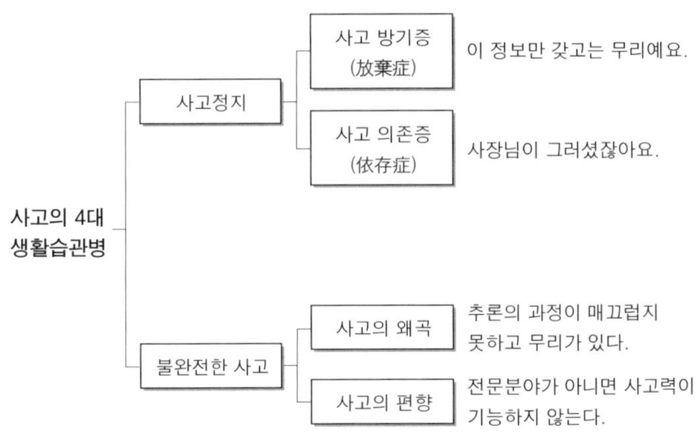

[그림 4-1] 사고의 4대 생활습관병이란?

서 생각한다는 것은 자신의 머릿속에서 생각을 구성해야 한다는 것을 의미한다.

사고력이란 '바탕이 되는 것부터 머릿속에서 구성하는 힘'이다. 여기서 말하는 '바탕'은 지식, 사실, 경험, 이미지, 가설 등이다. 지식이 많으면 그보다 좋은 게 없다.

예를 들어 누군가가 "세븐일레븐 편의점의 어묵은 겨울 동안 하루에 얼마나 팔릴까?" "나리타 공항에서 뉴욕으로 가는 비행기의 연료 비용은?" 같은 질문을 했다고 하자.

이 질문은 세븐일레븐의 점포수와 나리타에서 뉴욕까지의 비행시간을 알고 있는 사람이 분명히 유리하다. 다만 그것은 지식, 즉 knowing일 뿐이다. 사고력이란 thinking이다. 점포수에 대해서는 모른다 하더라도 일본인구가 1억 2000만 명이라는 것은 대부분 알고 있을 것이다. 만약 점포수가 1000개라면

한 점포당 이용 고객이 12만 명이라 추측할 수 있고 1만 개라면 점포당 이용 고객이 1만 2000명이라는 걸 생각해낼 수 있다. 즉, 이런 식으로 점포수를 어느 정도 짐작하는 것이다.

그럼에도 불구하고 "조사할 수 없으니까 모르겠어요"라고 변명하며 사고를 방기해버리는 사람들이 있다. 이것이 바로 사고의 4대 생활습관병의 하나인 사고 방기증放棄症이다. 최근에는 "구구googoo할 수 없어서(Google로 검색할 수 없어서) 불가능해요"라는 구글 의존형 사고 방기증도 눈에 띈다.

이밖에 "영업 쪽이 아니라서 모르겠는데요" "엔지니어가 아니라서 모르겠습니다"라는 식의 변명도 있다. 또한 사고 방기증에는 '변명형'만 있는 게 아니다. "머리 쓰는 데는 젬병이야" 같은 '의기소침 형', "생각해본다고 뭐 좋을 게 있겠어!" 같은 '태도 바꾸기 형'도 있다.

두 번째는 사고의존형 패턴이다. 사고 방기나 사고 의존은 수수방관하면 사고 정지로 이어진다고 말했다. 그것은 '왜?'라는 물음에 '왜냐하면'이라고 대답할 수 없는 증상이다. 즉, 이유를 스스로 찾지 못해서 원인과 결과가 모호해지는, 가장 기본적인 논리적 사고가 불가능해지는 패턴이다.

의존증의 여러 형태

의존증은 네 가지로 분류할 수 있다. 첫 번째는 집단에 의존하는 동조행동同調行動이다. 예를 들어, 어떤 회사의 대표에게

"왜 인도로 진출하십니까?" 하고 물었는데 "다른 회사들도 하고 있잖아요"라고 대답한다면 전형적인 사고 의존적 동조행동이라 볼 수 있다.

두 번째는 권위에 의존하는 것이다. "왜 투자자 관리investor relation를 강화해야 하는 겁니까?"라는 질문에 "사장님이 말씀하셨으니까"라고 대답한다면 이에 해당한다. 이러한 사고 의존형, 권위 의존형은 세상에 널려 있다. "식자들에 의하면" 따위의 말로 유식한 척하는 것도 결국 사고를 정지해버리는 것 아닌가. 이러한 권위에 의존하는 것은 컨설턴트나 학자, 작가들이 특히 주의해야 한다. 나 역시 "일찍이 아인슈타인은" "피터 드러커도 얘기했듯이"라는 식의 문장을 종종 쓴다. 이 책에도 들어 있을 것이다.

뉴턴에 의해 널리 알려진 격언대로 "우리는 위대한 옛사람들의 어깨에 올라 탄 소인'인 것이다. 옛사람들의 지혜 덕분에 우리는 다양한 사고를 할 수 있고 온고지신溫故知新도 배울 수 있기 때문이다. 그런 의미에서 위대한 옛사람들에게 의존하는 것은 좋지만 과도하게 의존하는 것은 문제가 있다.

세 번째는 말에 대한 의존이다. "왜 규정준수compliance가 필요하지요?" 하고 물었을 때 "그거야 음…… 뭐랄까, 그렇지, 규정을 준수해야 하기 때문 아닌가요?"라고 답하는 식이다. 이를 앵무새 화법 증후군Buzz word syndrome이라 이름지어보았다.

의존증의 마지막 형태는 경험에 의존하는 것이다. 예전에

"왜 이 시스템을 사용하십니까?" 하고 최고정보관리자Chief Information Officer에게 물어본 적이 있었다. 그러자 그는 "계속 써왔으니까요"라고 대답하는 것이었다. 대답 속에는 이유가 들어 있지 않았다. 시스템을 도입했을 당시에는 뭔가 분명한 '이유'가 있었을 것이다. 그런데 그게 습관화되면 점차 그 이유에 대해서는 일일이 생각하지 않게 되는 법이다. 즉, 사고의 생활습관병 문제가 발생하는 것이다.

03 사고의 왜곡이나 편향은 누구에게나 있다

사고의 4대 생활습관병의 또다른 요소인 불완전한 생활습관병 역시 두 가지로 나뉜다. 하나는 사고의 왜곡이다. 추론 과정에 결함이나 무리가 있는 경우다. 다른 하나는 사고의 편향이다. 특정 사안에 대해서는 효과적인 추론이 가능하나 전문분야에서 조금만 벗어나면 사고력을 발휘할 수 없게 되는 것을 말한다. 자신이 일하는 곳에서는 사람들과 커뮤니케이션을 잘 하지만, 다른 부서 사람들과는 커뮤니케이션을 잘하지 못 하는 경우다.

앞서 얘기한 것처럼 누구에게나 왜곡과 편향은 있다. 그러나 그런 현실 위에서도 자기 사고의 질을 높여가야 하는 것이다. 그러기 위해서는 자기 사고의 프로세스를 냉정하게 바라보는 '메타 사고'가 필요하다. NLP 이론 중에 '메타 모델'이라는 게 있는데 이는 인간의 사고회로에서 일어나기 쉬운 일반화, 생략, 왜곡이라는 특성에 포커스를 맞춰 대화를 이끌어내는 기술이다. 일반화란 고정관념으로 알려져 있는데 고정관념이란 엄밀히 말하면 카테고리 분류다. 그 자체는 사고의 프로세스에서 빼놓을 수 없는 요소다. 단지 일반화된 고정관념이 문제인 것이다. 그 결과 한 가지 사례만 보고 모든 걸 꿰맞추는 경우가 생긴다.

"멕시코 사람은 정말이지 믿을 수가 없어!"
"무슨 얘기야?"
"있잖아, 예전에 만난 멕시코 사람 말이야……."

이런 식의 대화는 일상생활 속에서 흔히 일어난다. '예전에 만났던 멕시코 사람' 한 명을 가지고 멕시코인 전체를 일반화하고 있다. 그밖에 사고의 왜곡을 낳는 것으로 헤일로 효과halo effect*나 최근 바이어스recent bias**가 있다. 이러한 현상에 빠지지 않기 위해서는 왜곡과 편향을 스스로 자각하면서 보완해나가야 한다. 실은 이것도 '생활습관병'의 한 예다. 고지혈증에 걸리지 않으려면 지속적으로 검사하는 게 좋은 것처럼 생활습관병에 걸리지 않기 위해서는 스스로 자각하면서 습관을 바꿔가야 하는 것이다.

* 후광효과. 외모가 좋으면 두뇌나 성격도 좋으리라고 생각하는 것, 즉 하나의 측면만 보고 전체를 판단하는 선입견을 말한다. — 옮긴이

** 백 번 잘 했더라도 가장 최근에 실수를 했다면 상대방은 그것을 더욱 잘 기억하는 현상. 최근 효과recent effect 때문에 그런 식으로 사고가 왜곡된다고 한다. — 옮긴이

공부를 잘 한다고 사고력이 뛰어난 것은 아니다

'생활습관병'이라는 이름을 지은 장본인인 성 루가 국제병원 명예원장 히노하라 시게아키日野原重明 씨는 "습관이 마음과 몸을 만든다"고 말한다. 그런데 머리도 마찬가지다. '머리도 습관에 의해 만들어지는 것'이다.

그렇기 때문에 평소 사고 습관을 점검하고 필요에 맞게 습관을 바꾸면 누구나 사고를 활성화할 수 있다. 지금껏 세미나를 하면서 2만 명에 가까운 비즈니스맨을 접했지만, 공부를 잘 하는 것과 사고력이 뛰어난 것은 서로 다른 문제였다. 공부를 잘하는 사람이 반드시 뛰어난 사고력을 가지고 있는 것은 아니다. 이런 오해가 일어난 이유는 나중에 다시 얘기하겠지만 일본 문부성이 thinking 교육보다 knowing 교육을 중시했기 때문이다. '공부를 잘 못했다'거나 '재능이 없다'고 변명하기보다 습관을 바꿔 기술을 향상시키면 된다. 충분히 가능한 일이다. '나쁜 습관'은 가만 놔둬도 버릇이 되지만 '좋은 습관'은 의식적으로 버릇을 들여야 한다.

예전에 세미나에서 이렇게 말한 사람이 있었다.

"이 나이쯤 되면 자기 마음대로 말을 내뱉고, 다른 사람의 얘기 같은 건 듣지 않고도 회의를 하는 습관이 완전히 몸에 배어버려요……."

40대 후반의 참가자가 한 말이다. 이 말을 들으면서 그렇게 하고도 과연 회의가 잘 될까 하는 생각이 들었다. 동시에 '마음먹은 대로 말하는 습관'과 '다른 사람의 얘기를 듣지 않는 습관'을 조합한 명언이라는 생각이 들어 메모를 해두었다.

40대 후반이니 습관을 고치기는 글렀다고 생각할지도 모른다. 하지만 히노하라 선생은 "습관을 바꾸는 건 간단치 않다. 하지만 아무리 나이가 많아도 습관은 바꿀 수 있다"고 말했다. 95세의 히노하라 선생이 이런 말을 할 정도라면 우리들 대부분은 할 말이 없는 것이다. 이는 어떤 의미에서 교묘한 말이기도 하지만 (95세 이상 된 사람이 아니라면 거기에 반론을 펴기 어려운 까닭에) 습관을 바꾸기 어렵다는 변명을 하기보다 마음먹은 그 순간부터 좋은 습관을 몸에 익히면 되는 것이다.

04 사고를 활성화하는 일곱 가지 힌트

그러면 이제 사고를 활성화하기 위한 핵심을 소개하겠다. 다음 일곱 가지 힌트를 명심하면 된다. 심리학이나 커뮤니케이션 이론에서 곧잘 얘기하는 것은 결국 "자신과 어떻게 대화하고 있는가" 하는 점이다. 사람들과의 관계에 대한 기술inter personal skill은 개인 내면의 기술intra personal skill에 기초한다는 얘기다. 자기 내면의 속삭임에 주의를 기울인다면 자기 인지력과 대인관계 능력이 높아질 것이다. 사고력도 마찬가지다.

그런 의미에서 이제부터 소개할 '사고를 활성화하는 일곱 가지 힌트'는 사고 습관을 바꾸는 지침이자 '사고력을 키우는 내면의 속삭임'이기도 하다.

원래는 내가 다양한 기업들을 상대로 컨설팅이나 세미나를 하다가 '사고 정지는 왜 일어날까?' '사고력을 발휘하는 사람과 그렇지 못한 사람은 어떤 점이 다를까?'를 고민하다가 정리해 두었던 것이다. 물론 각 사항에는 선조들로부터 내려오는 내용도 들어 있다.(그림 4-2)

1. 사고력에 한계란 없다 : 끝까지 생각하면 답은 나온다
2. 일문십답一問十答, 일문백답一問百答 : 정답은 하나가 아니다
3. 사물의 양면을 생각하라 : 사물의 긍정적 측면과 부정적 측면을 봐라
4. 언어를 연마하라
5. 사고 기능을 변환하라 : 확산과 수렴, 속도와 끈질김, 추상성과 구체성을 의식적으로 선택하라
6. 언제나 마음속에 빙산을 의식하라 : 보이지 않는 문제를 생각하는 세 가지 질문
7. 너 자신을 알라 : 자기 인지력을 높여라

[그림 4-2] 사고를 활성화하는 일곱 가지 힌트

1) 사고력에는 한계가 없다=끝까지 생각하면 답이 나온다

컨설팅 업계에 들어와서 내가 처음 세웠던 원칙이 바로 이 지침이다. 사람의 머리는 진화 최후단계의 컴퓨터다. 입력을 하면 반드시 무엇인가 출력되는 특성이 있다. 이 특성에 착안한다면 컴퓨터의 초기설정이 열쇠가 된다. 머리의 초기설정을 마인드 셋mind set 또는 멘탈 모델mental model이라 한다. 이는 의식의 틀을 의미한다. 즉, 궁극적으로 컴퓨터를 움직이는 머리의 알고리즘을 점검한다는 얘기다.

만일 '사고력에는 한계가 있다=아무리 생각해도 답은 나오지 않는다'는 초기설정이 머리에 돼 있다면 '도저히 알 수 없다' '생각해봤자 소용없다' '전부 시간 낭비다'라는 식으로 사고의 방기를 위한 변명이 나올 것이다.

이에 반해 '사고력에는 한계가 없다=끝까지 생각하면 답이

나온다'라는 식으로 사고가 설정되어 있다면 상황은 달라진다. 답이 나오지 않더라도 체념하지 않는다. 왜냐하면 사고를 아직 포기하지 않았기 때문이다. '끝까지 생각한다 → 사고력이 강화된다 → 답이 나온다 → 역시 끝까지 생각하면 답이 나온다'라는 선순환善循環이 생겨서 사고는 활성화되는 법이다.

'어설픈 생각은 하나마나다'라든가 '생각하느니 행동으로 옮기겠다'라고 생각하는 독자들을 위해 보충설명을 하겠다. 먼저 '어설픈 생각'이 아니라 '효과적으로 생각'하는 것이다. 또한 '생각에 파묻히는 것'과 '끝까지 생각하는 것'은 서로 다른 뜻이다. 이는 말장난이 아니다. '생각에 파묻히는 것'은 '고민하다'는 부정적인 의미의 말이고 '끝까지 생각하는 것'은 발신을 추구하면서 철저하게 생각하는 것이다.

또 하나는 사고력에는 한계가 없지만 '기억력에는 한계가 있다'는 점이다. 기억이 안 나는 경우는 누구에게나 있다. 이것은 knowing의 문제다. 이것을 이해한다면 안심하고 사고를 활성화할 수 있을 것이다.

생각해보면 사고력에는 배터리도 필요 없고 접속 케이블도 필요 없다. 누구나, 어디서든, 언제나 사용할 수 있는 무한한 자원인 것이다. 환경문제를 야기하지도 않는다. 그러니 이걸 사용하지 않을 도리가 없는 것이다.

2) 일문십답一問十答, 일문백답一問百答

"사고력에는 한계가 없다=끝까지 생각하면 답이 나온다"는 말을 들었지만 막상 그렇게 해보니 답이 나오지 않는다는 분에게 권하고 싶은 것이 있다. 사고를 활성화하는 데 필요한 두 번째의 힌트, 바로 '일문십답, 일문백답'이다.

우리들의 사고력을 기능하지 못하게 만든 최대의 원인은 문부성의 교육 시스템에 있다고 생각한다. 나는 이것을 '문부과학성의 세 가지 큰 죄'라고 말한다. 우선은 앞에서도 언급했던 'knowing 편중, thinking 경시' 풍조다. 입시공부가 대표적이다. 그리고 두 번째는 일문일답一問一答주의다. '정답은 하나' 라는 전제가 깔려 있으면 '도저히 답을 모르겠다'는 사고의 방기에 빠지거나 '그 답을 알고 있다'고 생각해서 그 밖의 다른 가능성을 배제하게 된다. 마지막 항목은 이과와 문과 사이에 '바보의 벽'을 만들었다는 점이다. '너는 문과니까 혹은 이과니까' 하는 식의 사고를 형성하여 편향성을 조장한 것이다.

다시 일문일답 얘기로 돌아가겠다. 다음 문제를 생각해보자.

●● **문제**

E=25일 경우, e=5이다. 그러면 D=16일 경우, d의 값은? (가) 6 (나) 4 (다) 14 (라) 3.2 (마) −4

수학을 잘 하는 사람은 4의 제곱이 16, 또는 $n=\sqrt{N}$ 이라는 공식을 사용해 $\sqrt{16}=4$라는 결과를 얻을 것이다. 그리고 망설임 없이 '나' 항목을 선택할 것이다. 그러나 좀더 주의해서 본다면 '나' 항목뿐 아니라 모든 선택항목이 정답이라는 것을 알 수 있다.(그림 4-3) 여기서 중요한 것은 '나' 항목을 골랐기 때문에 '생각하는 것'을 그만두었는지의 여부다. 즉, 이것이 OMR 답안지 같은 마크 시트mark sheet 방식이 갖는 최대의 폐해다. '정답은 오직 하나이기 때문에 그 다음은 생각하지 않아도 된다'고 맹신하는 것이다.

어떤 작가가 자기가 쓴 글이 대학입시에 출제됐을 때의 경험을 얘기했다. "밑줄 친 부분에서 글쓴이의 마음을 가장 잘 표현한 것이 무엇인지 다음 중 고르시오"라는 식의 문제였다고 한다. 그 작가는 선택지의 어떤 항목을 봐도 자신의 마음에 해당하는 것이 없었고, 자신의 마음을 딱 하나로 축약해버리는 것도 무리가 있다는 취지의 말을 했다.

●● 문제의 해설

E=25일 경우, e=5이다. 그러면 D=16일 경우, d의 값은?
(가) 6　(나) 4　(다) 14　(라) 3.2　(마) −4

(가) 6→ N의 한자리 수를 n으로 한다.
(다) 14 → N+n=30 D(16)+d(14)=30
(라) 3.2 → N5=n D(16) 5=3.2
(마) −4 → N−20=n D(16)−20=d−4

[그림 4-3] 일문일답의 저주

일문일답 방식의 한계를 이해할 수 있을 것이다. 오해를 무릅쓰고 말한다면 일문일답은 채점자에게 편한 방식일 뿐이다.

두말할 것도 없이 현실에서는 일문일답이 들어맞지 않는다. 그저 일문십답一問十答, 일문백답一問百答으로 시작해서 조금씩 생각을 모아가면 된다. 일문일답에서 해방된다면 우리들의 사고는 자유롭게 움직일 수 있을 것이다.

일문일답은 사고력을 억눌러버린다

대인관계 능력에 관해서는 한 가지 더 풀어야할 문제가 있다. 심리 테스트나 교제술에서 일문일답의 오류를 저지르고 있지 않는가 하는 점이다. 분별력 있는 전문 카운슬러는 '상대방이 이렇게 대답하면 이렇게 이해하면 된다'는 일문일답식 단정표현을 피하고 있다. 그런데 최근에는 '이런 타입은 이렇게 대처하라!'는 식의 말이 자주 눈에 띈다. 그러나 상대방은 살아 움직이는 사람이기 때문에 각자가 처한 상황이나 대처방법은 천차만별이다. 이 사실을 카운슬러들이 인식하고 있다면 어떤 방식으로 얘기를 풀어야 할지 충분히 고민해야 할 것이다.

이처럼 일문일답이란 사고력을 봉쇄해버릴 뿐 아니라 로지컬 리스닝에 커다란 지장을 초래한다. 이런 상황이 발생하지 않도록 멘탈 프로그램을 일문십답, 일문백답으로 수정해야 한다.

3) 사물의 양면을 생각하라

"하지만 어떻게 해야 한 가지 물음에 10개, 100개의 답을 할 수 있을까요?"라고 질문하고 싶은 분에게 사고를 활성화하는 세 번째 힌트인 양면사고를 권한다. 사물을 다각도로 바라보기 위해서는 사물의 긍정적 측면, 부정적 측면 그리고 겉과 속 같은 양면을 볼 수 있어야 한다. SWOT(기업의 강점Strength, 약점Weakness, 기회Opportunity, 위협 요소Threat)분석으로 밝혀진 것처럼 양면사고는 전략사고의 첫걸음이기도 하다.

양면사고를 하는 것은 로지컬 리스닝에서 특히 중요하다. 상대방의 부정적인 발언에 대해서도 긍정적인 요소를 찾아낼 수 있게 되고, 자기는 좋은 의미로 한 말이 상대방에게는 부정적으로 받아들여질 가능성도 있다는 것을 예측하게도 된다.

예를 들어, "저희들은 여러 참석자님들과 함께……"라는 식으로 예의바르게 얘기하는 습관이 몸에 밴 사람이 있다. 말을 격식에 맞게 사용하면 상대방에게 예의바르다는 느낌을 주는 긍정적인 측면이 있지만 지나치게 예의가 바르면 상대방과 거리감이 생기는 부정적인 측면도 있다. "저희들은 여러 참석자님들과 함께……"라는 식의 얘기보다는 "우리는 여러분과 함께……"라고 하는 편이 일체감을 형성하기 쉬운 법이다. 반대로 격식에 구애받지 않고 자연스러운 표현을 사용하면 상대방의 마음을 파고들 기회가 생길 수도 있겠지만 상대방이 '버릇없다'라고 생각할 위험도 있다.

따라서 상대방의 해석뿐 아니라 자신의 발신에 대해서도 양면적으로 생각해야 한다. 즉, 보상과 위험성을 저울질하며 최선의 선택을 하는 자세가 필요하다.

4) 언어를 연마하라

명확한 사고를 하고 싶다면 두 가지가 필요하다. 이미지를 명확하게 만드는 일과 언어를 명확하게 사용하는 일이다. 왜냐하면 사람의 사고활동은 이미지와 언어에 의해 만들어지기 때문이다. 이는 우뇌右腦와 좌뇌左腦의 관계다. 그러므로 이미지나 언어가 애매모호한 상태라면 사고 역시 애매모호해 진다.

언어를 불명확하게 사용하면 이미지가 제대로 전달되지 않는다. 이런 식으로 계속 방치하면 아무도 그 말을 이해하지 못하게 된다. 이러한 '나만의' 언어사용은 언어에 대한 사고 의존증을 부르고 사고의 정체와 혼란을 초래한다. 그렇게 되면 이미 논리적인 논의는 불가능하다.

기본적인 얘기지만 언어를 소중이 여기고 의미를 정확히 파악하는 일이 중요하다.

a) 언어의 변환을 요구한다

지금은 외래어로 된 비즈니스 용어를 사용하지 않고는 일을 하기가 어렵다. 때문에 명확하게 사용하지 않으면 알아들은 듯하면서도 알아듣지 못하는, 앞뒤가 맞지 않는 논의가 벌어지기 쉽다. 예를 들면 다음과 같다.

A씨 "최근 기업불상사가 많이 발생하는데 역시 그런 회사들의 공통점은 비전이 없다는 거야."
C씨 "비전?"
B씨 "근데 비전보다 중요한 건 가치value 아닌가!"
C씨 "가치?"
A씨 "회사의 가치는 M&A로 높였을지 몰라도, 이념理念은 그럴 수 없어, 이념이 없었던 거지."
C씨 "아까는 비전이라고 말했잖아. 근데 지금은 이념이라고?"
B씨 "그것보다는 가치문제 아닌가?"
C씨 "?"

A, B 두 사람이 쓰는 언어의 정의가 모호하기 때문에 C는 대화의 내용을 전혀 이해하지 못한다. 만일 C가 언어의 변환을 요구했다면 대화는 혼란에 빠지지 않았을 것이다.

A씨 "최근 안 좋은 일이 발생하는 기업이 많은데, 그런 기업들의 공통점은 사원들에게 비전이 없다는 거야."
C씨 "비전이라니? 우리말로 하면 뭐지?"
A씨 "장기목표라고 할 수도 있겠지만 바람직한 모습이랄까, '이렇게 되면 좋겠다' 하는 거 말이야."
B씨 "그런데, 비전보다 중요한 건 가치 아닌가!"
C씨 "가치는 우리말로 뭔데?"

B씨 "어떤 것을 중요시 하느냐 하는 가치관을 의미하지. 경제적 부가가치 말고 말이야."

C씨 "그렇다면, 바람직한 자세나 가치관이 뜻하는 건 기업이념이라고도 할 수 있지 않나? 말하자면 회사의 기초 로군."

A씨 · B씨 "그렇지."

이처럼 C가 언어의 변환을 유도한다면 불필요한 대립이나 혼란을 피할 수 있다. 또한 '이해하기 쉬운' 우리말을 외래어로 어떻게 표현할지에 대해서도 생각해보는 것이 좋다. 이런 식으로 사고하면 비즈니스 용어도 어렵지 않을 것이다.

b) 언어의 인수분해를 권함

한 가지 더 권하고 싶은 것은 언어의 인수분해다. 이는 비슷한 뜻을 가진 언어를 정리할 때 유용하다.

어떤 샐러리맨이 "성과주의를 도입하고 있는 회사가 증가하고 있다. 그런데 프로세스는 중요하게 생각하지 않고 결과만 중요하게 생각하는 풍조를 어떻게 봐야 할까?"라는 발언을 했다. 그런데 여기에서는 '성과成果'가 아닌 '결과結果'만 가지고 논의를 진행했다. 이 두 단어를 인수분해 하면 '과果'가 공통이 된다. 성과는 '이루어낸 결과'로 해석할 수 있다. 즉, 성과주의란 '이루어낸 결과'를 평가하는 것이지 '결과만' 평가하는 게 아니라는 것이다. 또한 '이루어내다'는 프로세스에 대한 평가도 포함하고 있어야 한다는 말이다. 앞의 발언은 단지 이름뿐인 성과주의를 언급한 것이다. 실제로 '결과주의'로 운용되는 회사에 딱 들어맞는 말이다.

또한 언어의 인수분해는 '상투어로 된, 의미를 알 수 없는 용어'를 줄이는 효과도 있다. 예를 들어, '근본적인 기업혁신' '제대로 된 커뮤니케이션이란' '진정한 상호이해' 같은 표현들이다. 이 표현들 역시 인수분해를 해보면 된다. 다른 사람에게 물어보지만 말고 스스로 생각해보는 습관을 가져야 한다.

5) 사고 기능을 변환하라: 확산과 수렴, 속도와 끈질김, 추상성과 구체성을 의식적으로 선택하라

사고에는 우뇌와 좌뇌, 창조적 사고creative thinking와 비판적 사고critical thinking처럼 서로 다른 기능이 있다. 사고력을 효과적으로 발휘하기 위해서는 사고 기능의 위치를 바꿔보는 것도 필요하다.

a) 신속함과 끈질김

내가 진행하는 세미나에서는 '3초 규칙'을 지키고 있다. 즉, 내가 질문을 던지면 참가자는 3초 이내에 뭔가를 말해야 한다. 반응 속도를 빠르게 하는 연습인데 보통 힘든 게 아니다. 대부분의 참가자들은 쑥스러워하거나, 강사나 다른 참가자들을 어려워한다. 앞서 말한 '일문일답'식 사고방식에 매여 있는 사람들은 더 그렇다. 그러나 이것도 익숙해지면 잘 할 수 있게 된다. 많은 참가자들이 이를 증명하고 있다.

그렇다고 무슨 말이든 3초 이내에 대답할 수 있는 것은 아니다. 오히려 3초 이내에 대답해서는 안 되는 것들도 있다. 신속함이 아닌 끈질김이 요구되는 것들이다. 이 경우에는 3초가 아니라 3일, 3주 동안 생각해야 할 과제도 있다. 재미있는 것은 끈질기게 생각하다보면 갑자기 아이디어가 떠오르는 경우가 있다는 것이다. 이와 같이 순발력과 지구력은 사고하는 데 있어 꼭 필요한 요소다. 이는 즉응력과 관찰력이 필요한 로지컬 리스닝에서는 더욱 중요하다.

b) 확산과 수렴

'확산적 사고'와 '수렴적 사고'는 길포드J.P. Guilford에 의해 소개된 이후 널리 알려졌다. 이를 좀더 부드럽게 표현한 것이 확산과 수렴의 사고방식 변환이라는 것이다. 이는 프로젝트에 주어진 과제에 도전할 때 중요하다. 예를 들어, 브레인 스토밍 brainstorming*은 처음에는 확산 방식으로 시작한다. 하지만 어느 단계에 이르면 수렴 방식으로 변환한다. 그런데 이러한 과정에서 참가자들끼리 보조가 맞지 않으면 혼란이 일어날 뿐 아니라 회의의 성과에도 좋은 않은 영향을 끼친다.

---

* 각자가 아이디어를 내놓아 최선책을 결정하는 창조 능력 개발법—옮긴이

c) 추상성과 구체성

'추상의 사다리에서 내려오라'는 글을 쓴 사람은 일본계 미국인 언어학자 새뮤얼 I. 하야카와다. 그는 "재미있는 작가, 핵심을 이야기하는 이야기꾼, 정확한 사상가 그리고 분별력 있는 개인"은 추상의 사다리(추상도가 높은 레벨에서 낮은 레벨=구체성이 높은 레벨)를 '재빠르게 그리고 질서 있게' 오르락내리락 할 수 있는 사람이라고 말한다.

추상성을 높인다는 건 사물을 정리하는 데 빼놓을 수 없다. 추상화는 사고력의 중추다. 다만 구체성이 빈약한 설명은 알맹이 없는 공론이 되기 쉽다. 하야카와 씨도 추상도가 낮은 레벨(=구체성 높은 레벨)로 내려올 수 없는 논의를 경계하고 있다.

'추상의 사다리'는 로지컬 리스닝에서 응용범위가 넓다. 예를 들어, 상대방이 "역시, 전략적 합리성을 생각하는 편이 좋겠군요" 같은 추상도가 높은 얘기를 할 때, 그 이야기를 듣는 사람이 잘 이해가 되지 않으면 "구체적으로 설명해주시겠어요?" 하고 물어보며 사례를 보여달라고 하면 된다.

반대로 상대방이 "철도회사나 통신회사 매입은 신중하게 생각해주세요"라고 말할 때는 "공공성이 높기 때문이군요" 하고 추상도를 높여 논점을 정리해주는 것도 좋다.

또한 "요즘 부동산 시장을 보면 좋은 물건은 물론이고 나중에 뭐에 쓸지도 모르는 물건마저도 모두 팔리는 것 같아. 대체 어찌 되려는지"라는 견해에 대해 "그러게 말이야, 과열 기미가 보이고 있어"라고 추상도를 높여 맞장구를 칠 수도 있다.

6) 언제나 마음속의 빙산을 의식하라: 보이지 않는 문제를 생각하는 세 가지 질문

뻔한 얘기로 들릴지 모르겠지만 '빙산 모델'에서 눈에 보이는 부분은 일부이고 보이지 않는 부분이 태반이다. 이는 문제 해결의 근본적인 부분과 가시적인 부분을 나타내고 있다. 눈에 보이는 현상뿐 아니라 보이지 않는 원인이 다 이 안에 포함되어 있다는 얘기다. 여러 가지 문제에 대한 해결의 기본이 바로 이것이다. 즉, 수면 밑부분에 감춰진 것들을 어디까지 추적해 들어갈 수 있느냐 하는 것이다. 그러기 위해서는 다음 세 가지 질문을 빼놓을 수 없다.

a) Why?

'왜?' 하고 묻는 것은 논리적 사고의 첫걸음이며, 지적 호기심의 표현이다. 아주 어린 아이들은 어른이 예상치도 못한 것들에 '왜?'라고 묻는다. 이 '왜?'는 사고활동의 기본 중에 기본이다. 그렇지만 '생활습관병'을 다루면서 언급했듯이 '왜?'라는 물음에 쉽게 대답하지 못하는 사람이 대부분이다.

"판매 저하가 왜 일어나고 있지요?" 하고 물었을 때 "안 팔리니까요"라고 대답하거나 "커뮤니케이션이 원활하지 못했던 이유가 뭐죠?"라는 질문에 "다른 사람의 말을 귀담아 듣지 않으니까요"라고 답하는 식이다.

'왜?'인지를 생각하고 '왜?'인지 묻는 것이 로지컬 리스닝의 기본이다. 발신자가 명확한 논리로 얘기하는 로지컬 스피킹을 구사하고 있는 경우가 드물기 때문이다. 그런데 직접 상대방에게 "왜?"라고 물을 수 없는 경우도 많다. 여기에 대해서는 다시 설명하겠다.

b) So what?(그래서 어쨌다고? 핵심이 뭐야?)

이 말 역시 논리사고를 배운 사람에게는 낯익은 개념이다. 영어 비즈니스 환경에서는 사용빈도가 높은 말이다. 무엇이 핵심인가? 말하고 싶은 메시지가 뭔가? 라는 의미다.

물론 상대방에게 "그러니까 핵심이 뭐야?"라고 직접 물어볼 수 없는 경우도 있다. 사실 현실에서는 그런 상황이 흔하다. 이런 경우엔 "예를 들어서?"라든가 "요약한다면?"이라는 말로 다시 물어보는 것도 하나의 방법이다. 또 "이렇게 이해해도 되겠습니까?" 하고 요약해서 물어볼 수도 있다.

또한 프레젠테이션을 진행할 때도 So what?을 염두에 두는 게 좋다. 그렇게 하면 모호한 의미의 메시지를 줄일 수 있다.

c) What if(만일, 가령~이라면?)

So what?과 마찬가지로 이것 역시 사용빈도가 높은 말이다. 가정법 질문으로 "그런 건 충분히 알아. 그런데 만약에?" 하고 묻는 표현이다. 즉, 가설 설정형 질문인데 이 역시 문제를 해결하는 데 있어서 꼭 필요하다. 특히 상대방이 어떤 조건을 내세우고 있을 경우에 상대방의 사고를 흔드는 효과가 있다. 예를 들어, "좀 전에 예산이 없어서 어렵다고 말씀하셨는데, 만약 예산이 확보된다면 다른 문제는 없는 겁니까?" 하고 되묻는다면 문제를 해결하는 실마리를 얻을 수 있다.

지금까지 살펴보았듯이 'Why? So what? What if?'는 눈에 보이지 않는 문제를 파고들어가기 위해 꼭 필요한 세 가지의 질문이다.

7) 너 자신을 알라: 자기 인지력을 높여라

로지컬 리스닝의 보유 능력을 다루면서 이미 자기인지력을 소개했다. 여기에서는 자기 사고의 건강한 틀을 갖추기 위해서는 '색안경을 자각해야 한다' 는 것을 강조하고 싶다. '메타 사고'의 중요성을 언급했듯이 자신의 색안경을 자각하지 않으면 사고의 왜곡이라는 함정에 빠져버린다.

05 비판적 사고와 창조적 사고

사고력을 활성화할 때 한 가지 더 짚어두고 싶은 것은 사고의 2대 기능이라고 할 수 있는 비판적 사고와 창조적 사고다. 창조적 사고는 '무언가를 만들고, 생산해내는 힘'이다. 사고력이란 '기본적인 것을 가지고 머릿속에서 생각을 구성하는 힘'이라고 정의했는데 이에 따라 창조적 사고를 해석한다면 "사실과 지식뿐 아니라 이미지, 지적 직관 같은 기본적인 것들로 자유롭게 생각을 구성하는 힘"이라 할 수 있다.

이에 반해 비판적 사고는 '사물을 검증할' 때 필수적이다. 크리티컬의 사전적 의미는 '비평하다, 비판하다'이지만 원래는 그리스어 어원인 '나눈다'는 뜻이 들어 있다. '나눈다'는 것은 분석의 첫걸음이자 참과 거짓을 판가름하는 검증 기능을 가지고 있다. 비판적 사고란 '기본적인 것을 가려내고 그 사리私利를 명확하게 추론해 생각을 구성하는 힘'인 것이다.(그림 4-4)

창조적 사고와는 달리 비판적 사고는 주로 사실이나 공유된 지식이 '기본적인 것', 즉 논거로서 받아들여지기 쉽다. 그런 의미에서 비판적 사고는 이른바 로지컬 싱킹logical thinking을 내포하고 있다.

창조적 사고와 비판적 사고는 서로 다른 사고기능이기 때문에 각각의 훈련방법도 다르다. 공통적인 훈련이 있다면 그것은 자신의 사고 특성을 자각하는 것이다. 자각할 수 있게 된다면 자신에겐 서투른 기능을 잘 사용하는 사람을 직장이나 학교에서 찾아 그 사람을 유심히 관찰해보라. 특히 그 사람의 말버릇에 주의를 기울여라. 이는 리스닝할 때 상대방의 사고특성을 이해하는 데 큰 도움이 된다.

예를 들어, 창조적 사고가 왕성한 사람은 '애초' '본래' '우선' 등의 말을 빈번하게 사용한다. 사람의 머리를 구극의 컴퓨터라고 말했듯이 '애초'라는 말을 사용하면 머리는 자동적으로 원리원칙을 찾아간다(물론 자기 생각이 강한 사람은 '애초'부터 엉뚱한 말을 하기도 하지만).

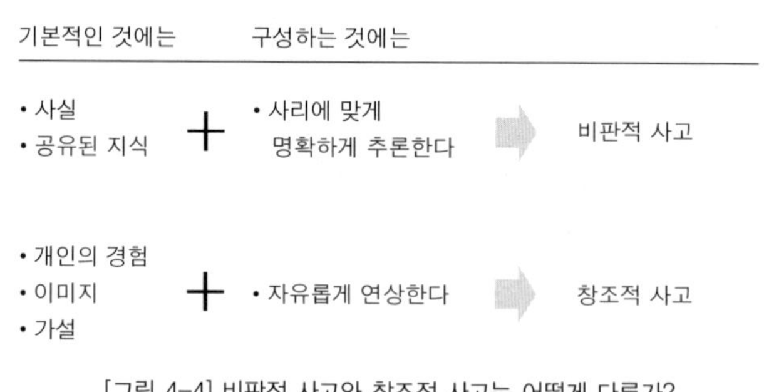

[그림 4-4] 비판적 사고와 창조적 사고는 어떻게 다른가?

사고습관은 말버릇에 나타나기 쉽다

한편, 창조적 사고가 왕성한 사람은 생각을 만들어내는 타입이기 때문에 "예컨대" "이런 건 어때?" "그냥 한번 얘기해본 건데"라는 식의 말을 많이 한다.

이처럼 말 속에는 그 사람의 사고습관이 쉽게 드러난다.(그림 4-5) 자세히 관찰하면 그 사람의 사고 습관을 몸에 익힐 수 있게 된다. 비판적 사고가 약하다는 생각이 들면 우선 의식적으로 '애초' '본래'라는 말을 사용해보는 것이 좋다. 또한 창조적 사고가 약한 사람은 "이런 건 어때?" "그냥 한번 얘기해본 건데" 하고 아이디어를 제시해보는 것도 좋다.

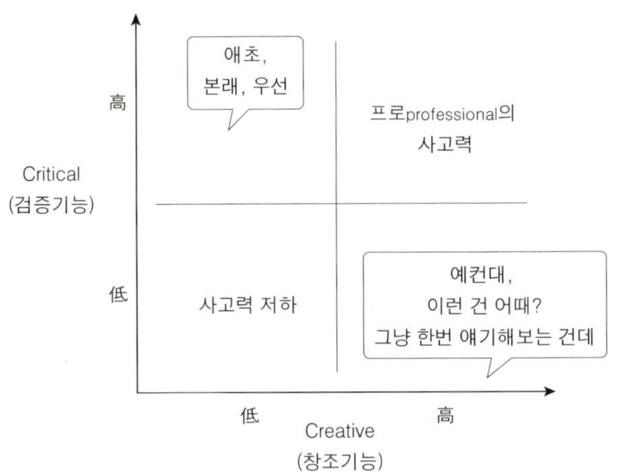

[그림 4-5] 말버릇으로 본 비판적 사고와 창조적 사고

멘탈 블록은 창조적 사고의 적

말버릇에 주의를 기울이는 것은 사고력을 훈련하는 데 도움이 되는 습관이지만 그것만으로는 충분치 않다. 그보다 앞서 창조적 사고와 비판적 사고를 훈련해야 한다. 하지만 이 두 사고는 훈련방법이 다르다.

먼저 창조적 사고는 훈련한다기보다 해방한다고 말하는 편이 낫겠다. 그 이유는 머릿속에 있는 규제 때문이다.(그림 4-6)

앞서 소개한 knowing의 함정이나 일문일답도 규제의 하나다. 교육제도가 파생시킨 요소라고 봐도 무방할 것이다. '이과

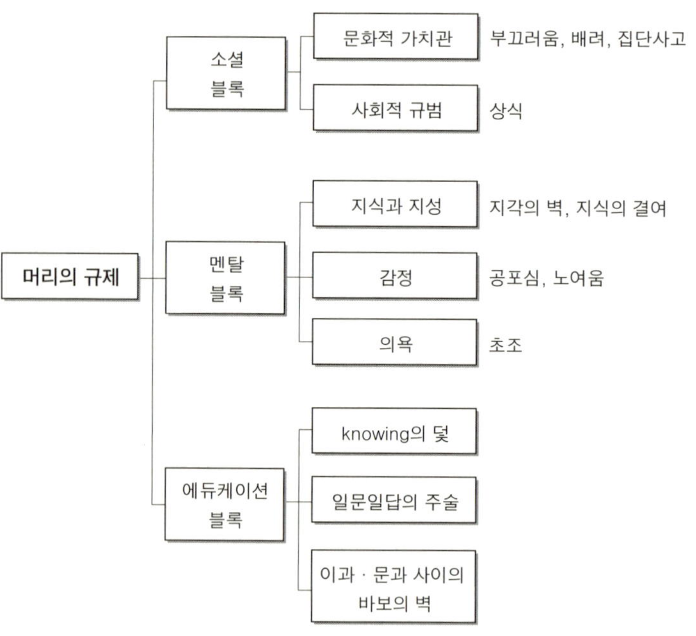

[그림 4-6] 머리의 규제를 벗어던지고

와 문과 사이의 바보의 벽'은 "난 문과니까" "이과니까"라고 사고하는 방식을 개선해야 한다는 걸 보여주고 있다. 예를 들어, '바보의 벽'으로 인해 국어 능력이 몹시 떨어지는 시스템 엔지니어, 정량분석이랄 것도 없는 간단한 데이터조차 읽을 수 없는 인사담당 직원 등이 무척 많아졌다.

이와 같은 교육으로 인한 멘탈 블록mental bloc(감정적 요인에 의한 생각 · 기억의 차단) 말고도 부끄러움을 느끼게 하거나 상식적이지 않다는 생각을 주입하는 사회 · 문화적 규제 같은 멘탈 블록도 있다. 이런 규제에서 벗어난다면 우리가 본래 가지고 있는 창조적 사고가 활성화되기 시작할 것이다.

비판적 사고에는 규범이 필요하다

반대로 비판적 사고는 사고가 왜곡되어 있지 않은지를 신경써야하기 때문에 규범이 있어야 한다. 논리의 원리원칙이 필요하다는 말이다.

즉, 자유롭게 사고할 수 있는 것이 창조적 사고이며, 규범을 필요로 하는 것이 비판적 사고다.

로지컬 리스닝에서는 이 창조적 사고와 비판적 사고의 균형이 필요하다. 다만 논지를 따라가기 위해서는 논리력이 필요하듯이 로지컬 리스닝의 발휘 능력에서는 창조적 사고보다 비판적 사고의 비중이 높다. 그렇다면 이제부터 비판적 사고에 대해 좀더 살펴보기로 하자.

06 논지를 따라가는 비판적 사고

비판적 사고란 사물을 검증하는 기능이라고 했다. 즉, 필요에 따라 상대방 발언의 논리구성을 검증하고 논리적 모순을 지적하면서 타당한 반론을 펼 때 요구되는 기술이다. 그러면 잠시 자기진단self check을 해보자.

비판적 사고 자기진단

1 "지난 주 신문 보도에 따르면 수도권 의사가 지방 의사보다 수입이 높다고 한다. 아무리 땅값 비싼 곳에 병원을 차렸다 해도 이건 불공평하다. 물론 의사가 되기 위해서는 많은 돈이 들어간다는 건 이해한다. 그러나 수도권 의대가 지방 의대보다 학비가 비싸다는 증거는 없다. 또 수도권이든 지방이든 환자가 내는 치료비는 똑같을 것이다."

이 의견에 대한 가장 타당한 반론을 하나 고른다면?

A 돈을 더 많이 벌고 싶은 의사는 수도권으로 진출하면 되는 것 아닌가요?

B 지방은 생활비가 싸니까 괜찮지 않나요?

C 의사 한 사람이 연간 진료하는 환자수는 같은가요?

D 수도권 병원은 비싼 의료기구가 많은 것 아닌가요?

E 입원일수가 수도권 병원 쪽이 더 많지 않나요?

2 "카를로스 곤Carlos Ghosn이 닛산 자동차의 'V' 자 회복을 달성했다는 건 이미 잘 알려진 역사적 사실이다. 만약에 그가 닛산에 부임하지 않았다면 닛산은 회복되지 못했을 것이다."
이 발언에 대한 가장 타당한 반론을 하나 고른다면?

A 'V' 자 회복의 업적을 곤만의 것으로 꼽는 것은 옳은 걸까요?
B 곤 사장 때문에 울어야 했던 사람도 닛산에 많았겠지요.
C 외국인 경영자에 너무 기대는 것은 문제 아닙니까?
D 그 사람은 르노 자동차에서의 경험이 있었기 때문에 가능했던 거죠.
E 곤이 아닌 다른 유능한 사람이 왔더라도 V자 회복은 가능했을 겁니다.

3 "초등학교에서 컴퓨터 교육을 하는 것은 재고해봐야 한다. 아이들이 컴퓨터를 다루기에는 아직 이르다. 그것보다는 먼저 기본적인 읽기와 쓰기를 배워야 한다. 갓난아이도 걷기 전에는 엉금엉금 기어다니지 않는가"
이 견해에 대한 가장 타당한 반론을 하나 고른다면?

A 말이나 사슴 같이 태어나자마자 금방 걷는 동물도 있잖아요.
B 컴퓨터는 21세기 사회에서 읽기와 쓰기를 배우는 데 매우 필요합니다.
C 요즘 애들은 컴퓨터 게임에 익숙해져 있기 때문에 금방 배울 수 있어요.
D 컴퓨터는 읽기와 쓰기를 가르치는 데 효과적이에요.
E 미국은 물론, 아시아 각국의 초등학교에서도 컴퓨터를 도입하고 있어요.

비판적 사고를 훈련하는 논리문제 가운데 로지컬 리스닝과 관련된 세 가지 문제를 뽑아보았다. 참고로 1번 문제는 1454명 가운데 1092명이, 2번 문제는 474명 가운데 318명이, 3번 문제에는 2555명 가운데 1658명이 정답을 맞혔다. 정답률은 1번이 75.1퍼센트, 2번이 67.1퍼센트, 3번이 64.9퍼센트였다.

주의할 점은 전적으로 '타당한 반론'을 찾아야 한다는 것이다. '타당한 반론'이란 발언자의 인격을 공격하거나 상대방의 발언을 무시한 채 자기주장만 내세우는 게 아니라 발언자의 논리구성에 주의를 기울이면서 논리적으로 취약한 부분을 지적한다는 뜻이다. 바꿔 말하면 논리적인 반론이다.

논지를 정확하게 펼 수 있느냐가 관건이다

1번부터 살펴보자. 우선 발언자의 논리구성을 보면 언급되고 있지는 않지만 발언자가 깔아놓은 전제를 알 수 있다. '수도권 의사가 환자에게 의료비를 더 많이 청구하고 있다'는 점이다. 따라서 타당한 반론은 C가 된다.

발언자는 '예상된 반론'으로 비용문제를 인식하고 있기 때문에 B나 D는 타당한 반론이 될 수 없다. E는 논점에서 벗어난 반론이다. A를 꼽는다면 싸움이 일어날지도 모른다. 타당한 반론을 편다면 논점에서 벗어나지 않으면서 '논리적인 논의'를 진행할 수 있을 것이다.

2번은 발신자가 전건부정前件否定의 오류를 범하고 있다. 즉, '반대도 진실'이라는 논법을 사용하고 있는 것이다. 'A라는 약을 먹고 배 아픈 게 나았다'는 말에서 'A라는 약을 먹었다'가 전건前件, '배 아픈 게 나았다'가 후건後件에 해당한다. 즉, 'A라는 약을 먹지 않는다면 배 아픈 것도 낫지 않는다'고 잘라 말할 수는 없다는 것이다(A라는 약이 아니더라도 B라는 약이나 민간요법을 통해 나을 수도 있다). 때문에 답은 E다.

그런데 A를 정답으로 생각하는 사람이 의외로 많다. 그러나 A에는 반론의 논거가 어디에도 드러나 있지 않다. 인정이 많은 사람은 B를 선택하는 경향이 있다. C는 논점을 벗어난 반론이다. D는 부가지식에 의한 반론, 즉 knowing의 반론이지만 상대방 발언의 논리가 빈약하다는 걸 지적하고 있지 않다. 따라서 타당한 반론이 아니다. 만약 상대방이 "곤이 부임하지 않았다면 르노 자동차에서의 경험 역시 활용할 수 없었을 테니 회사의 회복은 더욱 불가능했을 것이다"라고 주장한다면 할 말이 없는 것이다.

3번은 발신자가 초등학교 컴퓨터 교육에 반대하고 있다는 사실이 명백하다. 그리고 교육의 순서를 문제 삼고 있다. 그렇다면 자연스럽게 타당한 반론이 눈에 들어올 것이다.

10퍼센트가 넘는 사람들이 A를 선택하는데 이는 '말꼬투리 잡기'일 뿐이다. 발언자는 어디까지나 비유적으로 얘기하고 있으므로 그 반대의 비유를 들게 되면 주된 논점에서 벗어나버린다. B를 선택하는 사람도 꽤 있다. 이것은 '21세기 사회에서의 읽기와 쓰기'라는 캐치프레이즈 같은 말로 은근슬쩍 논지를 바꿔버린 것이다. 가장 타당한 반론은 발언자의 학습 순서와 맥이 닿아 있는 D이다.

'말꼬투리 잡기'에 대해 조금 더 보충하겠다. 듣는 사람의 이해를 돕기 위해 비유적인 우화나 속담을 제시하는 경우가 많다. 그런데 반대의 의미를 가진 비유나 속담도 있기 때문에 말꼬투리를 잡히기 쉽다. 그렇기 때문에 논지를 펴는 사람은 우화나 속담에서 논거를 찾을 때 주의해야 한다. 논거는 사실을 바탕으로 한 것에서 찾고 그 보충설명으로 우화나 속담을 제시하는 게 좋다.

지금까지 본 것처럼 타당한 반론을 펼 때는 비판적 사고가 필요하다. 중요한 것은 정확한 논지를 펴는 것이다. 이것은 로지컬 리스닝의 중요한 발휘 능력이기도 하다.

07 비판적 사고를 연마하라

자기진단 결과 '논지를 정확히 펼치는' 발휘 능력이 뛰어난 사람도, 기대에 못 미치는 사람도, 보유 능력으로서의 사고력, 특히 비판적 사고에 대해서는 정확히 짚고 넘어가는 것이 좋다. 아래의 진단 테스트에 풀어보자.

1 업무에 도움이 되는 건 가치가 있다.
종이는 업무에 도움이 된다.

위 두 가지 전제가 옳다면,
"종이는 한 장이라도 가치가 있다"는 결론은

A 옳다
B 옳지 않다
C 어느 쪽도 답이라고 할 수 없다

2 '일주일 이내에 상환하면 이자 없음'이라는 소비자금융 광고가 늘고 있다. 이 사실에 근거하여 다음 중에서 타당한 추론으로 보기 힘든 것을 하나 고른다면?

A 소비자금융의 수입은 금액을 기준으로 일주일 이내 상환이 많다.
B 소비자금융의 수입은 이용자 수를 기준으로 일주일 이내 상환이 많다.
C 소비자금융의 수입은 금액을 기준으로 일주일을 초과하는 상환이 많다.
D 소비자금융의 수입은 이용자 수를 기준으로 일주일을 초과하는 상환이 많다.
E 소비자금융에서는 재대출repeater을 획득하는 게 중요하다.

3 "해발 1500미터가 넘는 고지에서 훈련을 한 마라톤 선수 중 많은 수가 자기기록 단축에 성공했다. 지금까지는 그 원인이 혈중 헤모글로빈의 수치가 증가함에 따라 근육에 산소를 원활하게 운반할 수 있기 때문인 것으로 알려져왔다. 그런데 최근 연구에 의하면 헤모글로빈 수치의 증가보다는 세포 내의 작은 입자인 미토콘드리아가 세포의 에너지원이 되는 아데노신3인산을 합성함에 따라 에너지 대사를 활성화한다고 한다."
이 발언에 대한 타당한 반론을 하나 고른다면?

A 당신이 미토콘드리아 연구를 하고 있으니까 그런 말을 하고 싶은 거겠죠.
B 3일 이내의 짧은 고지 훈련에서는 헤모글로빈 증가를 확인할 수 없지만 아데노신3인산의 합성은 확인되고 있어요.
C 평지에서 하는 일반적인 훈련에서도 아데노신3인산의 합성을 확인할 수 있어요.
D 마라톤 선수뿐 아니라 등반가들도 아데노신3인산이 높은 걸로 알고 있어요.
E 고지 훈련은 근육피로가 심해서 많은 선수들이 부상을 당합니다.

4 "옛날엔 사람들이 복잡한 계산을 하기 위해서 주판을 썼다. 그런데 지금은 전자계산기를 사용하지 주판을 사용하지는 않는다. 수십 년 뒤, 늦어도 100년 뒤에는 전자계산기도 주판처럼 시대에 뒤떨어지는 물건이 될 것이다. 사람들이 발명해낸 물건과 과학의 발전으로 인한 산물은 언젠가는 시대에 뒤떨어지게 마련이고 결국은 사용하지 않게 될 것이다."
이 발언에 대한 타당한 반론을 하나만 고른다면?

A 아시아에는 아직까지 주판을 사용하는 나라가 있어요.
B 선박이나 인쇄기술처럼 개량을 거듭하면서 진화한 물건도 아직까지 사용되고 있어요.
C 전자계산기는 그렇다 쳐도 컴퓨터는 앞으로 어떻게 될까요?
D 독이어dog year* 만큼이나 빠르게 변하는 지금, 수십 년씩이나 기다릴 필요도 없어요.
E 그래도 초등학교에서는 아직 주판을 가르치고 있지 않나요?

5 어느 맥주 회사가 '푸린체purine體**'를 90퍼센트나 격감시키는 데 성공한 맥주를 시판하게 되었다. '푸린체'는 다음 세 가지 특징이 있다.

• 여러 가지 식품이나 일부 알콜 음료에 통상적으로 들어 있는 성분입니다.
• 사람에 따라서는 지나치게 섭취하지 않도록 조심해야 할 필요가 있습니다.
• 그 자체의 맛은 너무 약해서 거의 느낄 수 없습니다.

이러한 사실을 소비자에게 알리려고 한다.
여기에서 이 맥주의 판매를 높이기 위해 필요한 항목을 한 가지 더 추가한다면?

A 물론 '푸린체'의 과도한 섭취를 염려하지 않아도 되는 사람도 있습니다.
B 맥주에 들어 있는 '푸린체'는 주로 맥아에서 유래한 것입니다.
C 와인 중에는 '푸린체'가 들어 있지 않은 것도 있습니다.
D 미각이 예민한 사람은 '푸린체'를 식별할 수 있습니다.
E 소주나 정종에도 '푸린체'가 들어 있습니다.

* 인간의 1년이 개의 7년에 해당하는 것을 빗대어, IT 기술의 급속한 발전을 시사한 말. 세월이 흡사 개의 생애 속도만큼, 즉 7배 이상 빨라지게 되었다는 뜻이다. 같은 의미로, 마우스 이어mouse year는 쥐의 18년, 즉 18배로 빨라지는 속도를 말한다. ―옮긴이

** 세포의 핵에 존재하는 요산 화합물의 원질原質. 맥주나 발포주에 특히 많은데 보통 간에서 분해되어 요산의 형태로 소변에 섞여 배설된다. 단, 과도하게 섭취하면 미처 분해되지 않아서 신장결석, 혹은 통풍의 원인이 된다. ―옮긴이

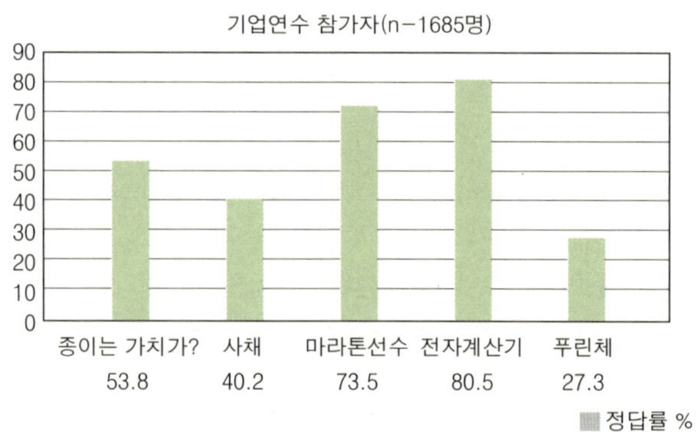

[그림 4-7] 비판적 사고critical thinking 진단퀴즈의 정답률

해답은 338페이지에 나와 있다. 참고가 될 정답률은 그래프와 같다.(그림 4-7) 정답을 맞추고, 못 맞추고는 중요하지 않다. 혹 틀렸더라도 낙심하지 않길 바란다. 또한 '문제가 너무 이상해!'라고 자기자신을 정당화하지 말고 PART 04의 내용을 충분히 숙지하기 바란다.

논리적이라는 건 사리를 알기 쉬운 것

앞서 비판적 사고란 사고의 왜곡에 주의를 기울이면서 '기본이 되는 것을 통찰하고 사리를 명확하게 추론하면서 생각을 구성하는 힘'이라고 말했다. '사리事理'가 명확하게 드러나면 '이치理致'는 쉽게 알 수 있는 것이다.

그런데 이것이 논리적 사고에 관한 오해를 불러일으킨다. '논리적 사고는 어렵다' '이해하기 힘들다'고 생각하는 사람이 의외로 많다. 또한 익숙하지 못한 논리방정식이나 형식논리 문제로 혼란을 겪는 사람도 있다. 그러나 본래 '논리적'이라는 건 '사리를 알기 쉽다는 것'을 의미한다. 사리를 알기 쉽게 하려면 논리의 일관성, 재현성이 필요하다. 즉, 원리원칙을 지켜야 하는 것이다. 다음 세 가지 원칙을 익혀 두면 논리적 사고와 비판적 사고를 충분히 연마할 수 있다.

인과관계의 3원칙을 이해하라

1. 인과관계의 3원칙
2. 벤다이어그램: 필요조건과 충분조건
3. 연역과 귀납

먼저 인과관계에 대해 간단히 보충설명을 해두겠다. 별 생각 없이 인과관계라든지 상관관계라는 말을 사용하고 있는데 인과관계란 원인과 결과의 관계를 가리킨다. 이러한 관계를 유지하기 위해서는 다음의 세 가지 조건이 갖춰져 있어야 한다.

- 시간적 순서: 원인은 결과에 앞서 발생한다. 원인과 결과가 바뀌지는 않았는가?
- 공변共變관계: 일에는 상관관계가 있다. 한쪽이 변하면 다른 한 쪽도 변하는가?
- 제3변수의 배제: 원인 이외의 요인은 영향을 끼치지 않는다. 다른 원인은 없는가?

원리원칙이란 말 그대로 당연한 '이야기'다. 그런데 중요한 것은 이 원리원칙을 능숙하게 구사할 수 있느냐 없느냐 하는 문제다. 이러한 관점에서 상관관계는 인과관계가 성립하는 필요조건이긴 하지만 충분조건은 아니다.

예를 들어, 범죄발생 건수와 아이스크림 판매는 상관관계와 정비례한다고 한다. 그렇다고 해서 범죄방지를 위해 아이스크림 판매를 금지해야 한다고 생각할 사람은 없을 것이다. 범죄발생 건수와 아이스크림의 매출 증가 사이에는 기온 상승이라는 공통된 영향이 있다는 얘기다. 물론 기온상승이 범죄의 직접적인 원인이라는 의미는 아니다. 인과관계가 성립됐다고 할 수 있으려면 앞서 말한 세 가지 요건이 모두 충족되어야 한다. 다음의 사례를 생각해보자.

> 비가 내리기 시작했다. 그러고 보니 조금 전에 제비가 낮게 날고 있었다.

내리는 비와 제비가 낮게 날았다는 사실은 과연 인과관계일까? 답은 인과관계가 아니다.

"내리는 비와 낮게 나는 제비를 보고 '이것은 인과관계다!'라고 주장하는 사람에게 납득할 만한 반론을 제시해보자." 세미나에서 로지컬 리스닝의 연습으로 몇몇 사람에게 이런 과제를 제시한 적이 있다. 그러자 "인과관계가 아니다"라고 주장했던 사람들이 "제비가 낮게 난다고 해서 반드시 비가 오는 것은 아니다"라든가 "제비가 낮게 날지 않아도 비가 올 때가 있다"고 대답했다.

그런데 이 대답으로는 "인과관계가 있다"라는 말을 들을 가능성이 높다. 따라서 냉정하게 앞의 세 가지 요건에 비추어 생각해봐야 한다. 혹은 "제비가 낮게 나는 것이 왜 비가 오는 원인이 될까?" 하고 물으면 된다. 또 한 가지는 "전조前兆는 원인이 아니다"라는 것이다. 제비가 낮게 나는 것은 전조일 뿐이지 원인은 아닌 것이다.

인과관계의 3원칙으로 체크하라

한 가지 더 살펴보자. 버스의 내리는 문 위에는 '벨이 울리면 문이 열리고 닫힙니다'(이 벨은 승객이 누르는 게 아니라 문이 열리고 닫힐 때 나는 소리다)라는 스티커가 붙어 있다.

그렇다면 벨이 울리면 문이 열리고 닫힌다는 사실은 인과관계일까? 인과관계의 3원칙에 비추어 체크해보면 알 수 있다. 먼저, 벨이 울리고 나서 문이 열린다면 첫 번째의 시간적 순서는 성립한다. 두 번째의 공변共變관계 역시, 벨이 계속 울리고 있는 것도 아니고 문이 계속 열려 있는 것도 아니므로 성립하는 것으로 봐도 된다. 그런데 세 번째 요건, 제3변수를 체크하는 게 문제다. 생각해보면 문이 열리는 건 벨이 울리기 때문이 아니라 운전기사가 문이 열리는 스위치를 누르기 때문이다. 맥락

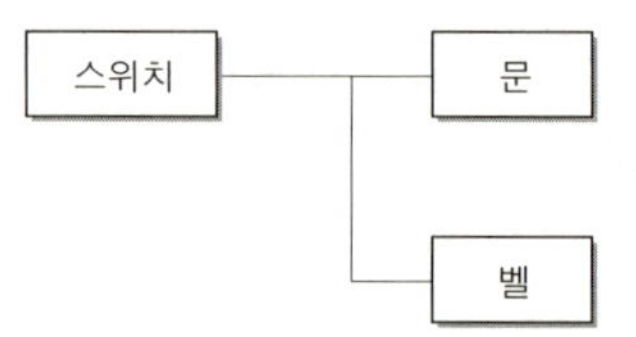

[그림 4-8a] 문과 벨 사이에는 인과관계가 있을까?

을 그려보면 명확해진다.(그림 4-8a)

프레임과 스키마를 맞춰 보는 것은 필수

위의 예를 통해서 문제의 원인은 다른 데 있을 수도 있다는 것을 알았다. '왜?'를 반복하면 이유가 더욱 분명해진다. 그렇다면 '왜?' 운전기사가 스위치를 누르는 걸까?

그 이유는 승객이 내린다는 의사표시를 하기 때문이다. 즉, 내리고자 하는 승객은 '하차용 벨'을 누르고 그에 따라 버스기사는 문 개폐 스위치를 누르는 것이다.(그림 4-8b)

[그림 4-8b] 문과 벨은 인과관계가 있을까?

이는 '프레임Frame(골조)'을 확장하면 원인이 더욱 선명해지는 전형적인 예다. '프레임' 또는 '스키마Schema(설계)'는 문제를 풀 때 '어디까지 붙잡고 있을 것인가' 하는 틀을 가리키는 말이다. 이를테면 줌 렌즈의 초점을 어디에 맞출 것인가 하는 의미다. 실제로 비즈니스 현장에서 문제해결을 할 때 '프레임과 스키마 맞춰 보기'는 필수적인 과정이다. 프레임이 협소하면 숨겨진 원인을 간과해버리기 쉽고, 반대로 너무 넓으면 도저히 문제를 해결할 수 없게 돼버린다.

08 벤다이어그램을 만들어라

다음은 집합으로 옮겨가자. 집합은 대부분의 사람들이 학교에서 배웠을 것이다. 그런데 '어느 쪽이 필요조건이고, 어느 쪽이 충분조건이지?' 하는 암기식으로 배웠던 탓인지 어려워하는 사람들이 많다. 그런데 중요한 것은 벤다이어그램을 그릴 수 있느냐 없느냐다.

여기에서는 앞서 소개했던 비판적 사고의 문제를 벤다이어그램으로 만들어 생각해보겠다.

업무에 도움이 되는 것은 가치가 있다.
종이는 업무에 도움이 된다.

위의 두 가지 전제가 옳다면,
'종이 한 장이라도 가치가 있다'는 결론은,

A 옳다.
B 옳지 않다.
C 어느 쪽도 답이라고 할 수 없다.

어떤 사람은 이 문제가 쉬운 논리퀴즈에 불과하다고 말하지만 정답률은 52.2퍼센트에 불과하다. 또한 개인적으로 답을 말한 다음에 5~6명으로 팀을 만들어 의견일치를 도출해내라고 하자 정답률은 54.5퍼센트였다. 233개 팀 가운데 127개 팀만이 정답에 도달한 것이다. 게다가 5~6명의 멤버가 의견일치를 이루는 데는 적어도 10분, 경우에 따라서는 15분이 걸렸다. 그런데도 정답률이 보여주는 것처럼 절반에 가까운 팀이 옆길로 새버렸다. 팀의 대화 내용을 재현하면 다음과 같다.

팀원이 6명이었을 때 개인적인 정답의 분포는 보통 A가 3명, B가 1명, C가 2명이었다.

A를 선택한 참가자 "이 문제는 'A면 B고 B면 C다. 그러므로 A면 C다'라는 삼단논법 같은데?"
B를 선택한 참가자 "삼단논법은 알지만 '한 장이라도'라는 말이 걸려. 삼단논법은 아닌 것 같아?"
C를 선택한 참가자 "맞아, 만약 '한 장이라도'라는 말이 없었다면 나도 A를 택했을 거야."
A를 선택한 참가자 "하지만, 한 장이라도 종이는 종이지."
C를 선택한 참가자 "그럼, 찢어진 종이도 괜찮다는 말이야? 까만 종이라도?"

맨 처음 A를 택한 사람은 이러한 과정을 통해 다른 팀원들과 타협해버리는 경향이 있다. 정답은 A다. 주의해야 할 것은 '위의 두 가지 전제가 옳다면'이라는 말이다. 벤다이어그램을 그리면 [그림 4-9]가 된다.

A를 택한 참가자는 냉정하게 "찢어진 종이는 종이가 아닌가요?"라는 질문을 했어야 했다. 예전에는 "그러면 문서 절단기로 잘라버린 종이도 된다는 말입니까?" 하고 물은 사람도 있었다. 이 말을 했던 사람은 '종이라고 할 수 없는 것을 제외한'이라는 위의 문제에 깔려 있는 전제를 무시한 것이다.

[그림 4-9] 냉정하게 생각하면 알 수 있다

이처럼 머릿속에 벤다이어그램을 그려 놓으면 논점을 정리하기가 쉽다. 또한 다른 사람 얘기를 들으면서 그 사람의 머릿속에 있는 벤다이어그램은 어떤 모양일지를 생각하면 논의하는 일이 즐거워진다. 벤다이어그램을 머릿속에서 그려보는 것은 로지컬 리스닝을 연마하기 위한 좋은 방법 중 하나다.

벤다이어그램으로 생각하면 대화의 논점이 빗나가는 걸 알아채기 쉽다

다음 대화를 들어보자.

A씨 "그 사람 컨설턴트라면서 논리적인 사고도 못하더라고."
B씨 "그러고 보니 박사학위도 땄던데."
A씨 "뭐! 정말? 더 한심해보이네."
B씨 "하지만 논리적 사고가 안 되는 사람들도 꽤 있어."

'논리적 사고를 할 수 있는 사람' '컨설턴트' '박사학위를 가진 사람' 이 세 가지 집합의 위치관계가 A와 B에게는 각각 다르다. 각각의 벤다이어그램을 생각해보면 대화가 엇갈린다는 걸 쉽게 알 수 있다.(그림 4-10)

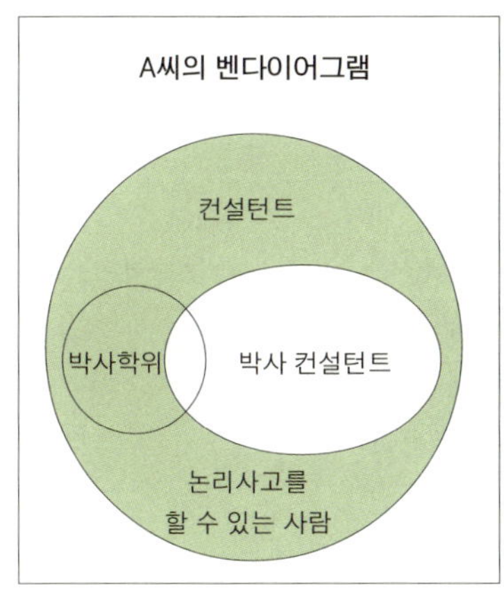

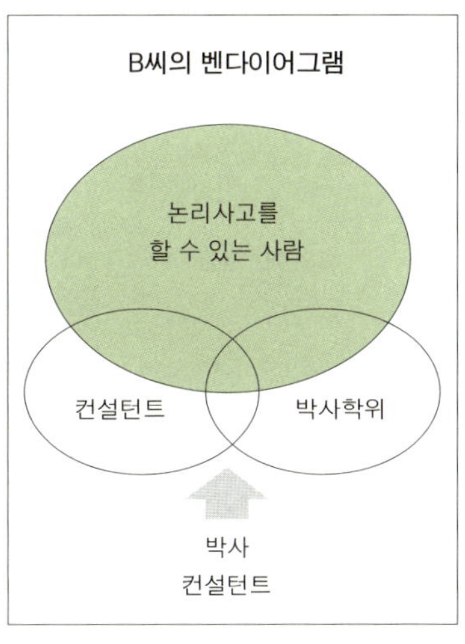

[그림 4-10] 상대방의 벤다이어그램을 생각하라

실제 비즈니스 응용 사례를 소개하겠다. 흔히들 얘기하는 성공요인kfs은 벤다이어그램을 여러 개 겹쳐진 곳에 있다. 예를 들어, 프로젝트 팀의 성공요인으로는 명확한 목표설정, 팀의 역할분담, 멤버의 임무수행 능력, 팀 안팎의 커뮤니케이션, 모니터링 등이 있다. 성공요인은 이 모든 것들이 겹쳐진 부분이다.(그림 4-11)

이것을 의식하고 있다면 "목표가 명확해지면 팀이 잘 굴러갈까?" 하는 물음에 "그건 팀이 잘 굴러갈 수 있는 필요조건 중의 하나지만 그것만 가지고는 충분조건이 되지 않아"라고 대답할 수 있다. 성공요인은 집합의 고리가 겹쳐진 곳에서 만들어지는 필요 · 충분조건인 것이다.

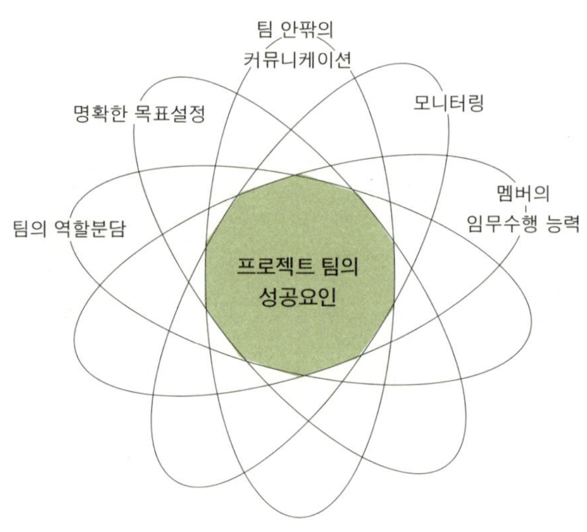

[그림 4-11] KFS는 벤다이어그램이 겹쳐진 부분

09 연역과 귀납

마지막으로 소개할 원칙은 연역과 귀납이다. 이 역시 로지컬 리스닝에는 필수사항이다. 이 말은 논리력에 관한 서적에 자주 언급된다. 그런데 설명하기 어려운 부분이 많다(특히 논리학자들의 책을 보면). 그래서 좀더 알기 쉽게 표현할 수 없을까 고민하던 중 생각해낸 것이 나무쌓기(積木) 모델이다.

'인간은 반드시 죽는다'는 대전제 위에 '소크라테스는 인간이다'라는 소전제를 깔고 '소크라테스는 죽는다'라는 결론을 도출한 것이 '아리스토텔레스의 삼단논법'이다.

이를 나무쌓기 그림으로(그림 4-12) 설명한 이유는 삼단논법으로 도출해낸 결론의 검증이 용이하기 때문이다.

먼저 대전제는 확고한 토대가 필요하다. 즉, 논거로 받아들여질 수 있는 사물의 원칙이나 사실이 확보되어야 한다. 그 다음에 소전제, 결론으로 이어지는 점차 작은 나무가 쌓여가는 게 포인트다. 위에서 내려다본다면 벤다이어그램처럼 보일 것이다.(그림 4-13) 바꿔 말하면 전제의 순서가 잘못돼 있거나 벤다

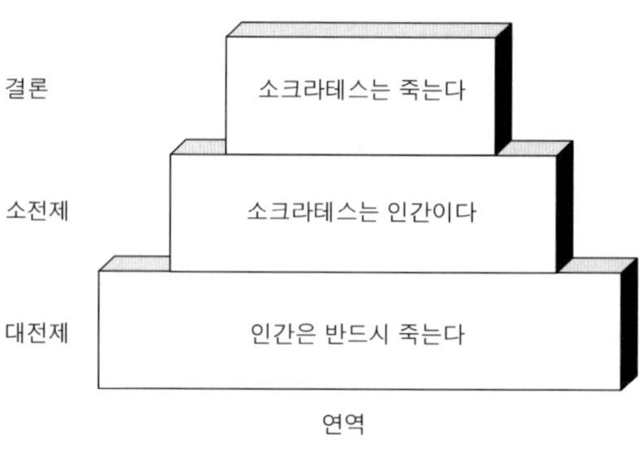

[그림 4-12] 연역법의 조작

이어그램 중 하나가 밖으로 삐져나와 있다면 이상한 결론이 나오는 것이다. 연역법을 제대로 구사하기 위한 포인트는 다음 두 가지다.

- 전제의 타당성 체크, 나무쌓기의 토대는 이상이 없는가?
- 삼단논법 구성의 체크, 벤다이어그램의 위치는?

이 점을 체크한다면 아래와 같은 다소 별난 논리퀴즈도 쉽게 이해할 수 있을 것이다.

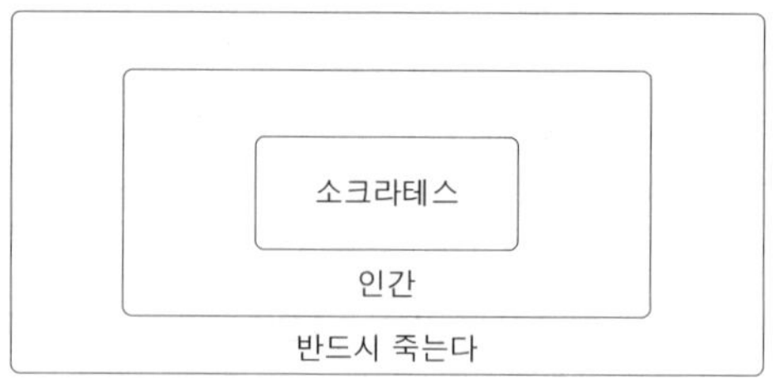

[그림 4-13] 위에서 본 벤다이어그램

모든 게는 집게발이 있다.
가재는 집게발이 있다.
따라서 가재는 그 이름대로(일본어로 가재는 '자리가니'다. 그 이름 속에 게를 가리키는 '가니'가 이미 들어 있다는 뜻) 게의 일종이다.

생물을 전공하지 않은 사람이라도 결론이 이상하다는 걸 알 수 있을 것이다. 문제는 왜 이상한 결론이 나왔느냐 하는 것인데 그림을 그려보면 알 수 있다. 게가 집게발을 가졌지만 집게발을 가진 것들이 반드시 게는 아니다.(그림 4-14)

이 '가재 수사학'을 이용해 주위를 혼란스럽게 하거나 혼란에 휩싸이는 사람이 있다. 딱하게도 '자기 세계'에 틀어박힌 사람들이 이 논법을 자주 이용한다. 다음과 같은 패턴이다.

어느 시대에나 위대한 인물은 별난 사람 취급을 받는다.
나 역시 별난 사람 취급을 받는다.
고로 나는 위대한 인물이다.

집게발이 있는 것은 모두 게다
가재에게 집게발이 있다 해도?

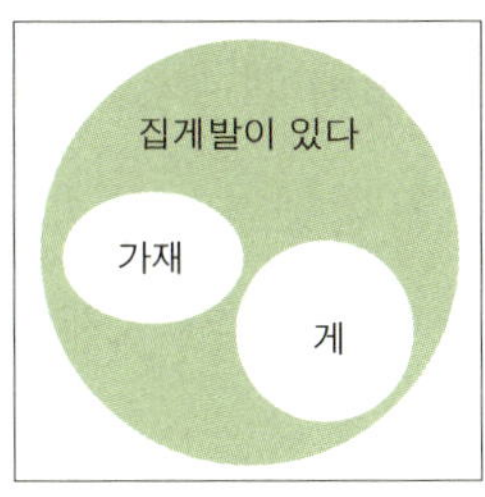

[그림 4-14] 가재는 게인가?

이런 식이다. 이것을 '위대한 인물=게' '별난 사람=집게발'로 바꾸면 이해하기 쉬울 것이다. 즉, 자신을 '위대한 인물'이라고 생각하는 '나'는 '가재'에 해당한다. 말 잘한다는 사람들이 이처럼 어설픈 연역법을 쓰는 경우가 있기 때문에 그런 얘기들이 타당한지 여부를 냉정하게 따져봐야 한다.

귀납법은 옆으로 나란히 나무를 쌓은 것

귀납법이란 개별적인 사례나 사상事象으로부터 공통점을 찾아내 결론을 내리는 방법이다. 나무쌓기를 예로 들면, 가는 나무(=개개의 사실)들을 옆으로 늘어놓고 마지막 결론을 그 위에 얹는 이미지다.(그림 4-15)

이 사례에서 주의할 것은 마지막 나무기둥이 되는 문장이다. '역사상 죽지 않은 사람은 없다'고 했으므로 '사람은 반드시 죽는다'는 결론은 타당한 것이다. 그러나 현실에서는 이 '마지막 나무기둥'을 찾기가 쉽지 않다. 그래서 귀납은 '~일 것이다'는 추측 형태를 취한다. 이를 귀납적 추론이라 부른다.

때문에 귀납법으로 도출해낸 결론이 타당한지 여부를 충분히 음미할 필요가 있다. 먼저 귀납법은 '공통점을 찾아내 결론을 짓는다'고 했는데, 혹 잘못된 공통점을 추출해 결론을 지은 건 아닌지 점검해야 한다. 논리의 세계에서 다음과 같은 유명한 사례가 있다.

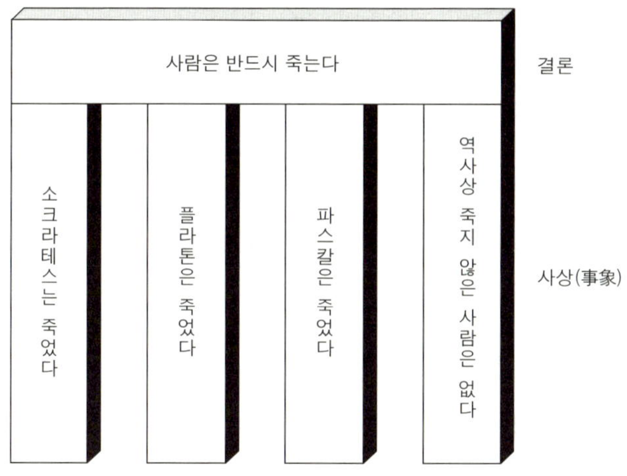

[그림 4-15] 귀납법은 사실을 열거하는 것

샴페인을 마시면 취한다.
맥주를 마시면 취한다.
진피즈gin fizz*를 마시면 취한다.

이들 모두의 공통점은 탄산이 들어 있다는 것이다.
따라서 탄산이 들어 있는 사이다를 마시면 취한다.

이 말은 얼핏 맞는 말처럼 보인다. 하지만 공통항목은 탄산이 아니라 알코올이다.

그렇다면 다음은 어떠한가?

* 진에 설탕과 얼음, 레몬을 섞어 탄산수를 부은 칵테일 음료—옮긴이

카를로스 곤이 닛산 자동차를 재건했다.
루이스 거스너Louis V. Gerstner, Jr.(1942~)*는 IBM을 재건했다.
잭 웰치는 GE(제너럴 일렉트릭)를 재건했다.
고로, 기업재건은 일본인 경영자가 하기엔 무리다.

"이에 대한 반론을 제시해 주시겠어요?" 하고 세미나 참가자들에게 말하면 "재건에 성공한 일본 사람도 있어요" 하고 반론하는 사람이 있다. 그러나 이는 충분한 반론이 되지 못한다. 오히려 "그래? 누가 있는데? 한번 얘기해 봐. 난 적어도 세 명은 알고 있어. 더 얘기할 수도 있어!" 라고 억지를 펴는 사람이 나올까 걱정된다. 이런 사람에게 "그럼, 외국인 경영자가 모두 성공했느냐?" 고 물어보면 "그렇다고 얘기하는 건 아니다" 라고 말할 것이다. 그리고 자신이 일본인 경영자들을 일반화시키고 있음에도 불구하고 차가운 얼굴로 변할지 모른다.

이런 경우에는 '사이다'의 예처럼 "타당한 공통점으로부터 결론이 도출됐는가?" 를 생각하면 된다. 즉, "세 인물의 공통점은 국적일까? 아니면 기업재건에 뛰어난 경영 능력일까?" 를 물어야 하는 것이다. '사이다'의 예에서는 '탄산이 아니고 알코올'이라고 쉽게 말할 수 있었지만 '잭 웰치, 루이스 거스너' 같은 이름이 나오면 무심코 발언자의 지식에 위축돼 휘둘리기가

* IBM 최초의 외부영입 CEO. 1993년 연간 적자 90억 달러의 수렁에 빠진 IBM에 부임하여, 전설적인 성장을 이뤄낸 뒤, 2002년 은퇴했다. —옮긴이

쉽다. '루이스 거스너' 같은 이름을 처음 듣는다 해도 차분히 생각하면 논리를 검증할 수 있다.

그런데 만약 "그렇게 생각하는 건 당신뿐이에요" "그런 일은 없어요" 하고 근거 없는 반론을 편다면 저속한 차원의 입씨름만 일어날 것이다. 때문에 발언자가 깨달을 수 있도록 논리 모순에 초점을 맞추어 반론해야 한다. 이것이 로지컬 리스닝을 이용한 반론인 것이다. 초점을 맞추지 못하면 쓸모없는 논의만 계속된다.

나무쌓기 모델에 따른 연역과 귀납을 이미지로 떠올리면서 상대방의 얘기를 들으면 상대방의 논리 구성 방식을 쉽게 이해할 수 있다. 동시에 말도 안 되는 논리도 어려움 없이 판별할 수 있다. 회사에서 종종 듣는 다음과 같은 발언이 대표적이다.

> "그 사람 연구소에 10년이나 있었어? 어쩐지 곰팡이 냄새가 난다 했지."

이 말에 감춰진 대전제는 '연구소에 10년 있으면 곰팡이 냄새가 난다'는 것이다.(그림 4-16) 물론 이 말은 말도 안 되는 삼단논법이다.

또한 귀납법을 이미지로 그리면 일반화에 따른 오류를 잘 이해할 수 있다. 매스컴은 그 상습범이다. 옆으로 늘어놓은 나무 한 토막 가지고도 억지 결론을 내리기 때문이다. 예를들어, '종

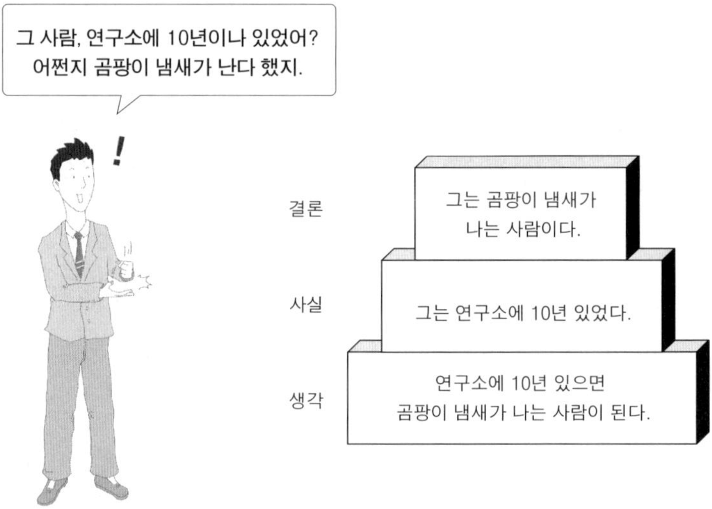

그 사람, 연구소에 10년이나 있었어?
어쩐지 곰팡이 냄새가 난다 했지.

결론 — 그는 곰팡이 냄새가 나는 사람이다.

사실 — 그는 연구소에 10년 있었다.

생각 — 연구소에 10년 있으면 곰팡이 냄새가 나는 사람이 된다.

[그림 4-16] 마음대로 생각하는 사이비 삼단논법

합건설 A사가 무너졌다'는 사실이 신문에서는 "종합건설 궤멸의 위기"가 돼버린다.

우리 또한 일상적인 대화에서 "언제나" "전부 그렇게 말하던데?"라는 말을 입에 담고 있지 않은가? "네가 이상한 거야. 그것도 몰라? 전부 다 그렇게 말하고 있어"라는 식으로 말이다. 이처럼 N=1이라는 하나의 사례를 가지고 전부라고 말해버리는 경우가 의외로 많다.(그림 4-17)

귀납법을 제대로 활용하기 위해서는 다음 두 가지 포인트에 유의해야 한다.

• 추출한 사상事象에서 공통점을 찾아내 결론으로 삼았는

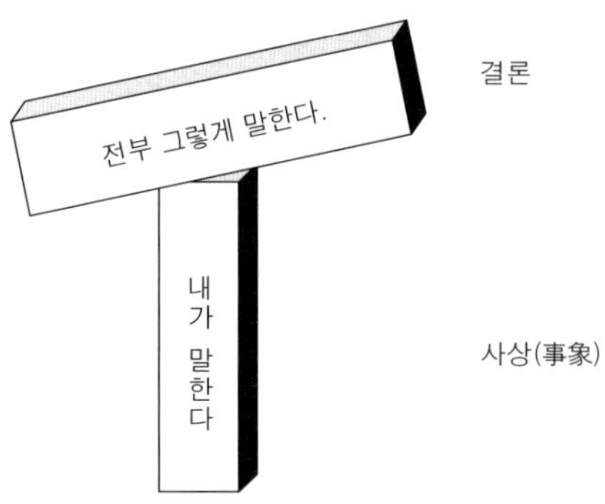

[그림 4-17] '전부 그렇게 말해?'

가? 나열한 나무토막과 결론으로 얻은 나무토막의 관계를 체크하라.

- 추출한 사상(옆으로 늘어놓은 나무토막)이 결론을 뒷받침하기에 충분한가?

10 비판적 독해는 전철 광고로

이와 같이 비판적 사고에 기반을 두고 논리 검증을 하면서 문장을 읽는 것을 비판적 독해라고 한다. 내용이 좋은지 나쁜지, 찬성하는지 반대하는지와 상관없이 논리를 검증해가며 읽어가는 방식이다. 일방적으로 반론을 편다는 의미가 아니다.

앞에서 말한 N=1이라는 귀납법처럼 전철에 붙어 있는 광고, 주간지, 비즈니스 잡지의 소제목들은 이를 위한 좋은 훈련이 된다. 간단한 것부터 소개하겠다.

다음은 어느 영어회화 학원의 광고다.

"'1 대 1도 있다'와 '1 대 1 뿐이다'는 다른 의미입니다."

이 영어회화 학원은 1 대 1 원어민 강좌가 있다는 걸 강조하고 있었다. 그리고 "우리 학원은 1 대 1로 편안한 환경에서 영어를 배우기 때문에 학습 효과가 뛰어나다"라는 설명을 덧붙였다.

이 글을 읽고 "1 대 1로 배우면 편안해지나?"라는 소박한 의문을 제기할 수 있다. 이 광고를 본 건 지난해였다. 그래서 비판적 독해의 제재題材로 사용하면 좋겠다고 생각하고 있었는데 이 책을 쓰고 있던 어느 날 다음과 같은 광고로 바뀌어 있었다.

"레스토랑에서 맞선을 보는 장면이 아니라 카운터에서 대화를 나누는 장면을 떠올려주세요"

눈길을 끄는 카피 다음엔 학원에 대한 설명이 있었고 마지막에 '1 대 1 → 편안하다 → 숙달된다'라는 카피가 쓰여 있었다. 어쩌면 누군가가 이전 광고에 논리적인 문제가 있다고 지적해서 나온 성과일지도 모른다.

광고 카피copy는 카피라이터copywriter가 컨셉concept과 논리를 한정된 공간에 집약하는 작업이기 때문에 재미있는 것들이 많다. 다음과 같은 것도 있다.

"모든 사람에게 최대 반값으로 서비스를……"

휴대전화의 요금 광고다. 논리적으로 생각하는 사람은 "모든 사람이 아니고, 일부겠지"라고 말할 것이다. 그러나 "일부 사람들에게 최대 반값으로 서비스를……"이라고 말해서는 광고 카피로서의 충격효과가 떨어진다. 아마 그래서 '모든'이라는 말을 썼을 것이다. 최근에는 '모두에게 최대 반값 할인을……'이라는 카피로 바뀌었다.

다음은 읽는 사람의 고정관념을 잘 활용하고 있는 광고다.

"정치경제에 대해 이야기하는 선배보다 스포츠에 대해 이야기하는 선배가 거래처에서 훨씬 잘 먹혀들었다."

스포츠 신문의 광고다. 내가 재미있다고 생각한 것은 간접적으로 어느 정도 논리성을 유지하고 있는 점이다. '거래처'라는 말을 사용한 것을 보면 선배는 영업직, 혹은 그와 관련된 업무를 보는 사람이라고 할 수 있을 것이다(배달도 생각할 수도 있지만 '먹혀들었다'라는 말과는 어울리지 않는다). 만약 '거래처'를 '정치가'나 '대주주'로 바꿨다면 광고는 성공하지 못했을 것이다. 그럼에도 불구하고 그대로 밀고 가서 "정치경제에 대해 이야기하는 선배보다 스포츠에 대해 이야기하는 선배가 정치가에게 훨씬 잘 먹혀들었다"고 한다면 스포츠를 좋아하는 정치가에게는 어울리겠지만 일반적이라고는 할 수 없을 것이다.

피라미드 구조의 횡적 레벨을 생각하라

그럼 더 깊이 들어가서 좀 생각해봤으면 하는 사례를 소개하겠다. 어느 시사 여론지의 제목으로 "IT, 잘 가라! 세탁기, 어서 오라!"라는 카피가 있었다. 이 카피를 쓴 사람은 "라우터router와 서버는 값이 내려가고 판매량은 정체되어 있다. 반면, 세탁기는 판매가 늘고 있다. 바야흐로 IT 시대는 끝나고 세탁기의 시대가 온 것이다. 제조업은 잊어버린 채 IT산업에 얼이 빠져 있는 경영자는 실격이다!"는 논지를 폈다. 또한 요 몇 년 사이 옆으로 돌거나 비스듬히 도는 방식의 드럼 세탁기가 많이 팔렸다는 것도 그 필자의 논거가 되고 있었다.

"필자가 어지간히 IT를 싫어하나 보네"라는 추론이나 "IT업계에 몸담고 있는 사람으로서 찬성할 수 없어"라는 반론을 선불리 제시하는 건 비판적 독해가 아니다. 어디까지나 '글' 자체의 논리적 정합성과 구성을 비판적으로 읽어내야 한다.

그렇다면 'IT가 라우터 혹은 서버'라고만 파악하고 있는 것이 필자의 문제라는 것을 알 수 있다. 비교하고 있는 'IT'와 '세탁기'는 분류 레벨이 전혀 맞지 않는다. 이것은 논리적 사고의 기본인 '피라미드 구조의 횡적 레벨이 맞지 않는다'는 얘기이기도 하다. 동물에 비유하면 "파충류, 잘 가라! 포유류, 어서 오라!"라고 해야 할 말을 "곰이여, 어서 오라!"라고 하는 격이다.

게다가 치명적인 실수는 '정보가전'이라는 말이 일반적으로 정착돼 있듯이 세탁기 속에는 'IT'가 적용돼 있다는 것이다. 그러므로 "잘 가!"라고 말할 수 없다. 이 비유대로라면 "파충류, 잘 가라! 도마뱀, 어서 오라!"가 돼버리는 것이다.

뿐만 아니라 세탁기는 새 걸로 교체하는 수요 순환이 더딘 가전제품이라는 것도 필자는 간과하고 있다. 현재 드럼 세탁기 내부의 통을 옆으로 돌게 하거나 비스듬히 돌아가게 만든 모델이 확실히 인기 있는 것은 사실이다. 그런데 '이 수요가 한 차례 순환하면 어떻게 될 것인가'에 대한 관점이 빠져 있다. '제조업'의 중요성을 호소하고 싶어 하는 필자의 의도는 이해할 수 있으나 이 카피는 논리적으로 문제가 있다.

로지컬 리스닝의 기본은 상대방의 발언을 이끌어내고 받아들이는 것이다. 결코 상대방을 생각을 고려하지 않고 비판적인 리스닝을 해서는 안 된다. 그러나 필요에 따라서는 상대방 발언의 논리적 타당성을 검증해야 한다. 그런 의미에서 비판적 독해를 부지런히 연습해두는 것이 좋다.

11 일상 언어로 연마하는 논리력

앞서 언급한 대로 논리적 사고의 중요성이 확산되고 이를 배우려는 사람이 늘고 있는 것은 시대의 요구다. 당연히 기쁜 일이지만 한 가지 마음에 걸리는 게 있다. 문어체보다 구어체 언어의 사용빈도가 높다는 점이다. 그런데 우리가 사용하는 구어체에는 세 가지의 문제가 있다.

- 구어체는 논리적 연결이 문어체보다 모호해지기 쉽다.
- 전제前提를 숨기기 쉽다
- 정량적定量的 논의보다 정성적定性的 논의가 많다

첫 번째는 논지의 연결이 모호해지기 쉽다는 점이다. 내가 논리력에 관련한 최초의 책이라고 생각하는 것은 1959년 발행되어 스테디셀러가 된 시미즈 이쿠타로淸水幾太郎의 《논문 쓰는 법》이다.

시미즈 씨는 이 책에서 '~지만'을 경계하라고 말한다. '~지만'을 사용하면 문장이나 말이 모호해지기 쉽다는 점을 지적하고 있는 것이다. 예를 들어 보자.

"이번 사장은 젊지만, 유능해."

'~지만'이란 말에는 '그러나' '그렇지만' '~에도 불구하고'라는 역접逆接의 의미, '때문에' '그래서' '게다가'라는 순접順接의 의미, 또한 '그리고'라는 의미가 모두 포함되어 있어서 혼란을 일으키기 쉽다. 따라서 '~지만'을 되도록 사용하지 않아야 논리가 확실해진다는 점을 씨미즈 씨는 주장한 것이다. 이는 논리적 사고, 특히 작문에서 가장 기본이 되는 주의점이다.

그런데 구어체는 논리가 확실한 접속사들을 사용하지 않는 경우가 너무 많다. 발언자가 자기 발언에 대해 주의를 기울이지 않으면 의미가 전혀 다른 접속사를 사용하게 되는 것이다.

- 이번 사장은 젊은데도 불구하고 유능하다.
- 이번 사장은 젊다. 게다가 유능하다.
- 이번 사장은 젊다. 그래서 유능하다.

이런 식으로 얘기하는 사람은 거의 없다. 대신 무심코 '~지만'이라는 말을 사용한다. 짐작했겠지만 논리를 명확히 하는 접속사를 사용하면 1번 발언은 '젊은 사람은 유능하지 않다'는 전제가 깔려 있는 발언이고, 이는 3번 발언과 정반대의 의미로 해석된다.

위의 문어체 표현을 구어체의 일상 언어로 바꾸면 다음과 같다.

- 이번 사장은 젊지만 의외로 유능해.
- 이번 사장은 젊은데다가 유능해.
- 이번 사장은 젊으니까 유능해.

결국 듣는 사람은 '구어체는 논리적 연결이 모호해지기 쉽다'는 전제를 가지고 있어야 하고 조사나 접속사의 사용에 주의하면서 들어야 한다. 또한 앞에서 얘기한 것처럼 전체적인 논지의 흐름과 맥락을 생각하며 듣는 습관을 가져야 한다.

두 번째는 '구어체는 전제를 숨기기 쉽다'는 점이다. 전제는 논거를 포함한다. 문어체에서 '~해야 한다. 왜냐하면 내가 그렇게 말하니까'라는 말은 별로 사용하지 않는다(그래도 이런 표현을 쓰는 '대단한 사람'도 있다). 하지만 구어체로는 들어본 적이 있을 것이다. 다른 예를 들 것도 없다. 자기 자녀에게 "공부 좀 해라! 아빠가 얘기했으니 꼭 해야 돼!" 하고 말해버리는 경우다. 이는 논리적 접근이 아니라 '억지로 밀어붙이기'다. 억지로 밀어붙이는 것은 아무리 배려해서 말한다 해도 '권위, 힘'이라는 논거가 뒤에 남는다.

뿐만 아니라 일상적인 대화에서도 논거가 뒷받침되지 않은 발언이 많다. 예를 들어, "뭐, 특별한 이유는 없어. 그냥" "이유는 많은데 너무 많아서 모르겠네" 같은 말들이다. 또한 감정적으로 논의에 빠져버리는 사람이나 사고정지 상태에 있는 사람도 있다. 이런 경우는 논거를 잘 이끌어내야 한다. 이에 대해서는 다음 장에서 소개하겠다.

논거를 이끌어내기 전에 '발언에 깔려있는 전제'가 무엇인지 생각하는 훈련을 해두는 것이 좋다. 앞서의 예처럼 "이번 사장은 젊지만, 의외로 유능해"라는 발언의 전제는 쉽게 알 수 있다. 하지만 그렇지 않은 경우가 더 많다.

전제에 관한 재미있는 발언도 있다. 어떤 연수 세미나에서 휴식 시간에 한 참가자가 오더니 "이 연수는 멍하니 있을 수가 없네요" 하고 말한 적이 있었다. 이 말에는 "연수는 멍하니 있어도 괜찮다"는 전제가 깔려있는 것이다. 또 어느 출판사 직원이 내게 "후나카와船川 씨가 지금까지 쓴 책은 전부 직접 쓴 겁니까?"라는 말을 건넸다. 이 말을 듣고서 나는 '실제로 누가 대필해주는 책'도 있다는 사실을 알게 되었다.

양적인 논의와 질적인 논의

마지막으로 양적인 논의와 질적인 논의에 대해 설명하겠다. 구어체는 데이터를 하나하나 인용하기 어려운 만큼 양적인 논의보다 질적인 논의가 많다. 먼저 비판적 사고 퀴즈로 생각해보자.

"내 미국인 친구인 톰, 마이클, 짐은 공동체성이 없다. 따라서 미국인은 공동체성이 없는 국민이다" 가토加藤 씨의 이런 주장에 대해 당신은 "정말 그럴까?" 하는 반론을 꺼냈다. 아래의 예시 중 그 반론으로 가장 효과적인 논의(입씨름이 아니다)를 하나 고른다면?

A 톰이 실은 일본계 미국인이라는 걸 알고 있습니까?
B '공동체성 없다'고 하는 근거는 뭡니까?
C 내가 알고 지내는 독일 사람도 공동체성 없는 건가요?
D 내가 알고 지내는 미국인들은 모두 공동체성이 있어요.
E 일본 사람 중에도 공도체성이 없는 사람이 있어요.

이 문제의 정답률은 31.6퍼센트다. 의외로 어려운 질문이다. 보통 D를 선택하는 경우가 많은데 이는 틀린 답니다. 이 퀴즈를 체중에 관한 예로 바꿔보자. "톰, 마이클, 짐은 몸무게가 100킬로그램이다. 따라서 미국 사람은 모두 몸무게가 100킬로그램이다" 이런 발언이라면 '몸무게 50킬로그램'인 미국인도 있다는 사례를 들면 된다. 하지만 지금은 '공동체성'이라는 질定性的에 관한 얘기다.

여기서 양적인 논의와 질적인 논의를 정리해보자.

X씨는 Y씨보다 체중이 무겁다.
Y씨는 Z씨보다 체중이 무겁다.
고로 X씨는 Z씨보다 체중이 무겁다.

이 결론은 옳다. 체중에 관한 예를 다음과 같이 부등호로 표시해보면 좀더 알기 쉽다.

X 〉Y

Y 〉Z

따라서 X 〉Z

그렇다면 '무겁다'를 '강하다'로 바꿔보자. 체중에 관한 것이 아닌 종합격투기에 관한 얘기다.

X씨는 Y씨보다 강하다.

Y씨는 Z씨보다 강하다.

고로 X씨는 Z씨보다 강하다.

이렇게 말할 수 있을까? 이것은 결코 답이 될 수 없다. 가위바위보 관계가 성립하기 때문이다.

여기서 생각해보자. '무겁다'를 '강하다'로 바꿔놓기만 했는데도 한쪽은 맞고 다른 쪽은 맞지 않는다면, 기호론을 거론할 필요도 없이 논리의 일관성이 무너지게 된다. '무겁다'나 '강하다'는 말은 그 자체로는 질적定性的인 말이다. 그러나 '무겁다'는 말은 공유된 지식으로 절대적인 정량지표定量指標로 표시된다(체중을 잴 때마다 변하지 않겠느냐는 논의는 차치하고). 따라서 부등호 관계가 성립하는 것이다. '강하다'는 말 역시 '승률' 같은 것으로 정량화定量化할 수 있다. 만일 위와 같은 퀴즈에서 '강하다'를 모두 '승률이 높다'로 바꾸어 표기하면 부등호는 성립한다.

X씨의 승률 〉 Y씨의 승률
Y씨의 승률 〉 Z씨의 승률
고로 X씨의 승률 〉 Z씨의 승률

그렇다면 이것은 어떨까.

X씨는 Y씨보다 승률이 높다.
Y씨는 Z씨보다 승률이 높다.
고로 X씨는 Z씨보다 강하다.

결론에서 단어를 바꾸면(논리위반이라고 하기 전에) '강하다'는 표현은 상대적인 관계에서만 성립한다는 게 명확해진다. 즉 '무겁다'와 '강하다'의 다른 점은 절대적인 것과 상대적인 것의 차이인 것이다.

즉, 질적인 논의定性論는 정의定義를 확인하지 않으면 논리적인 논의가 이루어지지 않는다. 토론에 대해 제대로 공부한 사람은 언어의 정의를 확인하는 것이 익숙하기 때문에 당연한 얘기로 들릴지 모르겠다. 일단 논리logic만을 염두에 둔 설명으로 이해해주기 바란다.

어쨌든 이쯤되면 위 퀴즈의 정답이 B라는 걸 이해할 수 있을 것이다. 덧붙이자면 C와 D 같은 경우, "내가 알고 지내는 사람은……" 하고 말했는데 만약 상대방이 "그건 당신이 알고 지내는 사람이겠지" 하고 맞받는다면 아마 서로 자기가 옳다는 입씨름이 벌어지고 말 것이다.

12 사고의 3대 기본동작: 나누고, 모으고, 치환한다

비판적 사고를 훈련한 다음 '사고의 3대 기본동작'인 '나누고, 모으고, 치환한다'에 대해 알아볼 필요가 있다. 이 역시 리스닝에 유용하다. 그렇다면 이 세 가지는 무엇일까?

먼저 '나눈다'부터 보자. 사물을 이해하기 위해서는 '나누는' 작업이 필요하다. '나누는 것'을 잘 하면 '알 수 있다'가 되고 '나누는 것'을 못하면 '알 수 없다'가 된다. 즉, '나눈다'는 것은 분석의 첫걸음이자 모든 학문의 기초다. 또한 '나눈다'는 말은 이미 소개했다시피 '비판하다'란 뜻을 가진 'critical'의 어원이기도 하다.

따라서 상대방의 얘기를 들으면서 발언내용이 사실인지 의견인지, 직접 체험한 것인지 간접적으로 들은 내용인지를 적절히 '나누는' 작업은 비판적인 리스닝을 위해 반드시 필요한 요소다.

두 번째는 '모은다'이다. '모은다'는 것은 '나눈' 것들을 그 의미가 이어지도록 정리하는 일이다. 만약 어떤 이야기 각각의 의미를 제대로 '모으지 못했다'면 이야기를 듣는 사람으로부터 말 하려는 이야기의 '핵심이 뭐냐?'는 소리를 듣게 될 것이다. 또한 상대방 역시 반드시 '모인' 이야기를 해주리라는 보장이 없다. 오히려 그렇지 않은 경우가 많다.

따라서 듣는 사람이 '즉' '그러니까' '~라는 말인가요?' 같은 질문을 상대방에게 던짐으로써 이야기의 핵심을 모아야 할 필요가 있다. 그런데 '모으기 위해서'는 구상력構想力이 있어야 한다. 구상력이란 말 그대로 전체적인 생각의 형태를 구축하는 힘이다. 이는 비판적 사고와 창조적 사고에서 반드시 필요한 능력이다. 우리는 끊임없이 "So what?"에 대해 생각해야 한다.

세 번째는 '치환한다'이다. 치환하는 것에는 두 가지 기능이 있다. 문제를 파고 들어가 검증을 하기 위한 기능과 메시지를 전하기 위한 기능이다. 첫 번째 기능인 '검증을 하기 위한 치환'은 전제조건과 제약조건을 치환하는 방식이다. 예를 들어, "지금, 너무 황당해"라는 상대방의 발언에 대해 "전에는 어땠는데요?" 하고 물어보면 시간축을 치환할 수 있다. 또 "다른 나라는 어떤데요?" 하고 물어보면 공간축을 치환하는 것이다.

두 번째 기능인 '메시지를 전달하는 치환'이라는 것은 모델model화하는 것이다. 대표적인 예는 그림으로 치환하는 경우다. 논리적 사고를 배울 때 사용한 매트릭스나 로직 피라미드(그림 4-18) 같은 것이 대표적이다. 또한 은유metaphor와 유추analogy도 있다. 효과적인 비유를 사용하면 이야기를 쉽게 전

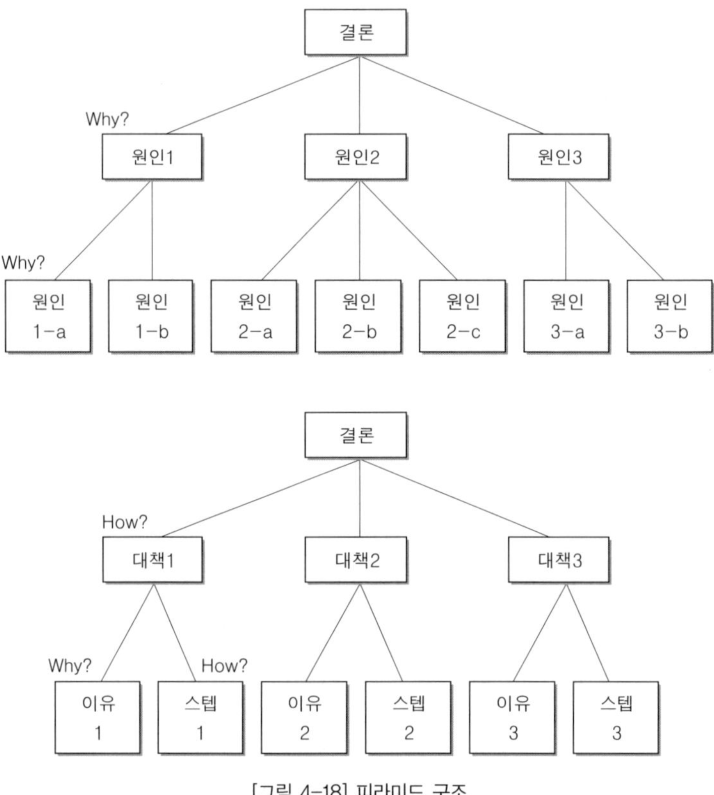

[그림 4-18] 피라미드 구조

달할 수 있다. 예를 들어, "우리 회사는 겉보기엔 외국계 기업이지만 알맹이는 완전히 국내기업이에요. 이를테면 앙꼬로 속을 채운 크로와상 같은 거지요"라는 말은 잘 된 비유다.

은유와 유추를 사용할 때는 논리적 사고가 필요하다

그렇다면 두뇌 운동을 하나 더 해보자. 앞서 얘기와는 반대로 "우리 회사는 국내기업이지만 알맹이는 외국계 기업이에요. 이를테면……"이란 말에 이어붙일 비유는 무엇이 있을까? 어떤 사람은 "버터 볶음밥!"이라고 했다. 그런데 이 비유로는 알맹이와 껍데기, 즉 국내기업과 외국자본의 관계가 잘 드러나지 않는다. "바나나!"(껍데기는 노란색 알맹이는 흰색)라는 대답 역시 다이버시티(diversity, 칼럼 4)에 대한 배려가 없다. 즉, 독창적이지 않다. 알맹이와 껍질, 보이는 것과 보이지 않는 것의 구분을 확실히 해주어야 한다. 쉽게 얘기해서 '앙꼬를 넣은 크로와상'을 반대로 생각하면 그 예를 얼마든지 떠올릴 수 있을 것이다. 커스터드 크림을 넣은 만두, 초콜릿 크림을 넣은 붕어빵 같이 말이다. 이처럼 은유나 유추를 효과적으로 구사하기 위해서는 어느 정도의 논리적 사고가 필요하다. 퀴즈를 한 가지 더 풀어보자.

"우리 회사 인사부는 사원 의식조사employee survey 때만 되면 갑자기 기업이념 교육 같은 세미나를 여는 거 있지. 의식조사 점수를 서둘러 올리려는 거지, 그런데 이건 '사원 의식조사'의 본래 목적에 어긋나는 거 아니야? 비유하자면……" 이 말 뒤에 이어질 적절한 비유를 고른다면?

A 선거 때의 매수공작
B 종합검진을 앞둔 금주
C 한 박자 늦게 내는 가위바위보
D 주주총회 방해 작전
E 리콜 은폐

타당한 비유는 A : B=C : D의 구조로 되어 있다. 때문에 '의식조사 : 교육 세미나=종합검진 : 사전 금주' 라는 구조를 이해하는 것은 그리 어렵지 않을 것이다.

은유는 점대칭, 유추는 면대칭

은유는 전문분야가 다른 상대방이 이해하기 쉽도록 설명하는 효과가 있다. 예를 들어, 재활용 가능한 플라스틱으로 주목받고 있는 바이오 플라스틱 분야의 1인자 도이 요시하루土肥義治 씨는 미생물이 에너지 저장물질로 폴리에스테르를 만들어 낸다는 걸 문헌을 통해 알게 되었다고 한다. 그리고 그것이 그를 바이오 플라스틱 분야의 1인자가 되게 한 계기가 됐다고 한다. 그는 "미생물 폴리에스테르의 역할은 인간의 몸속 지방과 같다"고 설명했다. 이 은유를 들으면 나 같은 문외한도 미생물 폴리에스테르가 무엇인지 어느 정도 이해가 된다.

그리고 이들 사례에서 볼 수 있듯이 정밀도가 높은 은유는 A : B=C : D의 구조를 유지한다. 이것은 구조적 은유이자 유추이기도 하다.

수사학 연구자 세토 겐이치瀨戶賢一는 은유와 비유에 대해 '은유는 점대칭, 유추는 면대칭'이라고 설명했다. 이 말은 앞에서 설명한 '종합검진'과 '바이오 플라스틱의 원리'에 대한 예시와도 들어맞는다.

이처럼 '나누고, 모으고, 치환하는 것'이 제대로 된다면 메시지를 보다 전달하기 쉽게 만들 수 있다. 반대로 상대방의 이야기를 들을 때도 '나누고, 모으고, 치환한다'면 효과적으로 이해할 수 있을 것이다.

13 나쓰메 소세키의 MECE

지智에 기대면 모가 난다.
정情을 타면 떠내려간다.
의意를 고집하면 옹색해진다.
이래저래 사람 사는 세상, 살기 힘들다.

나쓰메 소세키夏目漱石의 〈풀베개草枕〉 첫머리다. 이 자연스러운 구절을 이번 PART를 총정리하는 단락의 제목으로 정한 이유는 세 가지다.

첫 번째는 로지컬 리스닝이 균형 잡힌 감각을 필요로 한다는 것이다. 사고력에 대해 이번 PART에서 계속 말해왔지만, 로지컬 리스닝은 어디까지나 종합력이 필요한 기술이다. 아는 것知만으로, 정情만으로, 뜻意만으로는 로지컬 리스닝이 가능하지 않다는 말이다.

두 번째는 소세키가 MECE를 구사하고 있다는 것이다. MECE란 Mutually Exclusive Collectively Exhausted를 줄인 말인데 보통 미씨라고 읽는다. 직역하면 '서로 배타적이면서 전체를 포괄해야'라는 뜻이다. 즉, 중복되지 않으면서 빠짐없이 분석하는 방법이라는 개념이다.

원래는 경영 컨설팅 회사 맥킨지의 사내 용어였는데 컨설턴트 업계에 널리 퍼지면서 정착한 말이다. 지금은 '미씨가 돼 있다, 안 돼 있다'는 식으로 비즈니스 사회에서 자주 사용하는 용어다. 만약 프레젠테이션을 하는데 "이 프레젠테이션은 미씨가 잘 안 된 감이 있다"는 말을 듣는다면 '중복되지 않으면서 빠짐없이' 분석이 돼 있지 않다는 의미다. 지금은 논리적 사고와 관련한 책에 워낙 많이 사용되고 있어서 이 말이 무슨 뜻인지도 모르는 채 사용하는 대학교수가 있을 정도다.

이 MECE는 '나누기'의 기본이다. 중복되어 있고 무엇인가 빠져 있다면 제대로 나눈 것이 아니다. 처음 듣는 사람에게는 '미씨'라는 말이 뭔가 업계의 암호처럼 들릴지도 모른다. 그런데 우리 주변에도 MECE의 개념이 존재한다. 예를 들어, 경영자원을 사람 · 물건 · 돈 · 정보로, 생활의 3요소를 의 · 식 · 주로, 감정을 희 · 노 · 애 · 락으로 분류하는 것처럼 말이다.(그림 4-19) 소세키는 '지知 · 정情 · 의意'라는 의식의 3대요소를 재료로 삼아 사람 사는 세상 이야기를 하고 있는 것이다.

세 번째는 '지知, 정情, 의意가 있어도 이래저래 사람 사는 세상은 살기 힘들다'라는 나무막대 쌓기 형태의 귀납적 논법을 사용했다는 점이다.(그림 4-20)(수학적 귀납법은 아니지만.) 결론이 '경영은 힘든 일이다'도 아니고 '제품 개발은 어렵다'도 아닌

비즈니스에 흔히 사용되는 MECE

- 외적 요인과 내적 요인
- 하드(전략, 재무, 시스템 등)와 소프트(사람, 이념, 문화 등)
- 고정비용과 변동비용 – 가격 구조
- 3C, 즉 Company(본사), Customer(고객), Competitor(경쟁자) – 전략사고의 기본
- 기술, 비용, 서비스 – 우위성에 대하여
- 4P, 즉 Product(제품), Price(가격), Promotion(광고), Place(장소) – 마케팅의 기본
- 사람, 물건, 돈, 정보 – 경영자원에 대하여

우리 주변의 MECE

- 음과 양 – 동양사상의 근원
- 대 · 중 · 소 – 크기
- 의식주 – 생활의 3요소
- 천天 · 지地 · 인人 – 원래는 천문학, 지리학, 인문학으로도 분류
- 타打 · 극極 · 투投 – 격투기의 분류, 지르기打 · 굳히기(極 꺾기, 조르기) · 메치기投
- 달리고走 · 때리고攻 · 막는다守 – 야구선수나 축구선수 등의 조건
- 희 · 노 · 애 · 락 – 감정

[그림 4-19] MECE: 중복되지 않으면서 빠짐없이

'사람 사는 세상'에 관한 얘기다. 그러므로 지知 · 정情 · 의意의 논리적 뒷받침이 빈틈이 없다.

사고력은 습관을 잘 들이면 누구든 높일 수 있다

나쓰메 소세키는 MBA(경영학석사)를 전공하지도 않았고 전문 컨설턴트도 아니다(런던 유학이야 다녀왔지만). 그러나 그는 균형 감각이라는 중요한 테마를 지知 · 정情 · 의意라는 MECE로 '나누고' 완성도 높은 귀납적 논법으로 '모아서' 표현했다. 또한 효과적인 비유(치환) 역시 사용했다.

그 때문인지 그의 작품 중에서도 이 구절은 가장 많이 알려졌

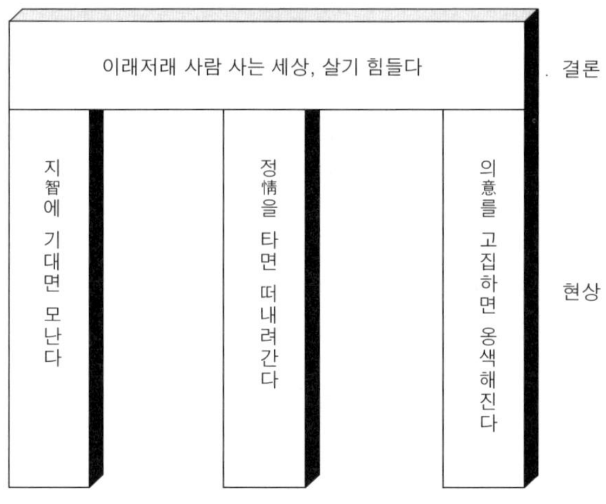

[그림 4-20] 소세키도 사용한 MECE

고 기억에 남는 문장이 됐다. 이처럼 관점을 약간 바꾸기만 해도 사고력을 높일 수 있는 힌트가 우리 주변에 많다. 사고력은 습관을 잘 들이면 누구든 높일 수 있다.

SUMMARY

Logical Listening

- 사고력이란 기본적인 것을 가지고 머릿속에서 생각을 구성하는 힘이다.
- 평소의 사고 습관을 점검하고 필요에 따라 습관을 바꾸면 누구든지 사고력을 높일 수 있다.
- 사고력을 활성화하는 일곱 가지 힌트는,

1. 사고력에 한계란 없다=끝까지 생각하면 답이 나온다 2. 일문십답, 일문백답 3. 사물의 양면을 생각하라 : 사물의 긍정적 측면과 부정적 측면을 봐라 4. 언어를 연마하라 5. 사고 모드를 변환하라 6. 언제나 마음속의 빙산을 의식하라 7. 너 자신을 알라 : 자기 인지력을 높여라

- 창조적 사고는 '무언가를 만들고, 생산해내는 힘' 이다. 비판적인 사고는 '기본적인 것을 가려내고 그 사리私利를 명확하게 추론해 생각을 구성하는 힘' 이다.
- 자유의 정도가 높은 것이 창조적 사고이고 규범을 필요로 하는 것이 비판적 사고다. 비판적 사고에 필요한 규범은 다음과 같다.

1. 인과관계의 3원칙 2. 벤다이어그램 3. 연역과 귀납

- 로지컬 리스닝을 연마하려면 벤다이어그램을 머릿속에 구성하라.
- 나무토막 쌓기積木 모델에 의한 연역과 귀납을 이미지로 그리면서 상대방의 이야기를 들으면 상대방의 논리 구성방식을 쉽게 이해할 수 있다.
- '나누고, 모으고, 치환' 하는 것이 사고의 3대 기본동작이다.

다이버시티

다이버시티diversity란 원래 '다양성'이라는 뜻이지만 여기에서는 '조직 구성원의 다양성'을 의미한다. 1980년대 후반부터 미국에서 국적, 인종, 성별, 연령, 종교, 기타 여러 가지 것들에 대한 다양한 가치관을 인정하자는 움직임이 일어났는데 이것이 다이버시티 운동diversity movement이다. 처음에는 사회적 소수자minority의 지위 향상을 목표로 전개되었다. 그러나 지금은 조직 속에 다이버시티를 도입한다는 것이 다양한 마켓(시장)이나 고객의 요구에 대한 부응, 다양한 가치관에서 생겨나는 창조성의 발휘, 다재다능한 인재를 끌어들이는 기업문화의 양성 그리고 기업의 전략적 우위성을 제고하는 하나의 조건으로 인식되고 있다.

또 다이버시티라는 말 자체가 '다양성'을 나타내기 때문에 다이버시티 정책policy, 다이버시티 독창성initiative, 다이버시티 프로그램 등등으로 조직 속에서 제도화되어왔다. 이러한 움직임은 유럽의 기업은 물론, 아시아 기업에서도 확산되고 있다. 높은 균질성을 전제로 성장해온 일본기업에게 다이버시티의 물결은 피할 수 없는 중요 과제다.

로지컬
LogicalListening
리스닝

Keys to Winning Heart and Minds

PART 05

이야기를 이끌어내기 위한 로지컬 리스닝의 실천

01 로지컬 리스닝의 난이도

지금까지는 로지컬 리스닝에 필요한 커뮤니케이션 능력과 사고력에 대해 살펴봤다. 이번 장부터는 로지컬 리스닝의 실천에 대해 소개하겠다.

먼저 로지컬 리스닝의 '난이도는 무엇에 의해 결정되는가' '난이도를 좌우하는 변수는 무엇인가'를 확인할 필요가 있다. 왜냐하면 난이도에 따라 발휘해야 할 로지컬 리스닝의 정도가 달라지기 때문이다. [그림 5-1]에 나와 있는 대로 로지컬 리스닝의 난이도에는 크게 두 가지 요소가 있다.

가장 먼저 컨텐츠contents 이해의 난이도를 살펴보자. 당연한 얘기지만 평소 자신의 업무에 관련된 전문적인 이야기처럼 이해도가 높은 대화는 듣기가 편하다. 반대로 지식이 없고 처음 들어보는 이야기는 듣기가 어렵다. 물론 전문지식 없이는 아무리 반복해서 들어도 이해할 수 없는 것들도 많이 있다. 하지만 보통 업무와 관련된 것은 조금이라도 관련 지식이 있는 법이다.

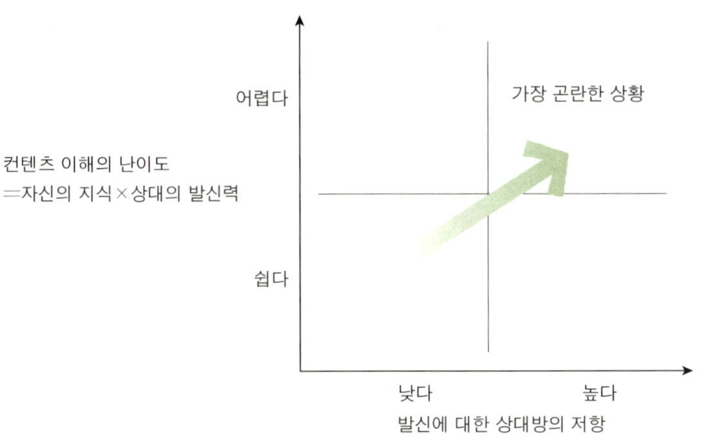

[그림 5-1] 로지컬 리스닝의 난이도(A)

이러한 것들을 기초로 삼아 상대방의 얘기를 잘 이끌어냄으로써 자기 이해의 폭을 넓힐 수 있다. 이때 가장 효과적인 대화 기술이 앞 장에서 소개한 '은유'와 '유추'이다.

발신력은 발화력과 논리력으로 나뉜다

컨텐츠에 대한 자기 이해도뿐 아니라 상대방의 발신력發信力이 높고 낮음에 따라 듣는 사람의 컨텐츠 이해도는 크게 달라진다. 예를 들어, 학창시절에 수학이나 국어가 싫어졌다고 말하는 친구들을 봤을 것이다. 그런데 이런 사람들 중에는 단지 그 과목이 싫어서가 아니라 가르치는 선생님이 싫기 때문인 경우도 있다. 사실 교사라면 가르치는 능력, 즉 발신력을 어느 정도 갖고 있어야 하지만 현실은 그렇지 않다.

발신력은 발화력發話力과 논리력으로 나뉜다.(그림 5-2) 발화력이란 어휘능력과 대화능력을 말한다. 발화력이 낮다는 것은 상대방이 잘 알아들을 수 없게 얘기한다는 걸 의미한다. 발화력이 부족한 사람의 얘기를 듣고 있으면 무슨 말을 하려는지 도무지 알 수 없는 경우가 많다. 학교 선생님들 중에서도 종종 이런 분들이 있다. 이는 반대로 발화력이 뛰어나고 논리구성이 어렵지 않다면 컨텐츠를 이해하기 쉽다는 말이다.

그런데 현실은 그렇지 않다. 발화력과 논리력 중 어느 한쪽만 부족한 사람, 또는 두 가지 능력이 모두 부족한 사람이 의외로 많다. 그런데 사회생활을 하다보면 다양한 사람들을 만나게 되고 대화를 나눠야 하는 일이 많이 발생한다. 물론 그 '다양한 사람' 속에는 방금 이야기한 부류의 사람들도 포함된다. 이 '다양

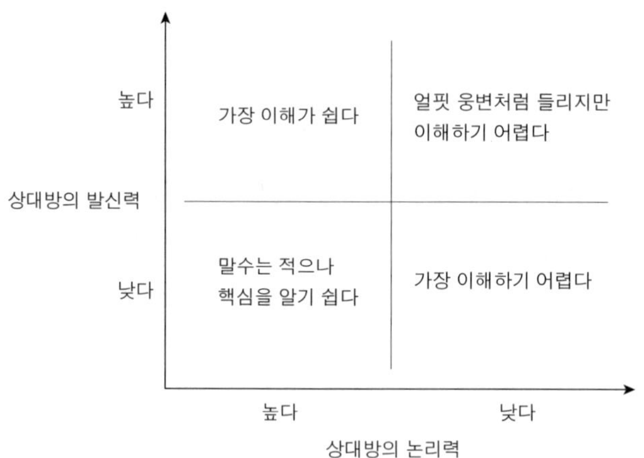

[그림 5-2] 상대방의 발신력에 따라 이해도는 변한다

한 사람'들과 잘 대화하기 위해서는 상대방의 얘기를 잘 이끌어내야 하는 동시에 상대방의 논리구성 역시 정리해가며 들을 수 있어야 한다.

상대방과 대등한 관계 만들기가 중요하다

비즈니스에서 중요한 것 중 하나는 상대방과의 관계이다. 상대방의 이야기를 '듣기' 위해서는 정보제공이든 기술적인 설명이든 무엇인가를 발신해야 한다. 그런데 문제는 상대방이 그 발신에 대해 '협력적인지, 그렇지 않은지', 즉 상대방의 저항이 '강한지, 약한지'이다. 이는 발신자와 수신자의 사회적 위치에 따라 영향을 받는다.

코칭은 코치를 하는 사람과 받는 사람이 대등하다는 걸 전제로 한다. 그러나 비즈니스 현장에서는 상사와 부하직원, 고객과 공급업자 사이의 힘관계力關係를 무시할 수 없다. 때문에 그러한 상황 속에서도 상대방과 대등한 협력관계를 만들 수 있어야 한다. 앞에서 얘기한 학교 사례에서 학생이 선생님에게 주눅들지 않으면서 질문을 던지고 논점을 정리하기란 쉽지 않을 것이다. 특히, 일본은 선생님과 학생 간의 상호작용이 부족하기 때문에 더욱 그렇다.

자신이 알고 있는 분야에 대해 누군가가 뉴스 앵커처럼 명확하게 얘기해주거나 어떠한 질문에도 열린 마음으로 대답해준다면 로지컬 리스닝은 그다지 필요하지 않을 것이다.

'수용 · 공감' 모드는 경청 기술의 기본 중의 기본

앞의 글을 통해 알 수 있듯이 가장 상대하기 어려운 사람은 컨텐츠 이해도는 높지만 상대방과의 협력관계가 낮은 사람이다. 이런 사람을 만났을 때 어디서부터 어떻게 접근하면 좋을까? 물론 자기 이해력을 단번에 높여서 상대방과 좋은 관계를 맺을 수 있다면 좋겠지만 그런 경우는 거의 없다.

우선 자기가 처한 상황을 다시 한 번 파악하고 우선순위가 무엇인지를 판단해야 한다. 앞서 소개했던 '컨설턴트는 싫다'는 말이 나왔던 인터뷰를 예로 들어보자.

발언자는 협력관계가 낮다는 의사표시를 확실하게 했다. 이 상황에서 나의 컨텐츠 이해도는 그동안 진행했던 수많은 인터뷰 경험이 많은 도움이 됐다. 또 기업혁신에 관련된 것은 컨설턴트인 나의 전문영역이기도 했다. 하지만 상대방은 말을 하고 싶어 하지 않았기 때문에 내가 대화를 이끌어가야만 했다. 즉, 문제는 컨텐츠의 이해도가 아니라 상대방의 저조한 발신력이었다.

만약 상대방과의 협력관계가 공고했다면 발신 능력을 향상시키기 위해 "미안하지만 될 수 있는 한 쉽고 명확하게 설명해 주시겠어요?" 하고 부탁하는 것이 가능했을 것이다.

하지만 상대방의 저항이 강하고 협력관계가 약한 경우에는 직접 물어보지 않는 것이 좋다. 그래서 나는 우선 상대방과 친근한 관계를 맺어 협력관계를 구축하려고 했던 것이다.

그러기 위해 상대방에게 조심스럽게 '수용 · 공감' 모드로 다가갔다. '수용 · 공감' 모드는 경청 기술의 기본 중의 기본이다. 이는 카운슬러나 코치들이 자주 사용하는 기술이다.

02 '수용 · 공감' 모드와 '탐색 · 검증' 모드

'말하기 기술'에 비해 '듣기 기술'은 뒤늦게 그 중요성이 부각되었음에도 불구하고 최근 많은 카운슬러들을 통해 사람들에게 소개되고 있다. '어떻게 상대방과 관계를 맺고 어떻게 대화를 이끌어갈 것인가, 어떻게 하면 상대방의 발언에 공감하고 상대방의 의견을 수용할 수 있나'에 대한 것들이 그것이다. 이런 것들은 '듣기 기술'의 기본이다.

그런데 로지컬 리스닝은 또 하나의 기능, 즉 상대방의 발언에 대한 검증과 확인을 동시에 수행해야 한다. 상대방 발언의 타당성을 고려하지 않으면 비즈니스란 불가능하기 때문이다. 결국, 대인능력계에 속하는 '수용 · 공감' 모드와 사고력계에 속하는 '탐색 · 검증' 모드는 모두 필요한 것이다.(그림 5-3)

예를 들어, 컨설턴트가 인터뷰를 부탁하면 "뭐든지 물어보세요. 협력하겠습니다!"라고 말하는 사람도 가끔은 있다. 하지만 본인의 주관적인 생각, 편향된 시각 그리고 이치에 맞지 않는 말을 늘어놓는 사람도 있다. 물론 나는 인터뷰에서 개인의 주관적인 입장을 존중하고 권장하고 있긴 하지만 말도 안 되는 얘기를 늘어놓는 사람은 정말 난처하다.

이런 경우에는 그냥 듣고만 있어서는 안 된다. '수용 · 공감' 모드에서 '탐색 · 검증' 모드로의 전환이 필요하다. 하지만 "말씀하신 게 사실입니까?" 하고 물어서는 안 되는 상황도 있다. '탐색 · 검증' 모드는 '심문' 모드가 아니기 때문이다.

예를 들어, 상대방이 "회사를 합병하고부터는 모두 불평들을 하고 있어요. 새 경영진의 요구사항이 많아서 일이 점점 늘어나고 있거든요" 하고 말했다고 하자.

우선은 상대방의 발언을 '수용 · 공감' 모드로 받아들여서 "그거, 큰일이군요" 하는 식으로 맞장구를 쳐야 한다. 그리고 "구체적으로 어떤 일인가요?"라며 그 내용을 확인해야 한다. 혹은 "그럴 때 지시나 지원은 없는 겁니까?"라고 물어봐서 경

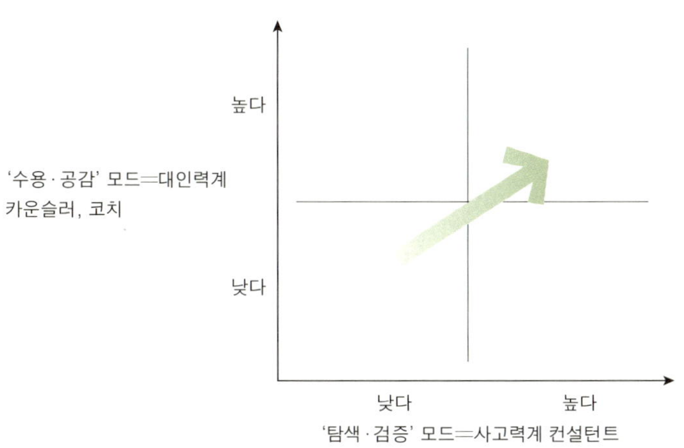

[그림 5-3] '수용 · 공감' 모드와 '탐색 · 검증' 모드를 구사하라

영진이 일을 떠맡기는 것인지, 권한을 위임하려는 것인지를 확인할 필요가 있다.

또 하나는 '모두란 누구인가'라는 것이다. 정말 모든 사원들인지 아니면 일부 사원들인지를 탐색 · 검증해야 한다. 다만 "'모두'라고 하셨는데 누구를 말하는 거죠?" 하고 물어서는 안 된다. 왜냐하면 그렇게 물으면 너무 직선적으로 심문하는 모양이 돼버리기 때문이다. 토론회라면 상관없지만 실제 상황에서는 다른 방법으로 질문해야 한다.

예를 들어, 발언자가 나이든 사람이라면 "젊은 사원들은 어떻게 받아들이고 있습니까?"라고 물어볼 수 있고 발언자가 본사 임원이라면 "현장 근무자들은 어떤까요?"라고 물어볼 수도 있다.

이런 식으로 상대방이 다양한 시각에서 발언할 수 있도록 유도해야 한다. 물론 어느 정도의 수준으로 물어봐야 할지는 상대방에 따라 다르다. '말할 자유는 상대방에게 있다'는 것이 로지컬 리스닝의 중요한 원칙이다. '탐색 · 검증'을 위한 질문 방법에 대해서는 PART 07에서 자세히 소개하겠다.

'수용 · 공감' 모드와 '탐색 · 검증' 모드로 납득시킨다

비즈니스에서는 '수용 · 공감' 모드와 '탐색 · 검증' 모드 양쪽을 모두 활용하지 않으면 안 될 때가 많다. 게다가 다음 사례처럼 좋지 않은 상황도 종종 있다.

내가 알고 지내는 사람 중에 외국계 기업의 인사총괄부문 담당 책임자가 있다. A씨라고 해두자. 그 사람이 가장 신중하게 응하는 인터뷰는 명예퇴직을 권하는 면담이다. 성과주의를 실시하고 있는 기업에서 피해갈 수 없는 것이 성과를 내지 못한 사원에게 퇴직을 권하는 일이다. 면담 자체가 무거운 분위기인 데다가 상대방의 협력을 얻어내기가 쉽지 않다.

이런 상황에서 상대방이 납득하든 말든 자기의 권한으로 상황을 빠져나가려는 경영간부나 관리직도 있다. 그러나 그런 방식으로 일을 처리할 거면 관리직에게 일을 맡길 필요가 없다. 통고 메일 한 통만 보내면 되니까 말이다.

그런데 A씨가 신경 쓰고 있는 것은 상대방이 스스로 납득하고 퇴직을 결정하도록 만드는 일이다. 그래서 그는 어려움이 있더라도 최선을 다해 상대방을 납득시키고 스스로 결단할 수 있을 때까지 대화를 계속한다는 방침을 세우고 있다. 그러나 어떤 사람들은 본인이 성과를 내지 못하고 있다는 걸 자각하지 못한다. 자기 입장을 변호하는 사람이 많은 것이다.

A씨의 역할은 상대방의 얘기를 끈질기게 이끌어내면서 최종적으로 본인이 자각하도록 만드는 것이다. 가능한 한 "서로 기분 좋게 퇴직을 결정할 수 있도록 대화를 한다"고 한다. 이런 정도의 대화가 가능한 사람이라면 자기 자신의 적성과 능력을 자각할 수 있으며 고용 능력employability도 높일 수 있다.

물론 A씨뿐 아니라 성의 있는 인사과 직원이나 관리자들도 그런 배려를 하고 있다. "말만 그럴듯한 얘긴 그만 하세요!"

"그건, 무리예요!" 라고 항변하는 사람들의 기분이 어떤지 그들은 이해하고 있을 것이다.

이처럼 어려운 일일지라도 성의 있게 처리하는 사람이 있다. 바로 '수용 · 공감' 모드와 '탐색 · 검증' 모드를 효과적으로 구사하는 사람이다.

03 효과적인 맞장구란

이번 장에서는 리스닝의 기본인 '수용 · 공감' 모드를 실천하는 데 필요한 '맞장구치기'에 대해 알아보자. 맞장구를 친다는 것은 듣는 사람이 상대방의 얘기를 정확하게 받아들이고 있다는 것을 상대방에게 알리는 행동이다. 맞장구를 침으로써 상대방은 훨씬 편안하게 이야기할 수 있고, 공감대가 형성되기 쉽다.

기업연수나 워크숍에서 강의할 때 참가자들이 맞장구를 쳐주느냐 그렇지 않느냐에 따라 강의의 부담감은 크게 달라진다. 예를 들어, 나는 1년에 두 번 공개강좌를 여는데 그 강좌에서 퍼실리테이터 기술facilitator skill을 다루는 강의를 한다. 이 강의에는 전문강사, 컨설턴트, 기업의 인재개발부문 직원, 프로젝트 매니저 등 다양한 사람들이 참가한다. 그런데 최근에는 매번 전문상담사 몇 명이 섞여 있었다. 그런데 그들의 맞장구는 너무나 자연스러워서 내가 기분 좋게 강의를 진행할 수 있게 해줬다.

반대로 이 책 앞부분에 소개했던 '인사를 하지 않는 문화'가 있는 기업에서는 맞장구를 치는 사람이 극히 적었다. 물론 그런 상황에서도 나는 참가자들의 기분을 북돋우며 진행한다. 오히려 나는 그런 상황을 만나면 의욕이 솟아오른다. 하지만 상당한 에너지를 필요로 하는 건 분명하다.

효과적인 맞장구 기술

이처럼 맞장구를 쳐주는 것과 쳐주지 않는 것은 커뮤니케이션에 커다란 영향을 끼친다. 여기서 효과적인 맞장구치기를 위한 세 가지 요령을 짚어보겠다.

- 상대방의 얘기에 대한 맞장구
- 상황에 대한 맞장구
- 자신의 언어, 비언어에 대한 맞장구

먼저 상대방이 말하는 얘기의 내용에 맞춰 맞장구를 쳐야 한다. 하지만 의외로 이것을 잘 못하는 사람이 많다. 예전에 《NHK》 교육방송에서 '실천 비즈니스 영어회화'라는 프로를 진행했는데 그때 로직 트리logic tree에 대해 소개한 적이 있다. 시청자로부터 "오호Uh-huh 라든가 아이 씨I See만 반복해서는 영어가 늘지 않는다. 그렇게 말했더니 오히려 상대가 당황스러워했다"는 의견을 받았고 그것이 힌트가 돼서 만든 것이다.

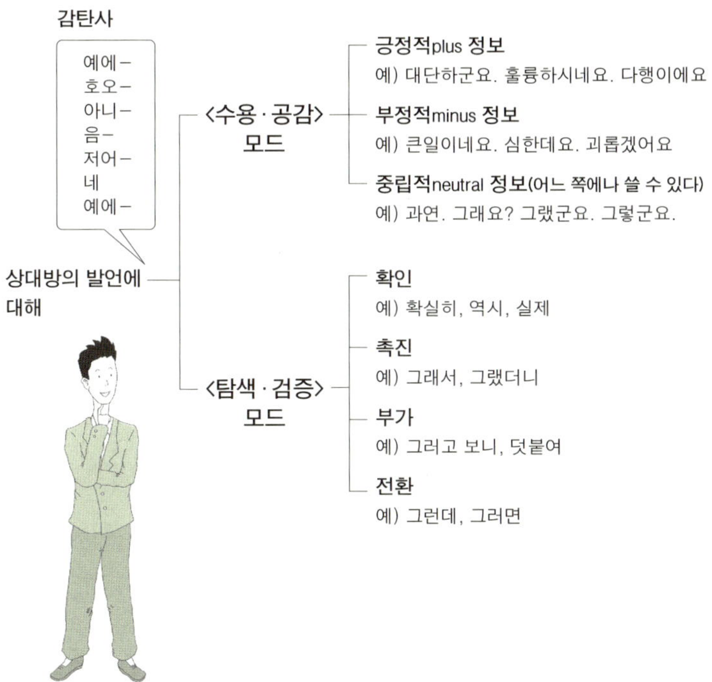

[그림 5-4] 맞장구 로직 트리logic tree

즉, 상대방이 기쁘게 전해주는 내용에는 긍정적으로 밝게 반응하고, 부정적인 정보에는 감정이입을 하면서 차분히 맞장구를 치는 게 핵심이다. 이를테면 상대가 "아들이 대학에 들어갔다"고 말하면 Uh-huh나 I see가 아닌, 적극적인 목소리로 "Great!"라든가 "Wow!" 등의 긍정적인 맞장구를 쳐야 하는 것이다. [그림 5-4]의 맞장구 로직 트리를 참고하기 바란다.

상대방이 기쁜 소식을 전하면 "아!" "그래요?"라고 단순하게 반응해서는 안 된다. 이런 경우에는 "해냈군요!" "잘됐네요!"

"대단해요!"라고 말하며 "정말 축하드립니다!"라고 맞장구를 쳐줘야 하는 것이다.

가령 상대방이 평소 싫어하던 윗사람일지라도 순수하게 긍정적인 맞장구를 칠 수 있어야 한다. 이는 단순한 안부인사가 아니라 커뮤니케이션의 기본이다. 그런데 만약 이런 상황에서 "이야, 역시 부장님 아드님이시네요!!"라고 말한다면 '아부'처럼 보일지도 모른다.

언어와 비언어를 일치시켜라

비즈니스 스쿨의 은사인 모런 교수에게서 배운 교훈 중 하나가 Attitude Leaks Out(태도는 자연스럽게 상대방에게 전달된다)이라는 것이다. '아부'는 상대방에게 그대로 전달된다. 때문에 그것으로는 커뮤니케이션의 질을 높이지 못한다.

그런 의미에서 자기 자신만의 언어, 즉 비언어적 요소가 중요하다. 목소리 톤만이 아니라 상대방이 말하는 내용, 상대방과의 대화 속도, 대화의 화제 등을 고려해 맞장구를 쳐야 한다. 만약 상대방이 조용하게 얘기하고 있다면 차분하게 "그랬군요" 또는 "예" 하고 수긍하는 것만으로도 충분하다.

태도는 신체언어로 나타난다

또한 자신의 언어와 신체언어를 일치시켜야 한다. 사람의 태도는 신체언어로 나타나기 쉽다. 예를 들어, 상대방이 열심히 얘기하고 있을 때 듣는 사람이 빨리 대화를 끝내고 싶은 생각을 갖고 있다면 아무리 상대방에게 맞장구를 치고 있다 하더라도 그 마음이 전달되기 마련이다. 그것을 눈치 챈 상대방이 "아, 죄송해요. 벌써 시간이 이렇게 됐군요" 하고 말하면 민망한 상황이 연출될 것이다.

커뮤니케이션의 기본은 상대방의 이야기를 신중하게 듣고 상대방의 입장에서 생각하는 것이다. 그렇게 하지 않으면 효과적인 맞장구를 칠 수 없을 뿐더러 공감대를 형성하지도 못한다.

04 '탐색 · 검증' 모드의 실천

커뮤니케이션은 캐치볼이라고들 한다. 상대방이 던진 공을 제대로 받지 않으면 안 된다. 즉, 리스닝에서 '탐색 · 검증' 모드로 들어가기 전에 '수용 · 공감' 모드에서 상대방의 발언을 신중하게 받아들이는 것이 중요하다.

즉, 다음과 같은 순서가 기본이다.

'수용 · 공감' 모드로 맞장구를 치면서
상대방의 발언을 받아들인다.

↓

'탐색 · 검증' 모드로 맞장구를 치면서
질문하기 쉬운 환경을 만든다.

↓

질문

예를 들어, 어떤 영업부장이 "요즘, 우리 영업소 매출이 저조

해서 고민이야"라고 말했다. 그때,

"언제부터 판매가 저조한 거죠?"

"누군가가 업무를 게을리하고 있지는 않은가요?"

"원인이 무엇이죠?"

"이 영업소만 판매가 부진한가요?"

"매상이 얼마나 떨어졌어요?"

하는 식으로 5W1H적인 질문을 했다 치자. 그런데 상대방과의 관계가 형성돼 있지 않으면 '판매 부진을 추궁하는 건가!'라고 생각한 상대방이 방어자세를 취할지도 모른다. 또 원인을 물어본다면 "그걸 모르니까 판매가 부진한 거지!"라는 궤변을 늘어놓을 수도 있다.

따라서 "요새, 우리 영업소 매출이 저조해서 고민이야"라는 말에 대해 "참, 큰일이네요. 사실, 다른 영업소도 어렵지 않습니까?" 하고 받아줘야 하는 것이다. 또 '탐색 · 검증' 모드로 들어가 "언제쯤부터 그런 거죠?"라고 질문하면 된다.

상대방이 던진 공은 제대로 받아야 한다

또한 다음과 같이 대화를 진행시킬 수도 있다.

"이전부터 이런 상태가 계속 이어졌던 건가요?"

(대답을 촉진하면서 질문한다.)

"그러고 보니 전에 들은 적이 있습니다만……"

(상대방의 발언에 덧붙이면서 화제를 돌린다.)

"그런데, ○○영업소 사람이 이런 얘기를 하더라구요."

(상대방 발언의 관점을 전환한다.)

이와 같은 '수용 · 공감' 모드의 맞장구가 없다면 대화는 부자연스러워진다.

"요새, 우리 영업소 매출이 저조해서 고민이야"라는 상대방의 말에 "그런데……" 하고 말을 끊는다면 상대방의 얘기를 무시하고 있다는 소리를 들을지도 모른다. 상대방이 던진 공을 받는 것이 아니라 오히려 던져버리는 꼴이 될 것이다.

'탐색 · 검증' 모드는 공감력, 표현력, 즉응력을 구사한다

또한 '탐색 · 검증' 모드에서 맞장구나 연결어가 제때 들어가지 않아도 대화는 어색해진다.

"요새, 우리 영업소 매출이 저조해서 고민이야"라는 상대방의 발언에 대해 "그렇군요…… 그러고 보니 전에 들은 적이 있습니다만"이라거나 "○○영업소 사람이 이런 얘기를 하더라구요" 하고 당돌하게 얘기한다면 상대방은 '도대체 무슨 말을 하는 거지?'라고 생각하기 쉽다.

앞의 사례에서 얘기했다시피 부가나 전환을 할 때 '그러고 보니' '그런데'라는 접속어를 적절히 집어넣으면 상대는 대화를 이어나갈 마음의 준비를 하게 된다. 즉, 말을 편안하게 할 수 있는 환경이 조성되는 것이다. 따라서 다양한 '맞장구 어휘'를 풍부하게 구사할 수 있어야 한다. 연결 접속어 역시 평소에 다양하게 갖춰두는 게 좋다. 이처럼 '탐색 · 검증'을 할 때는 공감력, 표현력 그리고 즉응력卽應力을 충분히 발휘할 필요가 있다. 물론 그에 앞서 리스닝의 기본인 '수용 · 공감' 모드가 잘 이루어져야 한다는 것은 두 말 할 필요도 없다.

05 '왜'라고 묻지 않고도 '왜'인지 알아듣는다

—콜롬보 방식과 리플렉티브 리스닝

Why? So what?이라고 질문하는 것은 논리적 사고의 첫걸음이다. 그런데 앞의 사례와 같이 "왜, 판매가 부진한 거죠?"라고 갑작스럽게 질문한다면 상대방은 책임을 추궁당하고 있다는 느낌을 받을 것이다.

물론 어떤 물건을 사는 사람이 파는 사람에게 "왜, 판매할 수 없다는 거죠?" "왜, 불량품이 나오는 거죠?"라고 물을 수는 있다. 하지만 그 반대 입장은 그렇지 않다. 고객이 "사기 싫어요"라고 말했는데 "왜 사기 싫어요?" 하고 물을 수 없는 것이다. 고객이 "내 맘이지!"라고 하면 그만이다. 그런데도 "왜"라고 물어봐야 하는 상황이 종종 발생한다.

콜롬보 방식은 스파이럴 로직

그렇다면 "왜?"라고 묻고 싶을 때 어떻게 하면 좋을까? 이럴 때 콜롬보 방식을 권하고 싶다. 지금은 한물간 텔레비전 시리즈가 돼버렸지만 과거에 인기 있었던 '형사 콜롬보'라는 드라

마의 주인공이 쓰던 방법이다. 콜롬보 형사는 드라마에서 "당신이 죽인 거요?"라고 직접 묻지 않는다. 아무렇지도 않게 일상적인 얘기를 하면서 상대방이 얘기할 수 있는 환경을 만든다. 문득 정신을 차려보면 상대방은 이미 문제의 핵심을 말해버린 뒤다. "왜?" "그래서, 어떻게 했지?"라는 질문이 직선적인 논리라면, 콜롬보 방식은 스파이럴 로직spiral logic(나선형 논리)이라고 할 수 있다.

내가 콜롬보 방식을 직접 가르치기 시작한 건 지금으로부터 20년 전인 외국계 생명보험 회사에 다니던 때부터다. 그때는 내근직 사원도 3일간 '총력 판매 연수'를 받아야만 했다. 게다가 연수 장소는 거주지와 본적지에서 멀리 떨어진 지연이나 혈연이 전혀 없는 곳이었다. 그 지역은 보험 가입비율이 너무 높아서 "보험에 가입하지 않으시겠어요?" 하고 물으면 문전박대 당하기 일쑤였다. 그때 나는 사전 연수로 콜롬보 방식을 가르쳤다. 굳이 콜롬보 방식이라 말하지 않더라도 영업업무 경험이 많은 사람들은 이미 자연스럽게 실천하고 있는 방식이었다.

미러링과 리프레이징

최근에는 다음과 같은 방법을 소개하고 있다. 예를 들어, 당신이 고객에게 물품구입 제안서를 가지고 갔다고 하자. 그런데 고객이 "이건, 안 되겠어요! 너무 비싼데요?" 하고 말했다면 당신은 "그렇지 않아요"라며 상대방의 발언을 부정해서는 안 된다. 가끔 "그렇다면?" 하고 묻는 사람도 있다. 확실히 "왜?"라고 묻는 것보다는 낫지만 이유를 묻는 질문이라는 점에서는 마찬가지다. 어쩌면 "그러니까, 비싸다는 거 아니에요!" 하고 상대방이 화를 낼지도 모른다.

이런 경우에는 앞서 소개했던 '수용 · 공감' 모드에서 '탐색 · 검증' 모드로 받아들여야 한다. "아, 그런가요? 확실히 비쌀지도 모르겠네요"라고 대답한 뒤 상대방이 말하기를 기다리는 편이 좋다. 그러면 다음과 같은 대화가 이어질 수 있다.

말하는 사람 "알다시피, 우리 경리부장이 워낙 깐깐해서 말이지."
듣는 사람 "아, 경리부장이……."
말하는 사람 "결산하는 6월 말까지는 꼼짝할 수가 없어."
듣는 사람 "6월 말이요?"
말하는 사람 "뭐, 다음 분기 초라면 몰라도."
듣는 사람 "그래요. 다음 분기 때……."
말하는 사람 "다음 분기에 새 경리부장이 와요."
듣는 사람 "새 경리부장이라……."

이런 식으로 말하는 사람의 얘기에 맞장구를 치면서 대화를 계속해야 한다. 그러면 말하는 사람은 자연스럽게 '왜?'라는 질문에 대한 '왜냐하면'을 얘기하게 돼 있다.

이 수법을 미러링mirroring, 혹은 리프레이징rephrasing이라고 한다. 카운슬러들이 곧잘 사용하는 방법이다. 더 정확히 말하자면 리프레이징이 상대방의 언어를 그대로 되풀이하는 것이라면 패러프레이징paraphrasing은 것은 상대방과 거의 대등한 말, 즉 내용에 부합하는 말을 선택해 맞장구를 치거나 대화를 정리하는 방법이다. 이를 리플렉티브reflective 리스닝이라고 하는데 상대방의 이야기를 이끌어내기 위한 듣기 방법의 하나다.(그림5-5) 물론 앞에서 얘기한 것처럼 신체언어와의 조화 없이 리플렉티브 리스닝을 기계적으로 사용한다면 오히려 역효과만 날 것이다.

지금까지는 '상대방의 이야기를 어떻게 하면 이끌어낼 수 있을까'에 대해서 다뤘다. 비즈니스뿐 아니라 커뮤니케이션을 할 때 자주 겪는 어려움은 앞뒤가 맞지 않는 논의와 마주하는 것이다. 즉, 상대방으로부터 이야기를 이끌어냈지만 그 이야기의 논점이 불분명한 경우다. 또 효과적인 반론이 이루어지지 않고 의견 대립만 불거져 커뮤니케이션을 망쳐버리는 경우도 있다. 다음 장에서는 논리적인 논의를 실현하기 위한 로지컬 리스닝을 소개하겠다.

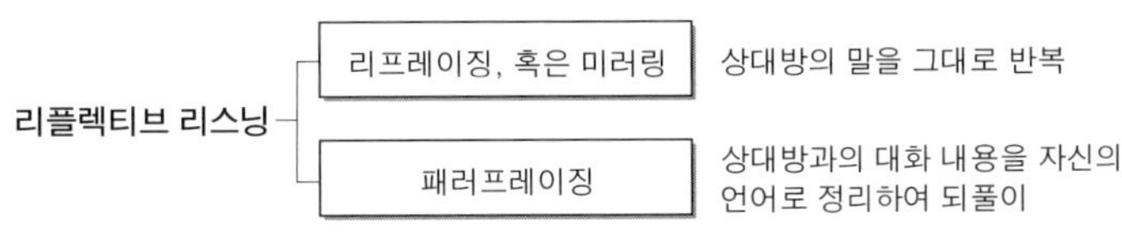

[그림 5-5] 리플렉티브 리스닝이란?

SUMMARY

Logical Listening

- '수용 · 공감' 모드는 리스닝의 기본이다.
- 로지컬 리스닝에서는 대인능력계의 '수용 · 공감' 모드와 사고력계의 '탐색 · 검증' 모드가 모두 필요하다.
- 맞장구를 친다는 것은 듣는 사람이 상대방의 얘기를 정확하게 받아들이고 있다는 것을 상대방에게 알리는 행동이다.
- 커뮤니케이션의 기본은 상대방의 얘기를 정확히 듣고 상대방의 입장에서 사고하는 것이다.
- '탐색 · 검증' 모드를 활용할 때는 공감력, 표현력 그리고 즉응력을 최대한 발휘할 필요가 있다.
- '탐색 · 검증' 모드를 자연스럽게 수행하기 위해서는 다양한 연결어와 접속어를 생각해두는 것이 좋다.
- 리플렉티브 리스닝은 '왜' 라고 묻지 않고도 '왜' 인지를 알아내는 효과적인 방법이다.

로지컬
LogicalListening
리스닝

Keys to Winning Heart and Minds

PART 06

논리적인 논의를 위해 필요한 것들

01 강연회의 질의응답을 통해 얻은 교훈

나는 참가자와 직접 대화를 주고받으며 진행하는 강의를 많이 한다. 하지만 순전히 강연만 하는 경우도 있다. 쌍방향적인 강의를 진행할 때는 참가자가 20명에서 30명 정도지만, 강연을 하게 되면 참가자가 100명에서 500명까지 늘어난다. 이런 대규모 강연의 마지막에는 주최측이 질의응답 시간을 마련해두는 것이 일반적이다. 하지만 나는 강연 중에 불쑥 참가자들에게 질문을 던져서 되도록 일방적인 강의가 되지 않도록 노력하고 있다. 질문은 언제나 대환영이다. 그런데 가끔 질문의 내용 때문에 맥이 빠지는 경우가 있다.

특히 초대를 받아 참석한 학회에서의 질의응답 시간에 그런 질문이 많이 나온다. 적은 수의 사람들이 모여 진지하게 공부하는 모임에서는 거의 그렇지 않지만, 참가자가 많아지면 많아질수록 질문의 질은 떨어진다. 쉽게 말해서 '자기과시를 하고 싶어서 질문하는 건가?'라는 생각이 드는 것들이 너무 많다.

예를 들면, "좀 전에 선생님께서 말씀하신 ○○라는 내용에 관한 것인데요, ㅁㅁ대학의 ○○교수가 △△라는 논문을 썼는데 실은 저도 그 분야에서 20년 가까이 일을 해오고 있습니다만……" 식의 발언이다. '그 분야'가 정말로 강연 내용과 관련이 있고 질문자가 정말 물어보고 싶어서라면 상관없지만, 이런 발언은 질문자의 자기과시 외에는 별다른 의도가 보이지 않는다.

지명도가 높은 연사일수록 이러한 자기과시를 위한 질문 때문에 곤란한 경우를 많이 겪는다. 예전에 IBM을 재건한 루이스 거스너Louis V. Gerstner의 강연에 연사로 초대된 적이 있다. 먼저 거스너가 강연했고 나는 세 번째 연사였다. 나는 앞쪽에 앉아서 강연하는 거스너를 지켜보고 있었다. 그런데 동시통역사가 있었음에도 불구하고 어설픈 영어로 의미도 없는 질문을 하는 사람들이 많았다. 주변의 참가자들도 그런 질문자를 보며 조마조마해 했다. 또 영어가 좀 되는 사람도 '도대체 무슨 얘기를 하고 싶은 거지?' 싶은 질문을 하곤 했다.

그 대표적인 예가 혀 꼬부라지는 영어로 질문을 시작한 어떤 참가자였다. 그는 "미스타 가스나, 아이 워즈 워킹 포 S캄파니"로 시작해 'S사에서 부장으로 있다. 그러니 S사의 사외 직원을 한 적이 있는 가스너 씨와 나는 공통점이 있다'며 무게를 잡으며 말문을 열었다.

그러고는 "요 몇 년 사이 S사의 브랜드 가치가 떨어졌다고 하는데 어떻게 생각하십니까?" 하고 물었다. 그런데 이에 대한 거스너의 대답이 걸작이었다. "S사의 전직 사외 직원 중 한 사람으로서 이 장소에서 그런 질문에 대답하는 건 좋지 않다고 생각합니다"라고 담담하게 말하고는 "다음 질문자는?"이라며 질의응답을 계속했던 것이다. 그날 거스너를 향한 질문의 80퍼센트는 이와 같이 실소를 금치 못할 것들이었다.

해외에서의 질의응답 시간에도 이처럼 진짜로 궁금해서가 아니라 자기과시를 위한 질문을 받는 경우가 있다. 그렇지만 지금까지도 이 강연만큼 자기과시가 심한 질문자들이 잇따랐던 강연은 본 적이 없다. 이런 질문을 한 사람들의 공통점은 거스너의 강연을 제대로 듣고 있지 않다는 것이다. 틀림없이 강연 중에 자기가 어떻게 질문해야 할지를 고민하고 있었을 것이다.

고집은 선택적 리스닝을 촉진한다

리스닝이 안 되는 경우는 자기과시를 궁리하고 있을 때만이 아니다. 고집이 강한 사람도 그렇다. 이번엔 나의 경험을 하나 소개하겠다. 어느 강연회 때의 일이다. 90분이 주어진 강의에서 이런 말을 한 적이 있다.

"다이변多異變 시대를 살아나가기 위해서는 OJT(on-the-job training 직장내 훈련)만으로는 충분하지 않습니다. 먼저 우리의 운영체제기도 한 사고력과 대인관계 능력을 키워야……"

그러자 질문자가 마이크를 손에 들고 이렇게 물어왔다.

"아까 후나카와船川 선생님께서 'OJT는 불필요하다'고 하셨는데요, 그와 관련해 의견이 있습니다."

내가 한 말을 다시 한 번 읽어보면 금방 알 것이다. 나는 'OJT는 불필요하다'고 얘기하지 않았다. 이 강연회에 참가한 나와 친한 사람 한 명은 "그 질문은 시간낭비였어요. 강연을 전혀 듣지 않고 그런 질문을 하더군요"라고 말했다.

질문자를 질책하려는 게 아니다. 내가 말하려는 것은 '고집은 선택적 리스닝을 촉진한다'는 것이다. 정확히 말하면 이 경우는 강연의 일부를 '선택적'으로 들었던 것이다. 즉, 내가 말하지도 않은 내용을 '창조적으로 리스닝'한 것이다.

논리적인 논의를 펴기 위해서

실제 컨설턴트 중에는 "더 이상 OJT는 필요 없어"라고 호언장담하는 사람도 있다. 질문자는 회사에서 OJT를 계속해야 한다는 입장이었기 때문에 'OJT 불필요설에 대해 한 마디 해야겠다'고 마음먹었을 것이다. '커뮤니케이션은 수신자에 의해 결정된다'고 말한 만큼 나에게도 책임은 있다. 오해를 사지 않도록 얘기를 했어야 했다. 그래서 그 다음부터 이 주제를 거론할 때는 "OJT만으로는 충분하지 않습니다. 혹시나 하는 염려 때문에 말씀드리겠는데 OJT가 필요 없다는 건 아닙니다. OJT는 지금도 존재하고 예전보다 더 다양한 사람들을 대상으로 실시해야 하며 조속히 육성해나가야 합니다"는 식으로 설명을 덧붙인다. 이 정도까지 말했는데도 잘못 들을 사람은 없을 것이다.

너무나 기본적인 얘기지만 리스닝을 잘못 하면 논의의 앞뒤가 맞지 않는다. 때문에 말하는 사람은 상대방이 잘못 듣지 않도록 이야기할 수 있어야 한다. '잘못 들었을 경우'에는 제대로 된 내용을 다시 듣고 잘못 들은 부분을 수정하면 된다. 하지만 세상에는 일반적인 상식이 통하지 않는 사람도 종종 있다.

02 정치가와의 대화에서 얻은 교훈

나는 2년 전부터 한 프로그램의 책임강사를 맡고 있다. 그 덕분에 1년에 한 번 정치가들과 대화할 수 있는 기회가 주어졌다. 비즈니스 전선에서 활약하는 사람들과 정치가와의 대화를 이어주는 퍼실리테이터facilitator 역할을 하게 된 것이다.

한 번은 자민당과 민주당에서 '젊은 기대주'라 불리는 의원 세 명과 모임을 가졌던 적이 있다. 내가 먼저 출산율 저하현상* 에 대한 문제제기를 했다. 나는 "앨빈 토플러나 피터 드러커는 10년 전부터 '21세기가 되면 일본은 극적인 인구 감소를 겪게 될 것'이라고 말해왔다. 지금의 급속한 출산율 저하 현상이 현

* 일본은 1975년을 기점으로 출산율이 2.0명 이하로 떨어졌으며 2007년 현재는 1.32명이다. 일본의 저출산 현상이 이대로 지속된다면 100년 뒤에는 인구가 절반으로 줄 것이라는 예측도 나오고 있다. 저출산과 고령화 문제는 서로 상승작용을 하여 노동인구의 감소와 연금긴축 현상으로 나타난다. 이에 따른 내수시장의 축소는 국민경제의 발목을 잡는 커다란 장애요인이 된다. 일본 정부는 부랴부랴 이에 대한 대책을 마련하고 있으나 2006년부터는 본격적인 인구 저하, 즉 초소자화 현상이 나타나고 있다.—옮긴이

실화된 것은 이 문제에 대한 정치가들의 대책이 없었기 때문이 아닌가?"라고 얘기했다. 이에 대해 세 명의 의원은 다음과 같이 답변했다.

궤변의 구조

제일 먼저 민주당의 젊은 기대주가 말했다. "이건 정치적인 사안이 아닙니다. 법률을 만들어서 이러쿵저러쿵할 문제가 아니기 때문입니다"라며 잘라 말했다. 물론, 나는 질문을 하기 전에 '법률 책정'이란 말을 전혀 한 적 없다.

다음엔 자민당의 젊은 기대주의 답변이다. "지금 민주당 의원께서 정치적 사안이 아니라고 말씀하셨지만, 이건 정치 문제가 크다고 생각합니다"라면서 앞서 말한 민주당 의원의 말에 반대 의견을 내비쳤다. 그런데 그 이후의 말은 자민당의 전형적인 답변이라 할 만한 내용이었다. "그렇지만 말입니다, 실은 이 문제가 복잡하게 얽혀 있어요. 에- 또, 지금 이 시대에 '낳아라, 말라' 하는 것도 좀 무리가 있죠. 뭐, 우리로서도, 뭐랄까요 '자라 보고 놀란 가슴, 솥뚜껑보고 놀란다'고 할까요, 에-, 저-, 그런 점에서 다소 어려움이 있기 때문에……" 그 의원은 옛 속담까지 들먹이면서 장장 5분에 걸쳐 얘기했다. 그러나 이렇다 할 내용이 아무것도 없었다. 나중에 신문사 기자에게 이 얘기를 했더니 그 기자는 "정치가나 관료들의 전형적인 테크닉이에요. 그런 사람들은 말꼬투리 잡히는 걸 두려워해요. 의미도 없는 내용을 가지고 좀 까다로운 말을 섞어가며 얘기하는 게 주특기죠" 라고 얘기해줬다.

마지막 답변자는 역시 민주당의 '젊은 기대주'로 불리는 의원이었다. 그의 답변도 마지막을 장식하는 데 어울릴 만했다. "이 문제는 말이죠, 아까 사회자님께서도 말씀하셨듯이 양성평등 사회의 실현이 이루어지지 않았기 때문에 발생한 문제기도 하지만 제가 현장을 돌아다니며 유권자들의 소리를 들어본 결과 그런 문제가 전부는 아니라는 생각이 들었습니다." 여기까지 들었을 때는 나뿐 아니라 다른 10명의 참가자들도 다음 답변에 대한 기대가 높았다. 하지만 다음 순간 그의 입에서 나온 '출산율 저하 현상에 대한 진정한 원인'은 우리들의 예상을 뒤엎었다. "자녀수가 감소한 원인은 말이죠, 환경 호르몬 때문입니다." 그 뒤, 그는 계속 환경문제 얘기만 꺼냈다. 다음날, 이 '정치가와의 대화'를 지켜본 10명의 참가자들로부터 다음과 같은 얘기를 들었다.

"후나카와 씨의 질문을 전혀 듣고 있지 않았던 것 같아요."

"40대밖에 안 됐는데 벌써 그렇다는 게 놀랍네요."

"말하고 싶은 얘기만 하더군요."

"예상은 했지만 그렇게까지 심할 줄은 몰랐어요."

물론, 이번 대화에 참여한 의원은 세 명뿐이기 때문에 그들을 두고 "정치가는 다른 사람의 얘기를 듣지 않는다"고 일반화해서는 안 된다. 그 의원들은 '젊은 기대주'로 지금도 TV에 종종 출연하고 있다. 제발 '궤변의 기대주'가 아니기를 바랄 뿐이다.

이 '소중한 체험'을 통해서 배운 것이 있다. 바로 궤변의 구조를 제대로 이해할 수 있었다는 점이다.

03 궤변을 이겨내는 로지컬 리스닝

《궤변의 논리학》이라는 책을 쓴 노자키 아키히로野崎昭弘는 '궤변'이 사기 또는 절도에 해당한다면, '강변強辯'은 강도에 해당한다고 말했다. 궤변은 어느 정도의 논리를 구사하면서 상대방을 현혹시키는 화법이다. 내가 앞서 경험했던 건 궤변치고는 너무 조잡했다는 생각도 들지만, 그 정도 논법으로도 사람들을 충분히 속일 수 있는 것이다.

반면 강변이란 '공격적으로 억지 주장'을 해서 대답할 말도 없게 만들어버리는 화법이다. TV 토론 프로그램뿐 아니라 버라이어티 쇼에 나와서도 으름장을 놓으며 강변하는 정치가도 있다.

"당신 같은 풋내기가 뭘 알겠어!"

"더 공부하고 다시 나와!"

이런 식으로 말이다. 정치인만이 아니라 대학교수도 종종 강변을 늘어놓는다. 누군가가 질문을 하면 "내 책을 몇 번 더 읽고 와서 물어보세요"라고 하는 경우다.

비즈니스 현장에서도 궤변이나 강변과 맞닥뜨리는 경우가

흔히 있다. 그렇다면 이런 상황을 어떻게 풀어가야 할까? 먼저 정확한 리스닝이 필요하다. 즉, 상대방의 발언을 정확히 듣고 그 의도를 파악해야 한다.

예를 들어, 기술자가 "기술의 '기'자도 모르는 사람하고 무슨 대화를 하겠어요"라고 영업담당에게 말하고, 영업담당은 "제품을 팔아본 적도 없는 사람들하고는 말도 하고 싶지 않네"라고 맞받아친다면 커뮤니케이션은 불가능한 것이다. 만약 그 기술자가 "말하고 싶지 않다"거나 "얼마나 알겠냐"는 식의 말을 그 영업사원에게 내뱉었다면 일단 사과부터 해야 할 것이다. 반대로 기술자가 다른 부서 사원으로부터 강변조로 비판을 받았다면 일단 그 비판을 받아 들은 후 대화를 통해 오해를 풀어가는 것이 좋다.

물론, 강변조의 비판을 극복하고 대화를 진행시키는 것은 쉽지 않다. 하지만 그럼에도 불구하고 대화를 진행시키지 않으면 안 된다. 즉, 상대방의 발언으로부터 도망치지 않아야 한다.

따라서 "기술의 '기'자도 모르는 사람하고 무슨 대화를 하겠어요"라는 말을 들었다면 "정말 문외한이 끼어드는 건지도 모르겠습니다만 이 문제를 해결하기 위해 한 수 배우고 싶습니다"라는 식으로 상대방의 발언을 받아들이고 나서 이쪽의 목적을 얘기하고 협력을 부탁해야 한다.

또는 "실은 저희도 예전에 인사담당자로부터 좋지 않은 소리를 들은 적이 있는데, 처음엔 잘 알지도 못하면서 쓸데없는 얘기나 한다고 생각했습니다"라며 같은 경험을 공유하면서 공감을 이끌어내는 방법도 효과적이다. 앞에서도 말했듯이 상대방이 협력하고 싶어 하지 않는다고 해서 쉽게 포기해서는 안 된다. 먼저 협력관계를 구축해야 대화가 진행될 수 있기 때문이다. 즉, 상대가 아무리 공격적으로 나온다 해도 성심성의껏 되받아줘야 한다.

궤변 대처법

이번에는 궤변에 대한 대처법을 소개하겠다. 강변에 대해서는 물러서지 말고 성심성의껏 받아줘야 한다고 말했는데, 그러기 위해서는 무엇보다 강인한 정신력mental toughness이 필요하다. 여기서 주의해야 할 것이 논리logic다. 상대방의 논리구성을 정확히 듣고 난 후 논리라는 씨름판 위에서 서로 검증해야 한다.

궤변가이자 기변가奇弁家였던 고이즈미 전 총리의 발언을 가지고 연습해보자. 고이즈미 전 총리가 일본 축구 대표팀의 시합을 보러 갔을 때의 이야기다. 이 시합에서 일본팀은 이겼다. 시합이 끝난 뒤 고이즈미 전 총리는 "제가 보러 왔기 때문에 이긴 게 아닐까요" 하고 말했다. 즉, "전 내각 총리대신인 고이즈미 준이치로가 왔기 때문에 이겼다!"고 말하고 싶었던 것이다. 이렇게 말한 고이즈미 전 총리에게 효과적인 반론을 제시해보자.

"그럼, 앞으로 경기가 있을 때마다 와주십시오"라고 말한다면, “제가 그렇게 한가하지 않습니다”라고 받아칠 것이다. “총리가 오지 않았을 때도 이겼어요”라고 말하는 것도 적절하지 않다. “어찌 되었든 내가 왔을 때의 승률은 100퍼센트예요!”라고 할지도 모르기 때문이다. “다음에 왔을 때도 반드시 이길까요?”라고 질문한다면 “승패는 그때마다 달라지는 겁니다”라고 말하며 빠져나갈지도 모른다.

힌트는 고이즈미 전 총리의 머릿속에 있는 전제를 무너뜨려야 한다는 것이다.

“선수들은 당신이 온 걸 몰랐어요”라든가 “전반전이 끝난 뒤에야 총리가 왔다는 걸 선수들이 알았어요. 하지만 이미 전반전에 두 골을 넣었어요” 하고 받아치면 된다. 이 정도 반론이면 “내가 왔기 때문에 선수들이 의욕이 넘쳐 멋진 경기를 했다”는 식의 제멋대로인 논리를 펴지 못할 것이다.

즉, 로지컬 리스닝을 효과적으로 한다면 상대방의 억지주장을 제압할 수 있다는 말이다. 궤변에 현혹되지 않기 위해서는 논리의 원리원칙을 지켜야 한다. 덧붙여 몇 가지 패턴도 함께 익혀두자. 대표적인 사례와 대책을 소개하겠다.

1) 극단론을 들이대며 공격한다

극단론을 들이대면 상대방을 공격하기가 쉽다. 상대방의 의견을 내 마음대로 해석함으로써 발언의 타당성을 부정하는 수법이다. 이는 국회의원들이 자주 사용하는 수법이다. 양쪽 모두가 이런 방법을 사용한다면 논의는 계속 평행선을 그을 것이다. 수십 년 동안 야당과 여당 국회의원들이 이렇게 싸워왔다.

물론, 비즈니스 현장에서도 이런 수법이 종종 보인다. 예를 들어, 회사의 비전을 세울 때 "우리 회사의 방향성을 일정하게 통합해야 한다고 하셨는데 만약 그렇게 똑같은 방향으로 치닫다가 실패하면 어떻게 하실 겁니까?"라거나 성과주의를 도입해야 한다는 주장에 대해 "모든 사원이 돈의 노예가 되라는 말씀입니까?"라고 대답하는 경우다. 이런 경우에는 "그렇게까지 극단적으로 말씀하실 필요는 없습니다"라며 극단론을 배제해 버리면 된다.

2) "가능성이 제로라고 할 수 있어요?"라는 말처럼 100퍼센트, 0퍼센트를 거론하며 자신의 의견을 옹호한다

일반적으로 "가능성이 있다고 100퍼센트 확신할 수 있습니까?" "가능성이 전혀 없다고 말할 수 있어요?"라고 물어보면 쉽게 '그렇다'고 잘라 말하기가 어렵다. 이런 방식으로 자신의 의견을 주장하면 상대방은 그 주장에 말려들기 쉽다. 이런 원리를 이용해 자신의 의견을 옹호하는 사람이 있다. 앞서 소개한 성과주의에 대한 예시에서 "모든 사원이 돈의 노예가 되라는 말씀입니까?"라고 말하는 상대에게 "그건 좀 극단적이지 않습니까?"라고 말했다 치자. 그러면 "그럼, 그럴 가능성이 제로라고 말할 수 있어요?" 하는 식으로 나올 것이다. 그럴 때 이쪽에서 "그럼, 100퍼센트 돈의 노예가 된다고 말할 수 있습니까?"라고 반박하면 앞서 말한 극단론끼리의 응수가 돼버린다. 즉, 대화의 진전이 더 이상 없다. 따라서 "가능성이 제로라고는 말할 수는 없습니다. 그렇다면 꼭 그렇게 된다는 타당성이 있습니까?"라고 논리적인 타당성을 묻는 것이 좋다.

3) 논지와 무관한 상투어를 사용해 상대방의 말을 진부하게 만든다

상대방의 의견을 묵살하거나 진부하게 만드는 상투어들이 있다. 예를 들어, 어떤 질문을 해도 "그건 수준이 다릅니다" 하고 일축해버리는 것이다. 흔히 '논객'이라 일컫는 사람들이 이런 궤변을 휘두르는 경우가 많다. 이럴 때는 "정말 수준이 다른가요?" "본말이 전도됐나요?"라며 자신의 논지를 상대방에게 확인해야 한다.

4) 논거를 밝히지 않은 반론을 반복한다

이것 역시 빈도 높게 사용되는 궤변이다. 논거도 없이 "○○란 그런 게 아니야" "도대체 이게 뭐야" 따위의 말만 반복하는 경우다. 이 경우에는 PART 05에서 다룬 '탐색 · 검증' 모드가 필요하다. "진짜 ○○이란 그럼 뭡니까?" "도대체 이게 뭐냐고 하시는데, 그렇게 말씀하시는 근거가 있습니까?" 하고 논거 제시를 요구해보라.

5) 상대가 모르는 전문용어를 잔뜩 섞어 연막을 피운다

사람의 머리는 처음 듣는 말과 맞닥뜨리면 사고를 멈추기 쉽다. 머릿속에 '?'가 떠오르기 때문이다. '안다' '모른다'는 건 전문영역이 바뀌면 달라지게 돼 있다. 그런데 상대방이 모른다고 바보취급을 하거나 모르는 걸 기회 삼아 제멋대로 논의를 펼치는 사람이 있다. 또한 간단한 말도 일부러 어렵게 이야기하는 사람도 있다. 비즈니스 현장에서 종종 이와 같은 일이 일어난다. 뿐만 아니라 다른 분야에서 근무하는 사람과 얘기하다 보면 상대방이 모르는 전문용어가 자신의 입에서 튀어나오는 경우도 있다. 물론 악의가 있어서 그런 것은 아니다.

이런 경우에는 고민하지 말고 "죄송하지만 제가 알기 쉽게 설명해주실 수 있습니까?" 하고 말하면 된다. 반대로 자신의 일과 관련된 전문용어를 상대방이 이해하기 쉽게 설명하는 연습을 해두는 것도 좋다.

6) 동어반복을 계속한다

동어반복tautology이란 항진명제恒眞命題를 뜻한다. 문자 그대로 어긋남이 없는 명제라는 말이다. "내일은 비가 올 수도 있지만 오지 않을 수도 있다"고 말하면 어긋남이 없다. 당연한 얘기다. 그런데 이를 계속 되풀이하는 사람이 간혹 있다. 궤변이라기보다는 쓸데없는 말장난이기 때문에 이런 사람과 대화하는 것은 시간만 낭비하는 셈이다.

"이 프로젝트는 잘 될 수도 있지만 그렇지 않을 수도 있습니다. 그렇다고 해서 우리가 위험성을 무서워하고 있다는 말은 아니지만 낙관하고 있는 것도 아닙니다. 뭐, 어떤 일에나 위험성은 있는 법이니까……"

한 번 정도는 논지의 확인을 위해 이 방법을 사용할 수도 있다. 예를 들어, 논의가 한쪽으로 치우쳐 있을 경우 양쪽의 주장을 다시 한 번 확인할 수 있다. 하지만 너무 많이 사용하면 이도 저도 아닌 시간낭비만 되는 것이다. 그러므로 이런 경우에는 "그렇다면 말씀하고 싶은 요점이 무엇입니까?"라며 범위를 좁혀서 얘기를 이끌어내야 한다. "그걸 모르니까 이렇게 토론하는 것 아닙니까?" 하고 빠져나갈 듯하면 "그러면 우선순위라도 정해 주시지요?" "주관적인 의견도 괜찮습니다" 같은 말로 다시 상대방에게 물어봐야 한다.

이상으로 궤변에 대한 대처법을 살펴봤다. 마지막으로 강조하고 싶은 것이 있다. 앞서 노자키野崎昭弘 씨가 궤변과 강변의 차이를 '사기'와 '강도'라는 비유를 들어 잘 설명해주었는데 강변은 그렇다 쳐도 악의적으로 궤변을 늘어놓는 사람은 별로 없다고 생각한다. 즉, 사기나 강도처럼 의도를 가지고 저지르는 것이 아니라 자기도 모르는 사이에 궤변의 함정에 빠지는 것이다. 비즈니스 현장에서도 악의적으로 궤변을 늘어놓는 사람이 있다기 보다는 기개가 있는 사람, 말 잘하는 사람, 회사 내에서 논객으로 불리는 사람들이 자기도 모르게 궤변을 늘어놓는 게 아닐까 한다. 고집을 부리면 선택적 리스닝으로 빠지기 쉽다고 앞에서 말했다. 동시에 고집만으로 사람을 설득하려 들면 '궤변의 덫'에 빠지고 만다. 자신이 믿는 것은 굳게 지키더라도 고집은 부리지 않아야 한다는 얘기다. 따라서 자신이 하는 말을 주의 깊게 돌아보고 '궤변의 덫'에 빠지지 않도록 주의해야 한다.

04 효과적인 반론 방법

논리적인 논의를 하기 위해서는 논리적인 반론 역시 필요하다. 그렇다면 논리적인 반론의 3단계를 살펴보자.(그림 6-1)

첫 번째는 상대방의 주장뿐 아니라 논거를 들어야 한다. 《논리 트레이닝》이라는 책을 쓴 노야 시게키野矢茂樹 씨는 "상대방의 주장뿐 아니라 입론立論(주장+논증, 즉 논거에서 끌어낸 결론)까지 들어야 한다" 고 말했다.

왜냐하면 서로 자기주장만 하다보면 논리적인 논의가 결코 이루어지지 않기 때문이다. 야스쿠니 신사 문제를 생각하면 쉽게 이해할 수 있다.

STEP 1. 상대방의 논거를 듣는다.

STEP 2. 상대방의 논증(논거 + 결론)을 검증한다.
1) 논거가 된 사실이나 정보를 검증
2) 논리 전개를 검증

STEP 3. 다른 논리를 제기한다(상대의 주장과 대립되도록 주장을 구성한다).

* 《논리 트레이닝》 참고

[그림 6-1] 반론의 3단계

"야스쿠니 신사에 반드시 가야 한다."
"야스쿠니에 가서는 안 된다. 무슨 수를 써서라도 야스쿠니 신사 참배를 막아야 한다."

이처럼 논거 없이 주장만 하는 사람이나 논증이 결여된 발언을 하는 사람이 우리 주위에 많이 있다.

"중국 경제는 앞으로 성장을 계속할 겁니다. 다소 불안한 요소가 있긴 하지만 계속 성장할 거예요."
"이 프로젝트는 정말 잘 될 겁니다. 이 정도 기개 없이는 안 되기 때문입니다."
"이 개혁은 성공할 겁니다. 왜냐면 적어도 나는 그렇게 믿고 있기 때문입니다."

당연히 패기 없이는 일이 진행될 수 없다. 하지만 논거가 없다면 사람을 납득시킬 수도 없다. 따라서 "그럼 그 이유는 무엇입니까?" "그렇게까지 얘기할 수 있는 근거를 제시해 주세요" 같은 '탐색 · 검증' 모드로 논거를 요청해야 한다.

두 번째 단계는 논증의 검증이다. 여기에는 논거가 된 정보나 사실의 검증 그리고 논리 전개의 검증 두 가지가 있다. 이 두 가지를 확인한 뒤에 필요하다면 잘못된 사실 인식이나 논리의 비약에 대한 반론을 펴야 한다. 예를 들어, "올해도 홍보비를 10퍼센트 올려야 한다. 왜냐하면 작년에도 전년 대비 10퍼센트 올린 덕분에 우리 회사 매출이 신장됐기 때문이다"라는 주장에 대해서는 홍보비 증가가 매출신장으로 얼마나 이어졌는지, 또는 신제품 도입 효과 같은 다른 요인은 없었는지를 검증해 볼 필요가 있다. 혹시 다른 회사보다 더 많은 홍보비를 사용하고도 비슷한 매출신장을 보였다는 사실을 파악하고 있다면 "판촉비 덕분에 매출이 신장됐다고 말할 수 없다"고 반론을 펼 수 있을 것이다.

마지막 단계는 다른 논리를 제기하는 것이다. 다시 한 번 노야 시게키 씨의 말을 빌리자면 다른 견해란 "상대방의 주장에 맞서 주장을 입론하는 것"이다. 주의해야 할 것은 논거를 명확하게 밝혀서 결론을 끌어내야 한다는 것이다. 예를 들어, 전년도 판촉비 인상에 대한 다른 논리는 다음과 같다.

"홍보비를 10퍼센트나 올릴 필요는 없습니다. 왜냐하면 다른 회사도 작년에 우리 회사와 비슷한 매출신장률을 기록했습니다. 즉, 업계 전체의 매출이 신장된 겁니다. 그런데 우리 회사 홍보비는 업계에서도 눈에 띌 정도로 높습니다. 그러니까 홍보비 때문에 우리 회사 매출이 신장된 것이 아니라는 겁니다. 따라서 10퍼센트씩이나 판촉비를 인상할 필요는 없다고 생각합니다."

이 정도로 얘기하면 원래의 발언자는 판촉비로 인해 매출이 신장됐다고 주장할 수 없을 것이다. 물론, 상대방의 의견에 대한 다른 의견을 제시하는 목적이 '판촉비를 10퍼센트나 올릴 필요는 없다'는 것이므로 상황에 따라 "그렇다면 다른 회사들과의 경쟁이 심해지고 있다는 점을 고려해서 판촉비를 5퍼센트 정도만 인상하는 것은 어떻습니까?" 하고 제안할 수 있다. 상대방이 이쪽의 제안을 수용할 수도 있는 것이다.

반대로 이런 상황에서 "왜 자꾸 판촉비 올리자고 얘기하는 겁니까?"라고 말한다면 앞서 소개한 궤변이 되는 것이다. 또 "자꾸 그런 말을 하니까 이익률이 떨어지는 거 아닙니까!" 같은 반론 역시 상대방을 비난하는 것에 지나지 않는다.

효과적인 비판과 비난은 다른 것이다. 문제를 잘 풀기 위해서는 자신의 논거가 상대방의 논거와 어떻게 다른지를 파악하고 이에 맞게 논리적인 주장을 펼쳐야 한다. 물론 대립하지 않고 공존할 수 있는 경우라면 반론을 펴지 않아도 무방하다. 그런 경우엔 더 좋은 의견을 보태면 된다. 이처럼 효과적인 반론을 위해서는 상대방의 논거를 명확하게 파악해야 한다.

05 말버릇에 주의하라

내가 진행하는 강의에서는 참가자들끼리의 의견교환을 중시한다. 의견교환을 하는 가운데 사고력과 대인관계 능력을 연마할 수 있기 때문이다. 프레젠테이션을 할 때도 질의응답 시간을 충분히 갖거나 합의를 이끌어내기 위한 모의 회의를 한다. 이러한 강의 외에도 나는 프로세스 컨설턴트로서 전략회의를 이끌고 있고, 프로젝트 팀 회의에서 퍼실리테이터 역할을 맡고 있다. 이처럼 다양한 곳에서 다양한 사람들과 만나다보면 이해관계 문제로 일이 복잡해지는 경우가 많다.

이런 경우에는 여러 가지 방법으로 의견교환을 시도해보기도 하고 경우에 따라서는 토론을 하기도 하는데, 이를 지켜보면서 느낀 것은 앞서 소개했던 것처럼 논리적인 반론을 하는 사람이 많지 않다는 것이다. 그 원인은 말하는 사람이 로지컬 스피킹을 하지 못하고 듣는 사람 역시 로지컬 리스닝을 하지 못한다는 데에 있었다.

덧붙여서 최근 새로 알게 된 건 언어에 대해 너무 무관심한 사람이 많다는 것이다. 그 결과 조금만 부드럽게 표현했어도 피할 수 있는 싸움을 굳이 하는 경우를 많이 봤다. 더 중요한 본질적인 논의는 하지도 못한 채 시간만 낭비하는 것이다.

예를 들어, 어떤 회사 직원들이 신규 사업에 대한 대화를 나누고 있다고 하자. A는 다른 회사와 제휴를 맺어야 한다고 주장하고 있고 B는 자신들이 자회사를 세워 참여해야 한다고 주장하고 있다. B는 그렇게 해야 자회사를 컨트롤하기가 쉽고 많은 수익도 올릴 수 있다는 등의 장점을 일단 늘어놓은 뒤, 이렇게 말했다.

> "따라서 손쉽게 제휴를 택하기보다는 우리가 독자적으로 참여해야 합니다!"

이 발언은 마치 A의 주장이 '손쉬운' 것처럼 들린다. 그래서 A가 다음과 같이 응수했다.

> "제휴하는 것이 손쉬운 선택이라고 하셨는데 저는 그렇게 생각하지 않습니다. 오히려 뭐든지 자기 힘으로만 하겠다는 생각이 훨씬 손쉬운 것 아닙니까?"

'손쉬운'이라는 말 때문에 비효율적인 논의에 빠지고 만 것이다. 아마 우리 주위에서도 이와 비슷한 일들이 많이 일어날 것이다. 이런 경우만 있는 것은 아니다. 다른 사람이 무슨 말을 하면 일단 부정부터 하는 사람도 있다. 말버릇에는 그 사람의 사고 습관이 쉽게 나타난다.

"그렇지만"
"그게 아니라"
"아니, 틀려"
"그래도"
"그건, 그렇지만"

위와 같은 말이 상대방의 발언 직후에 나온다면 논리적인 반론을 펴기가 어려워진다. 주의해야 할 말들이다. 지금까지의 내용을 이해했다면 내가 이 책에서 권장하고 있는 것이 토론debate이 아닌, 대화dialogue라는 것을 깨달았을 것이다.

06 토론에서 대화로

논의를 즐기는 사람도 논리적인 논지를 펴지 못하는 경우가 많다. 특히 토론 공부를 어설프게 한 사람들에게 그런 경향이 자주 나타난다. 상대방을 설득하는 데 열중한 나머지 자기주장에 빠져서 상대방의 발언을 흘려듣거나 사소한 말꼬투리를 잡아 공격하는 식이다.

확실히 토론은 사고력을 훈련하기 위한 좋은 방법이며 '논리적인 말하기'의 연습도 된다. 그런데 회사에서 요구하는 것, 또는 고객과 만났을 때 필요한 것은 토론이 아니라 대화다. 그 이유는 다음과 같다.(그림 6-2)

우선 토론이란 어느 쪽이 우세하고 열등한지를 판단하는 게 목적이다. 승자와 패자가 갈리는 것이다. 따라서 심판관이 존재한다. 물론 공식적인 심판관이 없더라도 기본적으로 제3자가 어느 쪽이 승자인지를 판단하게 돼 있다. 토론의 전제는 자기의 정당성을 증명하고 상대방의 취약점을 공격하는 데 있다. 그래서 토론에서는 늘 '상대방'과 '나'라는 양자대립 구도가 성

	토론 debate	대화 dialogue
목적	어느 쪽이 맞는지 뛰어난지를 판단한다.	전제를 공유하면서 새로운 관점, 새로운 사고방식을 찾는다.
숨겨진 전제	어느 쪽이든 '정답'을 갖고 있다. 또는 '정답'에 가까운 결론을 갖고 있다.	누구도 '정답'을 갖고 있지 않다. 함께 최적의 해결책을 찾는 것이다.
자기논리의 강점과 약점	자신의 강점을 내세우고, 약점을 방어한다. 또한 상대방의 약점을 공격한다.	자기논리의 강점과 약점을 객관적으로 공유한다.
논점의 조작	하나의 논점(쟁점)에 2항 대립이 있다. 예) 세계화가 옳은가 그른가?	하나의 논점을 다각적으로 본다. 예)세계화의 공과를 정치 · 경제 · 문화 · 환경 · 사회적으로 분석하고, 우리들의 새로운 대안을 모색한다.
주장의 변경	없다.	있다.
대화 형태	자기주장을 변호하고 상대방의 발언은 공격한다.	전제와 객관적인 정보를 공유한다. 또한 상대방의 발언을 경청한다.
중개자의 역할	심판 : '누가 이겼나'를 판단한다.	퍼실테이터 : '어느 선까지 이야기를 끌어내야 하고, 어떻게 합의를 도출할 것인지'를 묻도록 촉진한다.

[그림 6-2] 대화는 토론과 다르다

립되며 그 관점에서 논점을 바라보게 된다.

이와는 반대로 대화는 우열을 가리는 게 목적이 아니다. 대화는 상호 간의 전제를 공유하면서, 공통의 이해를 넓히고, 새로운 발견을 이뤄가는 공동창조의 자세를 취한다. 거기엔 승자도 패자도 없다. 또 대화는 양자 대립적인 것이 아니라 서로 모르는 것들을 공유해가면서 다각도로 관찰해가는 것이다.

대화에서는 유연한 사고가 필요할 뿐 아니라 자신의 논거가 되는 전제 자체를 냉정하게 바라볼 줄 아는 시각이 있어야 한다. 따라서 토론에서는 들을 수 없는 말들이 오간다.

"지금 느낀 건데요, 저는 아까 말씀하신 ㅁㅁㅁ라는 논점에 얽매일 필요는 없다고 생각합니다. 오히려 △△△라는 발상이 납득이 가는데요?" "왜 제가 이런 걸 얘기했냐면 ㅁㅁㅁ라는 전제가 있기 때문입니다. 이 전제 자체에 △△△라는 선입견이 있을지도 모르거든요"라는 식이다. 당연히 대화에서는 자신의 생각을 바꿀 수 있다.

토론과 대화의 차이를 '조해리의 창Johari window'* 으로 보면 더욱 쉽게 이해할 수 있다. 토론을 할 때는 자신의 맹점을 방어하고 상대방의 맹점을 공격한다. 때문에 심판관에게 어떻게 자신이 알고 있는 바를 극대화해 보여주느냐에 초점을 맞춘다. 반면, 대화는 자신의 맹점과 상대방의 맹점을 적극적으로 공유한다. 즉, 공통의 이해를 최대화하는 것이 목적이 되는 것이다.(그림 6-3)

조해리의 창을 통해 다시 한 번 확인할 수 있듯이 비즈니스 현장에서 필요한 건 토론이 아니라 대화다. 다이변 시대에서는 단 하나의 정답이란 존재하지 않는다고 봐야 한다. 다양한 가능성을 열어두고 다양한 입장을 가진 사람들과 함께 공통의 이해를 모색해가는 자세가 필요하다.

* 조 루프트Joe Luft와 해리 잉햄Harry Ingham이 체계화했기 때문에 두 사람의 이름을 따서 '조해리의 창'이라 부른다. 본문의 그림처럼 직사각형을 네 부분으로 자른 모양이 창문 같이 생겨서 붙은 명칭이다. 인간관계에 갈등과 화합이 일어나는 이유는 내가 모르는 나의 부분과 남이 모르는 나의 부분이 서로 차이가 나기 때문이며, 이러한 불일치를 자기노출과 피드백을 통해 극복할 수 있다는 이론이다. —옮긴이

조해리의 창

상대가 \ 자신이	알고 있는 부분	모르는 부분
알고 있는 부분	**공통이해**	**자신의 맹점**
모르는 부분	**상대의 맹점**	**상호 간의 무지無知**

토론

상대가 \ 자신이	알고 있는 부분	모르는 부분
알고 있는 부분		**방어**
모르는 부분	**공격대상**	

대화

상대가 \ 자신이	알고 있는 부분	모르는 부분
알고 있는 부분	**공통이해를 최대화**	**자신의 맹점을 공유**
모르는 부분	**상대의 맹점을 공유**	**상호 간의 무지**

[그림 6-3] 조해리의 창으로 본 대화

SUMMARY

LogicalListening

- 고집은 선택적 리스닝을 촉진한다.
- 상대가 공격적으로 나온다 해도 성심성의껏 되받아줘야 한다.
- 궤변의 대표적인 예는 다음과 같다.
  1) 극단론을 들이대며 공격한다.
  2) "가능성이 제로라고 할 수 있어요?"라는 말처럼 100퍼센트, 0퍼센트를 거론하며 자신의 의견을 옹호한다.
  3) 논지와 무관한 상투어를 사용해 상대방의 말을 진부하게 만든다.
  4) 논거를 밝히지 않은 반론을 반복한다.
  5) 상대가 모르는 전문용어를 잔뜩 섞어 연막을 피운다.
  6) 동어반복을 계속한다.
- 궤변에 대응하기 위해서는 논리적인 근거를 제시해야 한다.
- 효과적인 반론이란 자신의 논거가 상대방의 논거와 어떻게 대립하고 있는지를 파악한 후 자신의 주장을 펴는 것이다.
- 직장에서 요구하는 것은 토론이 아니라 대화다.
- 대화는 상호 간의 전제를 공유하면서 공통의 이해를 넓히고 새로운 발견을 이뤄나가는 것이다.

로지컬 LogicalListening 리스닝

Keys to Winning Heart and Minds

PART 07

집단 내 로지컬 리스닝

01 커뮤니케이션 방식이 팀의 성과를 좌우한다

지금까지는 로지컬 리스닝의 내용과 그 활용에 대해 살펴봤다. 기본적으로 1대 1 커뮤니케이션을 전제로 소개했지만 실제 비즈니스 현장에서는 1대 N, 또는 N대 N으로 이루어진 커뮤니케이션도 있다. 오히려 다수의 사람을 상대하는 경우가 많을 것이다.

지적인 부가가치가 승패를 좌우하는 비즈니스 사회에서는 프로젝트 팀의 업무나 회사 안팎의 회의에서 효과적인 커뮤니케이션이 한층 더 요구되고 있다.

그렇지만 실제로는 진행이 안 되는 프로젝트 팀, 불필요한 논의를 계속하는 회의가 얼마나 많은가. 대체로 팀 프로젝트나 회의에서는 개인이 할 수 있는 것 이상의 성과를 올려야 하는데 오히려 그렇지 못한 경우가 많다. 그래서 집단 내에서의 커뮤니케이션과 로지컬 리스닝에 대해 생각해보고자 한다.

내가 진행하는 연수에서는 팀 단위로 이루어지는 작업이 많다. 팀별로 여러 가지 문제를 해결하도록 하는 것이다. 물론, 개

개인의 사고력을 활성화할 수 있는 개인훈련을 넣어 팀 작업에서 '사고의존증'에 빠지지 않도록 연구하고 있다. 한 팀은 3명에서 6명으로 구성되어 있다. 때로는 참가자 전원이 모여 회의하도록 하는 경우도 있다. 그리고 팀 멤버를 고정시키지 않고 과제별로 매번 재편성하고 있다. 그렇게 하면 참가자는 3일간의 연수에서 약 10회 정도 다른 구성원들로 짜인 팀을 경험하게 된다. 나에게는 3일 동안 최대 40개 팀의 공동 작업을 관찰할 기회가 있다는 얘기다. 이러한 연수를 연간 약 30개 업체에서 실시하고 있는데 이는 내게 아주 좋은 공부가 된다.

이러한 팀들을 관찰하면서 알게 된 것은 커뮤니케이션 방식은 팀의 성과에 큰 영향을 준다는 사실이다. 구성원 각자가 올바르게 사고하여 서로 효과적인 논의를 하게 되면 팀은 높은 성과를 올릴 수 있다. 그렇다면 높은 성과를 올릴 수 있는 팀의 특징은 무엇일까.

1) 목적과 성과물이 무엇인지 구성원 모두가 이해하고 공유하고 있다

'왜 자신이 이 작업을 하고 있는 걸까?'라는 목적을 이해하고 있지 않으면 논의는 방향성을 상실한다. 때문에 목적과 성과물이 무엇인지 명확하게 공유되어 있는가의 여부는 프로젝트 팀에서 최우선적인 필요조건이다.

2) 구성원의 참여를 높이면서 논의를 펼칠 수 있는 퍼실리테이터형 리더가 있다

나는 퍼실리테이터facilitator를 진행·조정·조력 역할을 하는 사람이라고 해석했다. 자신의 의견을 일방적으로 밀어붙이는 리더가 아니라 구성원으로부터 아이디어나 의견을 이끌어내면서 성과를 만들어내는 리더가 필요하다.

3) 개인작업과 협동작업의 균형을 유지한다

팀 작업의 특성은 작업이 상호의존적이라는 것이다. 즉, 단독으로 할 수 있는 일이라면 함께 모일 필요가 없다는 말이다. 반대로 개인이 다른 구성원에게 지나치게 의존해도 좋은 성과가 나오지 않는다.

4) 작업 진행 과정에 대한 모니터링을 한다

이것은 프로젝트 메니지먼트project management의 기본 중의 기본이다. 물론 작업 진행과정에서의 시간 관리도 포함한다. 또 한 가지 빠뜨릴 수 없는 것은 팀 작업의 점검이다. 전체적인 방향에 대한 점검을 위해 모니터링이 필요하다.

5) 거리낌 없는 건설적인 토론이 활성화돼 있다

토론을 꺼리면 실질적인 논의가 불가능해진다. 이 과정에서 상호 간에 비난을 한다면 팀은 와해될 것이다. 팀 리더는 이런 상황을 지혜롭게 이끌어야 한다. 참가자들이 건설적인 토론을 하면서 논의를 진행할 수 있느냐의 여부가 팀이 높은 성과를 올리는 데 중요한 열쇠다.

6) 문제해결과 의사결정에 필요한 공통언어를 공유하고 있다

복잡한 문제나 이해관계가 얽힌 문제일수록 논리적이지 않은 논의나 의견대립이 쉽게 일어난다. 문제해결과 의사결정에 필요한 공통언어를 공유한다면 다양한 입장, 다양한 관점을 활용할 수 있다.

7) 성과를 내려는 동기가 강하다

성과를 내려는 동기는 비교적 간단한 과제를 해결하는 팀으로부터 장기간에 걸친 프로젝트 팀에 이르기까지 모두 필요한 요소다. 성과에 대한 동기가 있느냐 없느냐에 따라 앞에서 열거한 여섯 가지 요건에 대한 자세가 달라진다.

이상을 살펴보면 실제 프로젝트 팀의 성공요인과 거의 동일하다는 걸 확인할 수 있다. 물론, 회사 내의 프로젝트 팀이라면 이런 것뿐 아니라 전사적인 비전, 전략, 방향 설정과 같은 요건들이 더 필요하다. 하지만 프로젝트 팀이라는 것은 문제를 해결하기 위해 구성된 것이기 때문에 기본적인 자세는 똑같다. 이상의 요건들을 보면 다시금 커뮤니케이션의 역할이 얼마나 중요한지를 확인할 수 있을 것이다. 결국 커뮤니케이션 방식은 성과로 직결된다.

이러한 사실이 뚜렷하게 나타날 때는 다른 팀이 어떻게 작업하는지 알 수 없도록 각 팀별로 작은 소회의실을 배정한 다음, 5~6개의 서로 다른 유형의 사고력 문제를 1시간 안에 풀도록 했을 경우다. 4~5명의 인원으로 구성된 각 팀들이 작업하고 있는 소회의실을 차례로 둘러보다 보면 구성원들에 따라 팀 분위기가 상당히 다르다는 것을 알 수 있다. 성과를 내지 못하는 그룹의 특징은 앞서 말한 요건과는 반대로 행하고 있는 경우다. 지시사항을 제대로 듣지 않은 탓에 성과가 불명확한 팀, 주관이 강한 사람이 다른 참가자들을 설득하면서 나아가는 팀, 모두가 소극적이어서 토론이 이루어지지 않아 회의실이 쥐죽은 듯 조용한 팀 등 가지가지다. 실제 직장에서도 이따금 눈에 띄는 현상이다. 이런 상황에서는 팀의 상승효과相乘效果, 즉 시너지 창출은 어렵다.

02 로지컬 리스닝은 팀의 시너지를 창출한다

시너지synergy는 비즈니스 세계에서는 완전히 정착된 말이다. 프로젝트 팀뿐 아니라 회의에서도 시너지는 요구되고 있다. 2+2는 5가 된다거나 4를 넘는다는 의미의 시너지 효과는 M&A 같은 과정에서 특히 필요하다.

그러나 이 '시너지' 역시 주의하지 않으면 제아무리 '시너지 효과!'를 외쳐대도 소용없다. 간부회의에서 '시너지 효과'를 언급하면 제안이 통과된다는 우스갯소리가 있을 정도로 안이하게 다뤄지고 있는 부분도 있다. 여기에서는 시너지 창출을 위한 구체적인 힌트를 소개하겠다.

나는 사고력 강화를 위한 강의를 할 때 10문항으로 된 퀴즈를 낸다. 먼저 각자 정답을 생각하도록 한 다음, 4~6명씩 팀을 만들어 10문항에 대한 의견 일치를 일궈내게 한다.

의견 일치를 이루기 위해 필요한 시간은 참가자들의 예상보다 오래 걸린다. 당연히 구성원의 수가 많으면 시간이 더 걸린다. 4명인 경우엔 50분 정도, 5명일 때는 적어도 1시간이 필요하고, 6명이면 70분에서 75분 정도가 소요된다. 1문항당 10점으로 계산했더니 개인의 평균점수는 44.5점이였다. 그런데 팀 평균점수는 60.5점이었다. 즉, 팀의 시너지가 창출됐다는 얘기다. 팀 구성원들끼리 의견을 교환하면서 다각도로 논지를 검토한 후 의견 일치를 일궈냈기 때문에 상승효과를 이끌어낼 수 있었던 것이다.

'납득'과 '리스닝'이 시너지를 창출한다

참고로 가장 시너지효과가 높았던 팀은 개인 평균점수 42점에서 팀 평균점수를 90점까지 올린 경우다. 즉, 순수 시너지 포인트가 48점이라는 얘기다. 이는 팀 평균점수인 60.5점을 크게 상회하는 실로 대단한 것이다. 고득점을 낸 팀 구성원들에게 그 이유를 물어봤더니 다음과 같이 말했다.

"구성원 모두가 균형 잡힌 발언을 했다."
"모두 틀린 문제도 차분하게 검토했다."
"납득이 갈 때까지 논의를 계속했다."
"듣기와 말하기의 균형이 전체적으로 좋았다."
"소수의 의견을 모두 귀 기울여 들었다."

시너지를 창출하는 키워드는 '납득'과 '듣기'다. 상대방 발언의 핵심을 잘 이해할 때 납득이 가능한 것이므로, 전달하는 사람이 상대방이 이해할 수 있도록 설명하지 않으면 납득시킬 수 없다.

반대로 마이너스 시너지가 나오는 경우도 있다. 11퍼센트 정도가 그렇다. 팀의 성과가 개인의 평균득점을 밑도는 경우다. 마이너스 시너지가 나온 그룹은 기업 · 직종 · 나이 · 학력 · 전공에 관계없이 다음과 같은 특징이 있다.

- 특정한 사람이 그룹을 독점하고 다른 사람의 의견을 들으려 하지 않는다(그 사람의 점수가 낮으면 마이너스 시너지가 된다).
- 다수결의 원칙을 서두른다.
- 다각도로 사물을 보려는 노력을 하지 않는다.
- 의견교환을 할 때 안이한 타협을 한다(대립의 회피).
- 한 번 의견충돌이 일어나면 감정적으로 변해 의견교환이 부실해진다.
- '정답'을 맞힌 사람이 자신의 답에 확신을 갖지 못하고 다른 사람의 의견에 쉽게 휩쓸린다.
- '정답'을 맞히고 자신의 답에 확신을 가진 사람이 있더라도 의미전달을 제대로 못 해 다른 사람을 납득시키지 못한다.

마이너스 시너지를 내는 자기중심적인 '설득'

마이너스 시너지를 낸 팀의 구성원에게 소감을 물어보면 앞서 말한 긍정적인 시너지를 낸 팀과는 대조적으로 '납득'이 아닌 '설득'이라는 말을 빈번하게 사용한다.

"제대로 설득할 수 없었다."
"설득하는 것에만 너무 열중한 것 같다."

설득은 자기중심적이 되기 쉽다. 또한 다른 사람의 의견을 '제대로 듣지 못했다'고 다음과 같이 후회하는 사람이 많았다.

"처음부터 내 생각이 옳다고 확신해서 다른 사람의 얘기를 듣지 않았다."
"소수의견을 무시했다."

어느 기업에서는 6명의 팀원이 1시간 20분에 걸쳐 논의했음에도 불구하고 시너지가 제로로 나왔다. 개인 평균득점과 그룹 평균득점이 완전히 일치했다. 그 팀은 다른 팀이 이미 종료했는데도 논의를 끝내지 못했다. 그도 그럴 것이 구성원들 입에서는 "그러니까, 아까부터 얘기하지 않았습니까!"라는 말이 계속 흘러나왔다.

왜 시너지가 제로가 된 것일까. 그 팀은 논리적인 논의보다는 자기주장만 되풀이하고 있었던 것이다. 참고로 이 기업은 학생들이 취업을 희망하는 기업 중에서 상위를 차지하는, 자부심이 높은 기업이다. 게다가 그 팀은 6명 전원이 석사과정을 수료한 고학력 그룹이었다. 이는 서로 양보하지 않는 상황에서는 시너지를 창출할 수 없다는 걸 입증해준 귀중한 사례다. 냉정하게 다른 사람의 의견을 듣는다면 자신의 논점을 검증할 수도 있고 전체적인 방향을 수정할 수도 있다. 즉, 다른 사람의 의견을 '듣는 것'은 시너지의 원천인 것이다.

03 집단사고의 함정에 주의하라

앞의 강의를 통해 다시 한 번 확인할 수 있었던 것이 집단심리 동향이다. 이 책에서 소개한 몇몇 문제들은 개인 정답률이 60퍼센트에서 75퍼센트나 되는 쉬운 문제들이기 때문에, 5명 정도의 팀에서 정답을 맞힌 사람이 소수파가 될 가능성은 낮다. 그런데 'PART 04의 푸린체' 문제처럼 개인 정답률이 30퍼센트 미만인 경우에는 정답자가 아예 없거나, 있다 해도 한두 명 정도인 경우가 많다. 이런 상황에서는 정답자가 "내가 틀린 건 아닐까" 하고 자신 없어 하며 다수에게 납득할 만한 설명을 하지 못하곤 한다. 그 결과 그룹의 정답률이 개인의 정답률보다 더 낮게 나오는 것이다.

사고력 훈련을 할 때도 집단심리가 작용해 정답을 맞힌 사람의 목소리를 막아버리는 경우가 종종 있다. 이런 경향은 조직 속으로 확산되어서 조직을 집단사고groupthink의 함정으로 몰아간다. '집단사고'가 초래하는 문제의 징후를 어빙 제니스Irving L. Janis(1918-1990)*는 다음과 같이 지적했다.

1. 집단이 가진 힘에 대한 환상을 품고 있어서 리스크risk를 낙관한다.
2. 집단이 도덕적이라는 것을 당연하다고 생각하기 때문에 구성원들이 의사결정을 할 때 도덕적 측면을 무시하는 경향이 있다.
3. 자신들의 전제를 의심하는 정보나 경고를 경시하도록 집단적으로 단속한다.
4. '적'은 협상하기에는 너무 약하고 무능하다는 식의 결론을 내린다.
5. 의문을 표하거나 반론을 제기하는 것은 의미 없는 일이라는 생각을 주입시킨다.
6. '만장일치'에 대한 환상을 품는다.
7. 집단의 행동에 의문을 제기하는 구성원에게 압력을 가하고, 충성심 강한 구성원에게는 그 반대로 행동한다.
8. 집단의 결정사항의 효과나 도덕성에 대한 자기만족감을 깨뜨리는 정보를 억누르거나 검열하는 구성원이 나타난다.

---

* 예일대 심리학과 교수로 1961년 케네디 정부의 쿠바 침공 결정과정을 '집단사고'의 어리석음이라 지적했으며, 결과적으로 미국의 쿠바 침공을 철회하게 만들었다. —옮긴이

일본은 사고의존과 대립회피의 문화가 강하다

집단사고의 함정은 국적에 관계없이 많은 조직에서 발견된다. 신흥종교를 생각하면 이해하기 쉽다. 또 최근에는 기업이나 관공서, 지자체의 부정사건이 끊이지 않는데 사건의 내용이 집단사고의 함정 때문인 것들이 많다. 기업연수 때 이러한 위험성을 소개하면 비슷한 부분이 있다며 공감하는 기업들이 많다.

주의해야 할 것은 일본의 조직에서는 사고의 의존과 대립회피 문화가 강하다는 것이다. 물론, 이것은 일본뿐 아니라 아시아 여러 나라에서도 찾아볼 수 있다. 사고의 의존이란 PART 02에서 언급한 '머리의 생활습관병'에 속하는 사고의존증을 말한다. '다른 회사가 하니까'라는 식의 집단에의 의존, '사장이 말하니까'라는 권위에의 의존으로 사고가 정지되는 것이다. 사고의존증을 없애기 위해서는 상대가 누가 됐든 그가 한 발언의 내용을 정확히 듣고 검증해야 한다. 상대방 발언의 '이유'를 정확히 들어야 한다는 것이다. 즉, 논리적, 윤리적으로 타당한 것인지를 생각하면서 들어야 한다. 이것이 로지컬 리스닝이다.

다음은 대립회피 문화다. 정량적인 다문화 조사로 알려진 A. 로렌의 조사에서 이런 경향을 확인할 수 있다. "조직에서 대립이 없다면 조직은 더 발전할 것이다"라는 질문에 대해 미국인은 6퍼센트가, 프랑스인은 24퍼센트가 동의했다. 그들은 '조직에서 대립이 있는 건 당연하다. 대립이 있기 때문에 조직이 발전할 수 있다'는 전제를 가지고 있다. 그런데 일본인은 80퍼센

트 가까이가 이에 동의했다. "화합和을 소중히 한다和をもって尊しとする*"는 의식의 탓일까, 대립이란 말을 부정적으로 생각하는 경향이 있다.

갈등 관리가 필요하다

A.로렌의 조사는 1980년대에 이루어졌기 때문에 동일한 질문을 지금 한다면 80퍼센트까지는 나오지 않을 것이다. 흥미 있는 사실은 해외 비즈니스 경력이 있는 사람일수록 이 질문에 대해 반대한다는 것이다. 즉, '대립이 없다면 조직은 더 발전할 것'이라고 생각하지 않는, 서양인과 비슷한 입장이 되는 경향을 보였다. 그런데 머리로만 '대립은 있는 게 당연하다'고 이해하는 것과 실제로 대립을 경험하는 것은 별개의 문제다.

일본기업과 외국기업의 M&A나 제휴를 적잖이 지켜본 내 입장에서 얘기를 하자면, 일본기업은 아직도 '악취가 나면 뚜껑을 덮는다'는 문화가 뿌리 깊다. 이와 반대로 서양기업은 대립관리conflict management, 충돌관리contention management, 대립해소conflict resolution 같은 개념을 도입해 갈등을 무난히 해결한다. 또한 협업을 고취하는 수법이나 기술이 널리 알려져 있다.

* 쇼토쿠 다이시聖德太子(574-622)가 야마토大和 정권을 세울 때 기본정신으로 삼은 '17조 헌법' 중 제일 첫 번째 조항이다. 여기서의 '和'는 유교적 개념의 조화, 화합을 의미한다. 오늘날 일본을 지배하는 정신적 뿌리 역시 '야마토大和(대화합)' 정신이다.—옮긴이

그 때문인지 PMI로 알려진 Post Merger Integration, 즉 '합병 후통합' 과정에서 서양과 일본 간에는 현저한 차이가 나타난다. PMI에서 대립은 당연이 있는 일이고 이를 관리하는 것은 마땅히 사전에 검토해야 할 이슈다. 하지만 이 과정에서 일본 기업들은 종종 꽁무니를 빼곤 한다.

'다이변 시대'에서 대립은 피할 수 없다. 피하기보다 대립을 긍정적 요소로 다루는 것이 많은 일본기업들에 필요한 자세다.

04 갈등 관리에 필요한 로지컬 리스닝

내가 실리콘밸리에 있을 때 인텔사가 일본의 한 전기회사와 공동으로 상품개발 프로젝트를 시작했다. 인텔사는 PART 03에서도 소개했던 '무어의 법칙'을 실천해온 기업으로, 발 빠른 상품개발로 유명하다. 이 회사는 병렬 작업 기술concurrent engineering을 도입해 여러 프로젝트를 추진하고, 제품생산의 라이프 사이클이 짧은 마이크로프로세서를 시장에 공급해왔다. 그런데 그 숨은 원동력은 그들의 기업문화였다.

인도계나 중국계 등 국적을 묻지 않고 우수한 엔지니어를 채용해 남보다 빠르게 프로젝트를 추진하다보면 의견대립은 일어나기 마련이다. 그래서 인텔은 '건설적 대립constructive confrontation'이라는 행동지침을 마련해놓았다. 요컨대 "의견대립은 악惡이 아니다. 기술혁신을 추진해가는 데 필수적이니, 건설적인 의견대립을 중시해야 한다"는 의미다. 또 한 가지 특징적인 지침이 "Disagree and Commitment", 즉 "동의하는지 하지 않는지를 명확하게 밝혀라. 하지만 일단 결정되면 최선을 다해 임무를 수행하라"는 뜻이다. 이렇게 하면 회의석상에서 자신의 의사를 표명하지 않을 도리가 없다. 의견대립은 한층 더 활발해지겠지만 서로 뒤끝이 없는 풍토가 조성된다.

물론, 다른 기업들 역시 '대립을 두려워하지 말고 적극적으로 의견을 교환'하도록 권장하고 있다. 일본의 도요타, 혼다 같은 기업도 연구개발을 할 때는 고함이 오갈 정도로 서로 대립한다고 한다. 그렇다 해도 인텔처럼 '대립을 환영'하는 기업문화는 실리콘밸리에서도 독특하다. 실제로 제휴를 시작한 일본기업의 엔지니어들은 인텔 사원(일본인 사원도 포함해서)들이 언제나 싸움만 벌이고 있는 게 아닌가 하는 생각을 했을 정도라고 한다.

갈등 관리의 핵심

나는 종종 외국계 기업에 다니는 일본인과 일본기업에 다니는 일본인의 차이를 느낀다. 개인차를 고려하더라도 전반적으로 외국계 기업에 다니는 사원은 말을 분명하게 하며 대립을 두려워하지 않는다. 주변 사람을 의식하면서 발언하는 경향도 일본기업에 다니는 사람들이 더 강한 것 같다.

물론, 자기주장만 해서도 안 되고 다른 사람의 말을 흘려들어서도 안 된다. 일본인이라서 자기주장이 약하거나 '대립'을 두려워한다는 말을 하려는 게 아니다. 그런 환경에 익숙해지면 자기도 모르게 몸에 익는 것이다.

문제해결 과정에서 입장이 다르면 의견이나 인식이 어긋나는 건 당연하다. 그런데 시너지란 서로 다른 아이디어나 견해, 다른 기술에서 창출되는 것이다. 따라서 다양성이 높아지면 이러한 차이를 살려 협업할 수 있는 수단이 반드시 있어야 한다. 이번 장에서는 갈등 관리의 핵심을 소개하겠다.

1) 문제의식을 일치시켜라

아이러니하게도 비즈니스 현장에서는 정례회의에서 발표할 때가 아닌 문제해결 과정에서 대립이 일어나기 쉽다. 이는 공식적인 프로젝트 팀에만 국한되지 않는다. 문제란 바람직한 모습과 현재 상태 사이의 간극이다. 떨어진 시장점유율 때문에 열린 영업회의에서도, 전략 책정을 위한 특별대책본부에서도 바람직한 모습과 현재 모습의 사이의 간극을 정확히 파악하고 그 간극을 메울 방책을 세워야 한다.

그러나 상황을 장악하고 문제를 구조화하여 해결책을 제시하는 과정에서 논리적으로 논의하기란 결코 쉽지 않다. 특히 팀이나 조직에서는 말이다. 왜냐하면 처해 있는 입장에 따라 '바람직한 모습'과 '현재의 모습'을 보는 시각이 다르기 때문이다. 따라서 팀이나 조직 내에서 문제해결을 할 때는 이 두 가지 시각을 일치시키는 작업을 정성껏 해야 한다.

특히 제약조건에 대한 견해가 다른 경우에는 더욱 주의해야 한다. 제약조건이란 "이건 움직일 수 없다" 싶은 요인, 즉 손댈 수 없는 요인을 말한다. 그런데 이것도 '누구에게' '언제까지'

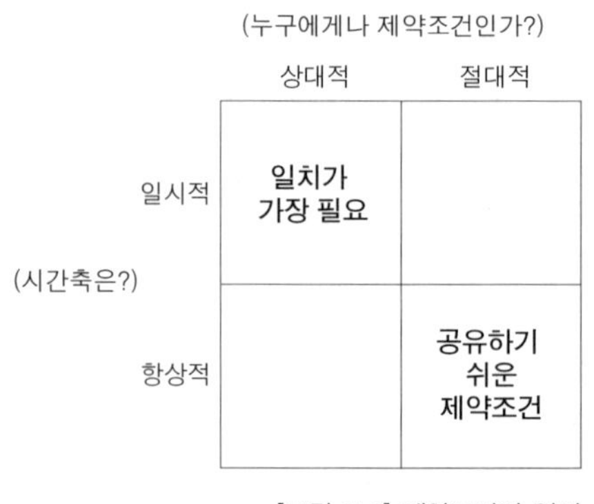

[그림 7-1] 제약조건의 일치

움직일 수 없는 것인지에 관해 견해가 다를 때가 있다. 이를 [그림 7-1]처럼 정리하면 분명해진다.

문제해결에 임할 때에 가장 곤란한 것이 절대적이며 항상적인 제약조건이다. 그러나 그리 크게 걱정하지 않아도 된다. 견해차이로 인한 대립이 가장 일어나기 쉬운 경우는 상대적이며 일시적인 제약조건이기 때문이다. 시간축을 3년으로 보는 사람도 있고, 3개월로 보는 사람도 있다. 이처럼 상황과 시간축을 고려하면서 문제의식을 일치시키는 것이 중요하다.

2) 대립의 원인을 생각하라

문제의식을 일치시키는 과정에서도 갈등이 생기는 경우가 있다. 그럴 때 갈등의 원인이 어디에 있는지를 확인하면 해결하기가 한결 수월해진다. 여기에는 주로 세 가지 대립이 있다.

개인 레벨: 정보의 차이, 인식의 차이, 서로 다른 가치관
팀 레벨: 팀의 작업방식, 일의 공정이나 방법에 대한 다른 견해
조직 레벨: 조직구조 때문에 발생하는 문제(예: 합병이나 매수 뒤의 통합 등)

어떤 레벨의 대립인지, 또는 복수의 레벨에 걸쳐 있는 것인지를 확인해서 어느 정도의 조정작업이 필요한지를 밝혀야 한다. 물론, 모든 레벨에 걸쳐 있는 갈등인 경우는 문제 해결이 쉽지 않다. 그런 경우엔 가능한 데서부터 시작해야 한다. 그런 의미에서 구성원의 대인사고력이 더욱 요구되는 것이다.

3) 다섯 가지 옵션을 생각하라

대립의 대상과 원인을 확인했다면 그 대처방법을 생각해야 한다. 이에 관해서는 토머스와 킬먼의 다섯 가지 옵션이 잘 알려져 있다.(그림 7-2)

공동창조: 자기주장과 협조를 높은 레벨에서 완수한다. 윈윈 관계.
경쟁: 자기주장은 있지만 협조가 저조하다. 서로 경쟁하기 마련이다.
복종: 자기주장 없이 협조한다. 상대에 맞춘다.

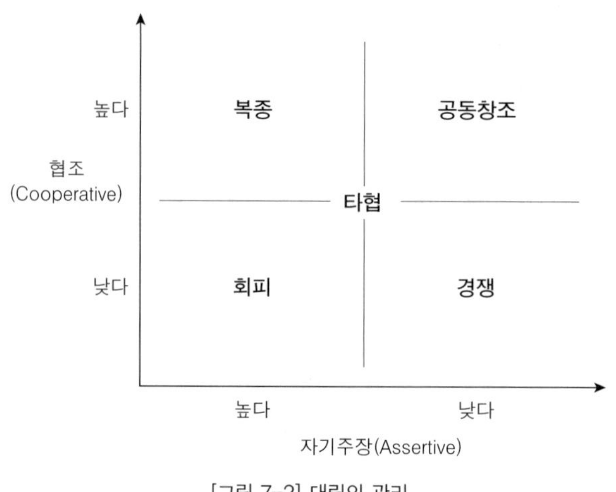

[그림 7–2] 대립의 관리

타협 : 자기주장과 협조를 절충한다.

회피 : 자기주장도 협조도 안 한다. 회피한다.

이 다섯 가지 사항에 입각해서 대립의 원인을 다시 한 번 살펴보기 바란다.

중대한 과제라면 서로 '윈윈'하는 공동창조를 모색해야 할 것이다. 반대로 중요하지 않은 일에는 자기주장을 그리 내세우지 않아도 된다. 그런데 이 과정에서 리스닝 없이는 협조가 불가능하다는 걸 알 수 있을 것이다. 즉, 로지컬 리스닝의 중요성을 다시 한 번 확인할 수 있다.

4) 전제의 공유로 감정충돌을 없애라

적당한 자기주장은 필수적이지만 감정충돌로 변하지 않도록 유의해야 한다. 의견이 맞지 않는 건 별로 문제가 되지 않는다. 그런데 감정충돌이 일어나면 앞서 말한 대립의 원인이나 자기주장의 전제를 공유할 수 없다. 그렇게 되면 사소한 것 가지고도 견해 차이가 일어나 계속 감정이 충돌하는 악순환이 되풀이된다.

그것을 막기 위해 필요한 것이 전제의 공유다. 앞서 논거 없는 자기주장은 싸움으로 변하기 쉽다고 말했다. 따라서 의견의 차이가 있을 때는 우선 전제를 공유해야 한다. 주장이나 의견을 교환할 때는 확실히 감정적으로 쉽게 변하기 때문이다. 그러나 전제를 공유하는 작업은 논거가 되는 사실을 확인하는 것이므로 감정적인 충돌이 일어나는 걸 방지한다. 그래도 감정적으로 변하는 사람이 있다면 "자신의 생각은 지키면서도 고집하진 않는다" "배타적인 자기영역은 만들지 않는다"는 것을 가이드라인으로 삼아 대화를 계속해야 한다.

05 회의를 활성화하는 대인사고력

집단 내의 대표적인 커뮤니케이션이 회의다. 비즈니스에서는 회의에 막대한 시간을 소비한다. 옛날에는 회의가 간략한 사항을 보고하는 정도로 이른바 어전회의처럼 의례적이었다. 그러나 이제는 그렇게 해서는 살아남을 수 없다. 그렇기 때문에 미팅 매니지먼트meeting management, 퍼실리테이터facilitator 같은 역할이 요구되는 것이다.

그러나 현실은 아직까지 "회의를 하면 머리가 멍해진다" "끝없이 헛도는 얘기는 시간낭비다" "논의는 활발했으나 남는 건 아무것도 없다" "발언을 하는 사람은 으레 정해져 있으니, 그들이 말하고 싶은 내용을 메일로 보내면 회의를 하지 않아도 되지 않느냐"는 식이다.

그러므로 회의를 효과적으로 운영하기 위해서는 다음 네 가지 요소를 점검해봐야 한다.(그림 7-3)

대부분 회의 운영을 할 때 그림에서 수직축인 회의준비와 절차에 많은 에너지를 쏟는다. 그러나 회의의 성과를 올리기 위

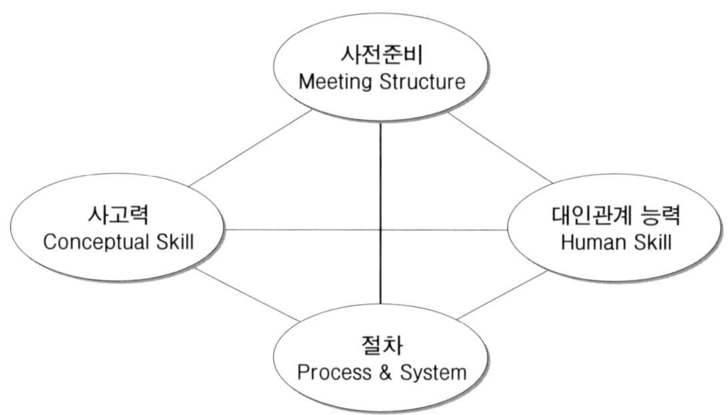

[그림 7-3] 효과적인 회의를 운영하기 위한 네 가지 요소

해서는 이런 두 가지 요소에 더하여 그림의 수평축인 구성원의 사고력과 대인관계 능력이 필요하다.

여기에서는 이 네 가지 요소에 대한 체크 리스트를 소개하고자 한다. 독자 여러분이 다니는 회사의 회의를 꼭 점검해보기 바란다.

[사전준비]

- ☐ 회의 목적을 참가자들이 충분히 공유하고 있는가
- ☐ 참가자들은 회의의 성과물이 무엇인지 명확하게 이해하고 있는가
- ☐ 참가자들은 회의의 목적에 맞게 적절히 구성되었는가
- ☐ 성과에 대한 회의 시간은 타당한가
- ☐ 회의의 역할 분담이 명확한가
- ☐ 논의에 필요한 정보는 준비돼 있는가
- ☐ 논의에 집중할 수 있는 환경이 돼 있는가

[사고력]

☐ 논의를 위해 참가자들의 전제는 공유되어 있는가

☐ 참가자들은 사물을 다각도로 보려는 노력을 하고 있는가

☐ 참가자들이 요점을 파악하기 쉽게 이야기하고 있는가

☐ 문제를 구조적으로 파악하고 있는가

☐ 혼자 떠들거나 말만 앞서지 않는가

☐ 궤변으로 흐르는 일은 없는가(궤변을 가려서 듣고 있는가)

☐ '왜'(Why?)나 '그래서 어쨌는데'(So what?)를 서로 물을 수 있는 여건은 돼 있나

[대인관계 능력]

☐ 소리를 지르거나 을러대는 참가자는 없는가

☐ 다른 참가자의 말을 듣고 있는가

☐ 의견대립을 겁내거나 회피하려는 경향은 없는가

☐ '당신 얘기는 듣고 싶지 않아' '(당신보다) 10년은 선배요' 따위로 궤변을 늘어놓는 사람은 없는가

☐ '어쩐지' '어쨌든' '좌우간' 등 감상적으로 논의를 진행하는 경향은 없는가

☐ 발언이 특정인에게 치우쳐 있지는 않은가

☐ 직위나 연배를 의식하는 경향은 없는가

[절차]

☐ 의견이 갈렸을 때 납득할 만한 수습방안을 갖고 있는가

☐ 의사결정의 기준은 명확한가

☐ 회의의 목적과 성과에 맞춰 논점의 범위를 수정하고 있는가

☐ 의견교환 내용을 화이트보드 등에 써두는 습관이 있는가

☐ 참가자들은 논의의 확산과 수렴을 효과적으로 조절하고 있는가

☐ 반론을 펼 때는 대안을 제시하는가

☐ 결론에 대한 실행력은 높은가

이상 네 가지 영역에 속한 일곱 가지씩의 항목을 체크하면 회의의 특성을 도표로 분석할 수 있다.

예컨대, '논의는 활발하지만 결론이 모아지지 않는 회의가 많은' 조직에서 이 분석을 해보니 그림 [7-4(A)]와 같은 결과가 나

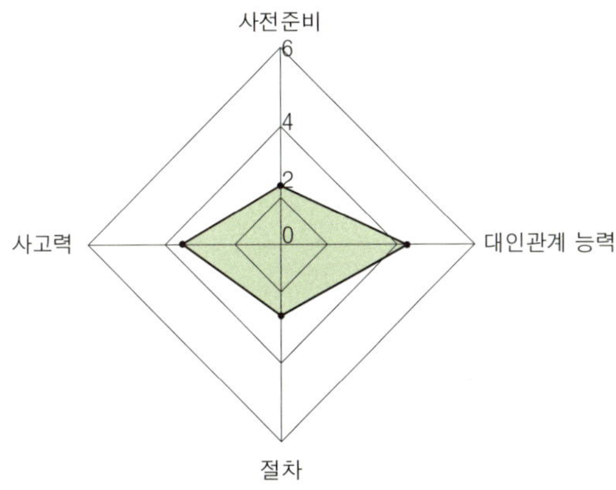

[그림 7-4(A)] 논의는 활발하지만 결론이 모아지지 않는 회의

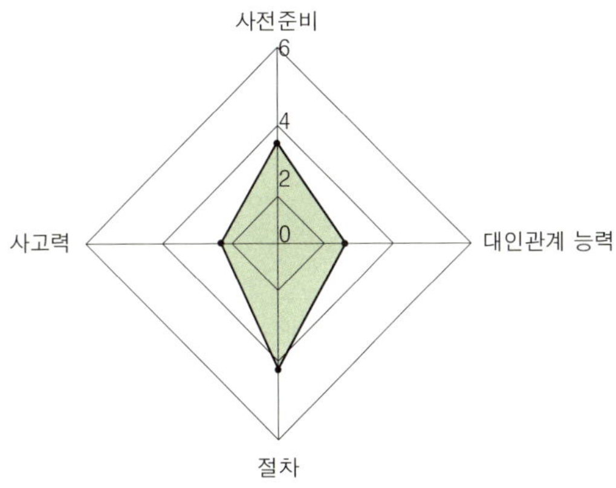

[그림 7-4(B)] 결론은 나지만 논의의 깊이가 없다

왔다. 이 조직의 경우는 회의준비 과정이나 절차가 갖춰져 있지 않았다. 반대로 그림에서 수직축으로 배열된 사전준비와 절차는 점수가 높지만 가로축인 사고력과 대인관계 능력 쪽의 점수는 신통찮은 조직도 있다. 사고력이 향상되지 않으면 '결론이 모아져도 실질적인 논의에 깊이가 없는' 회의가 되고 만다.(그림 7-4(B))

06 퍼실리테이터를 위한 로지컬 리스닝

퍼실리테이터를 진행・조정 조력자라고 번역한 바 있다. 그런데 최근에는 그냥 퍼실리테이터라고 말해도 뜻이 통한다. 퍼실리테이터와 비슷한 말로는 모듈레이터modulator, 코디네이터coordinator 등이 있다. 용어를 정리해보면 [그림 7-5]와 같다.

모듈레이터나 코디네이터란 말이 패널 토의panel discussion에서 널리 쓰이는 것처럼 퍼실리테이터 역시 회의에서 많이 사용

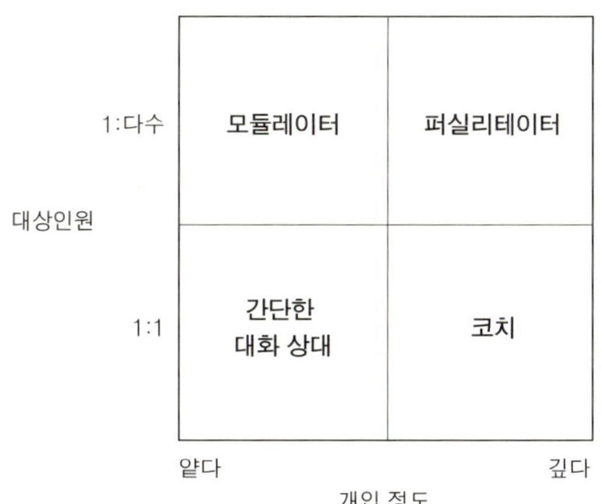

[그림 7-5] 퍼실리테이터와 모듈레이터, 코치의 차이

된다. 그러나 퍼실리테이터는 개입 정도가 상당히 깊다. 그런 의미에서 '코치'와도 비슷하지만 다수의 참가자를 대상으로 한다는 점에서 다르다.

게다가 퍼실리테이터는 좋은 성과를 내놓아야 한다. 또한 참가자들에게 뭔가를 말하고Tell, 질문을 던지고Ask, 발언을 정확히 들어Listen 분석하는Analyze 역할을 반복한다. 그리고 1대 N에서 N대 N, 즉 참가자들끼리 의견을 교환하도록 촉진하면서 성과를 이끌어낸다. 성과에는 정보공유, 행동계획 등 간단해 보이는 과제에서부터, 동기 부여나 실행력 양성 같이 잘 보이지 않을 뿐 아니라 난이도가 높은 것들까지 포함된다. 주체가 되는

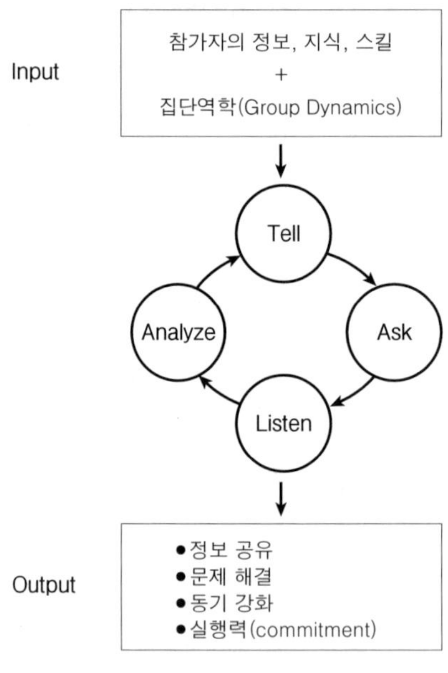

[그림 7-6] 퍼실리테이터의 임무

것은 어디까지나 참가자들이기 때문에 퍼실리테이터는 그들의 정보, 지식, 기술력 그리고 집단역학Group Dynamics까지 가미하면서 성과를 이끌어내야 한다.(그림 7-6)

Tell-Ask-Listen-Analyze 사이클

그래서 퍼실리테이터에게는 로지컬 리스닝의 발휘 능력이 모두 필요하다. 게다가 그룹의 선두에 서서 성과를 달성하는 것과 퍼실리테이터로서의 역할에 주력해야 하는 것 사이의 균형을 유지해야 한다.

단, 1대 1 커뮤니케이션에는 없는 장점과 기회도 있다. 참가자 가운데서 협력자나 지원자가 나오면 퍼실리테이터 입장에서는 큰 힘이 된다. 그런 의미에서 협력관계를 쌓을 수 있도록 성심성의껏 대하고, 논의가 이루어지기 쉬운 상황을 형성하도록 힘써야 한다. 기본이 되는 것은 앞서 말한 Tell-Ask-Listen-Analyze 사이클이다.

Tell은 '설명한다' '해설한다' 그리고 경우에 따라서는 '설득한다'는 의미를 가지고 있다. 어떤 쪽일지라도 참가자가 쉽게 이해할 수 있는 이야기 방식을 취해야 한다.

Ask는 '찾아가는 것' '질문하는 것'이다. 성과물에 도달할 때까지 정확한 질문을 해야 하고 질문을 통해 참가자들의 의견을 이끌어내야 한다. 이는 참가자들의 의견이 성과를 이루기 위한 중요한 요소가 되기 때문이다.

Listen은 매우 중요하다. 1대 1 커뮤니케이션과 같이 기본적으로 '수용 · 공감' 모드와 '탐색 · 검증' 모드를 구사해야 한다. 상황에 맞는 유연한 자세가 필요하다.

Analyze는 발언의 내용을 '분석하는 것'이다. 논의의 흐름을 지켜보면서 정리하는 것뿐 아니라 발언을 듣자마자 내용을 요약해서 사실과 의견을 분리, 확인하는 작업도 포함된다.

이 네 가지 싸이클은 순식간에 돌아가야 한다. 먼저 상대방이 발언을 하면 그 발언을 참가자들에게 요약해주고 그 다음 동작으로 들어가야 한다. 패러프레이징paraphrasing이나 리프레이징rephrasing을 하는 것이다. 이 작업은 퍼실리테이터로서 아주 중요한 것이다. 이 작업에는 세 가지 커다란 효과가 있다.

- 발언자가 상대방이 듣고 있다는 것을 알게 된다.
- 다른 참가자들도 발언자의 발언을 이해하고 확인하는 작업을 잘 할 수 있게 된다.
- 퍼실리테이션의 흐름이 잡힌다.

퍼실리테이터는 로지컬 리스닝의 실천가

이 책의 앞머리에서 나는 글로비스 사에서 다른 강사들을 접할 기회가 있었다는 말을 했는데, 의외로 기본이 돼 있지 않은 연수강사가 많다는 사실에 놀랐다. 컨설턴트라고 해서 모두 퍼실리테이터 기술을 지녔다고 할 수는 없는 것이다. 자발적으로 배우러 오는 사람들을 상대하는 것보다 마지못해 참가한 사람들을 상대하는 기업연수가 오히려 강사에게 더 많은 것을 요구한다는 얘기는 이미 했다. 그러나 그렇다 해도 '연수'라는 형식이 있기에 수월한 부분이 있다. 이에 비해 고객으로부터 의뢰를 받아 일하는 퍼실리테이션은 난이도가 높다. 예를 들어, 판매제휴를 시작한 두 회사의 전략책정 회의나 사업계획을 실현하기 위한 과제를 매니저 전원이 공유하려고 개최한 회의에서 퍼실리테이션을 하는 경우다.

이런 상황에서 퍼실리테이터의 입장은 연수강사보다 더 어렵다. 서로 이해관계가 얽힌 참가자들이 속마음을 꺼내놓고 자신들의 과제에 대한 대화를 나눌 수 있도록 Analyze는 물론 Tell, Ask, Listen을 배려하지 않으면 안 되기 때문이다.

예컨대, 강사는 참가자의 말이 들리지 않을 경우 "그래선 들리지 않습니다. 좀더 큰 소리로!"라고 말할 수 있다. 그러나 퍼실리테이터는 그렇게 해서는 안 된다. 이 부분은 [그림 7-7]에서 자세히 설명하겠다.

또한 참가자의 발언을 들었는데도 의미를 알 수 없을 때 "좀더 논지를 명확하게 해주시겠어요?"라고 직접적으로 얘기할 수도 없다. 이런 경우에는 몇 가지 대처 방법이 있다. 예를 들어, 자신이 이해한 데까지 다시 말하고 난 후 "……라고 말씀하신 거죠?" 하고 재확인하는 방법이다.

그것마저 여의치 않을 때는 앞에서 소개했던 리프레이징 방

	선생님 · 강사	퍼실리테이터
Who?	누가? 누구라고? ○○씨가 누구죠?	어느 분이? 어느 분이라고요? ○○씨라면?
When?	언제? 몇 시에?	언제? 언제쯤?
Where?	어디서?	어느 쪽에서?
What?	뭘? 구체적으로는?	~라고 하시면? 그렇게 말씀하시면? 예를 들면?
Why?	왜?	~라고 하신 이유는? ~라는 건? 그래서요?
So what?	그래서 어쨌는데? 요점은?	말하자면?
논점이 흐린 경우	논점이 확실치 않으니, 한 번 더 말해주세요.	죄송합니다, 정리가 잘 안 되네요. 다시 한 번 말씀해주시겠어요?
이해를 확인	알았어요?	괜찮겠습니까?
사실착오를 지적	이런 사실이 있다는 걸 몰라요?	이런 사실도 있습니다, 어떨는지요?
오해를 지적	내가 말한 건 그게 아니고	제가 말하려 했던 건, ~라는 겁니다만

* 위의 표는 하나의 예에 불과하므로 임기응변식 대응을 할 때 참고하면 좋겠다. '힘 관계'에서 기본적으로 유리한 선생님이나 강사들이 상대방에게 묻는 경우와 상대방과 대등하거나 상대방이 더 많은 힘을 가지고 있는 상황에서 협력관계를 맺으며 퍼실리테이션을 하는 경우는 사용하는 말이 다르다. 따라서 직접적인 질문보다는 완곡하게 표현한 질문 방법을 예로 들었다. 물론 직접적으로 물어볼 수 있는 상황이라면 아무 문제가 없다.
* 겸양어나 존대어 사용은 지나치면 오히려 아니함만 못하다고 이미 말한 바 있다. 하물며 존대어 오용은 말할 것도 없다(예: 상대방에게 이유를 묻고 싶을 때 '~라고 말씀 올리신 이유는?').

[그림 7-7] '선생님'과 '퍼실리테이터'의 질문방법

법이 효과적이다. 즉, 상대방 발언의 키워드를 몇 개 집어내 되풀이하는 것이다. 그 다음에 "~라고 하셨습니까?" 하고 상대의 설명을 요청한다.

의미를 이해하더라도 사실과 의견, 질문과 의견이 혼재되어 있는 경우에는 그것들을 분리해서 확인해야 한다. "확실히 ~라는 게 있군요. 그래서 ○○씨는 ~라고 생각하셨군요" 하는

식으로 말이다.

의견에 논거가 없고 주장만 담긴 경우, 강사는 "어째서요?" "논거가 뭐죠?" 하고 질문할 수 있다. 퍼실리테이터도 상대방과 거리가 가까워지면 이처럼 직접적인 질문을 할 수 있다. 그렇지 않은 경우라면 신중하게 "그렇게 말씀하시면?" 하고 물어보는 편이 좋다.

어느 쪽이 더 좋을지는 현장의 분위기를 파악하고 판단해야 한다. 논거는 들어 있지만 타당한 추론이라고 보기 어려운 발언일 경우에는 검증을 해야 한다. 발언자에게 질문하지 않고 다른 참가자에게 물어보는 것도 충분히 가능하다.

이처럼 퍼실리테이터는 로지컬 리스닝을 제대로 실천해야 한다. 그래야지만 회의 때 잠자던 사람도 깨어날 것이다.

07 리더야말로 로지컬 리스닝이 필요하다

조직 내부의 커뮤니케이션이라는 과제를 생각할 때, 리더에 대해 언급하지 않을 수 없다. 그래서 마지막으로 리더에 대해 잠시 얘기하겠다.

최근 르노 회장인 슈바이처 씨를 만날 기회가 있었다. 내가 일본능률협회가 주최하는 글로벌 비즈니스 리더GBL 코스의 주임강사를 맡았기 때문이다. 나는 12명의 참가자와 함께 파리 뤽상부르 궁전에 있는 도서실에서 2시간 반에 걸쳐 그와 대화를 나눌 수 있었다.

슈바이처 씨가 《니혼게이자이日本經濟新聞신문》에 〈나의 이력서〉라는 글을 연재한 직후기도 해서 화기애애한 분위기 속에서 대화를 나눴다. 슈바이처 씨는 우리들의 기대를 저버리지 않았다. 〈나의 이력서〉에는 슈바이처 씨의 다음과 같은 글이 있다.

"나는 늘 다른 사람의 말을 정성껏 듣기로 마음먹고 사원들의 생각을 존중해왔다. 그런 나의 자세를 모두가 공감해주어서, 서로가 서로를 존중해주는 관계를 쌓을 수 있었다."

웬만해서는 이렇게까지 얘기할 수 없다. 실제로 그는 그것을 실천하고 있었다. 2시간 반 가까운 시간의 절반 이상을 참가자와의 질의응답에 할애한 것도 충분히 이해할 수 있었다. GBL 코스란 비즈니스 지식이나 기술만 배우는 것이 아니라 지혜를 접하며 글로벌 시대 비즈니스 리더의 정체성을 모색하는 6개월 코스의 실천학습Action Learning이다. 따라서 연사를 초청하더라도 반드시 충분한 질의응답 시간을 갖는다. 참가자 역시 당면한 비즈니스 현안뿐 아니라 색다른 질문을 던진다. 우리가 파리에 방문했을 때도 한 참가자가 이런 질문을 했다. "일본인에겐 무사도武士道나 사무라이 정신 같은 정신적 기반이 있습니다. 파리에 오기 전에는 영국의 전직 귀족원 의원으로부터 영국인에게는 신사도가 있다는 말을 들었는데요. 그렇다면 프랑스인이 가진 건 무엇입니까?"

슈바이처 씨는 곰곰이 생각한 뒤 "Honor가 아닐까요?"라고 대답했다. Honor라는 말은 '명예'로 해석하면 될 것이다. Honor는 프랑스 건국정신인 자유, 평등, 박애의 밑바탕이기도 하다. 이 말에 참가자들은 모두 감동했다.

파리에 가기 전에는 영국에 들러 비즈니스 리더로서의 역할모델이 되는 사람들과 대화를 나누었다. 이들의 공통점은 확고한 자신만의 생각을 견지하면서도, '듣는' 것의 중요성을 실천하고 있다는 것이다. 일반적으로 리더라면 웅변적인 '연설가speaker'를 떠올린다. 물론, 자기 생각이나 비전을 명확하게 전달하는 발신형 커뮤니케이션 능력은 필요하다. 다만, 듣지 못하면 독불장군 같은 리더가 돼버린다. 리더라면 듣기 싫은 정보나 의견도 들어야 하는 것이다. 슈바이처 씨도 부하직원이나 다른 사람의 제안에 대해 "동의하느냐 하지 않느냐의 여부보다 그 제안의 사실과 주장을 먼저 받아들이는 걸 중요하게 생각한다"고 말했다. 이 말 역시 D.I.E 모델과 상통하는 점이 있다. 그가 상대방의 이야기를 진지하게 듣는 이유를 충분히 이해할 수 있다.

'지도자론'은 비즈니스 서적이나 MBA 코스에서도 자주 언급되는 대중적인 화두다. 일반적으로 사회에서는 발신형 리터가 환영받기 쉽다. 하지만 리스닝을 제대로 하지 못하는 리더는 제아무리 '웅변'이 뛰어나더라도 주위 사람들에게 긍정적인 영향력을 행사할 수 없다.

SUMMARY

Logical Listening

- 높은 성과를 올릴 수 있는 팀의 특징은,
  1. 목적과 성과물이 무엇인지 구성원 모두가 이해하고 공유하고 있다.
  2. 구성원의 참여를 높이면서 논의를 펼칠 수 있는 퍼실리테이터형 리더가 있다.
  3. 개인작업과 협동작업의 균형을 유지한다.
  4. 작업 진행 과정에 대한 모니터링을 한다.
  5. 거리낌 없는 건설적인 토론이 활성화돼 있다.
  6. 문제해결과 의사결정에 필요한 공통언어를 공유하고 있다.
  7. 성과를 내려는 동기가 강하다.
- 시너지 창출의 키워드는 '납득'과 '듣기'다.
- '다이변 시대'에는 갈등 관리 기술이 필요하다.
- 시너지란 서로 다른 아이디어나 견해, 그리고 서로 다른 기술이 있기 때문에 창출된다.
- 효과적인 회의를 하기 위해서는 퍼실리테이터가 중요한 역할을 담당해야 한다.
- 퍼실리테이터의 기본은 Tell-Ask-Listen-Analyze 싸이클에 있다.
- 리더에게 '리스닝'은 반드시 필요하다.

로지컬
LogicalListening
리스닝

Keys to Winning Heart and Minds

PART 08

"로지컬 리스닝"을 넘어서

01. 로지컬 리스닝은 균형의 예술이다
02. '間'을 연구하라
03. '아이누케'를 목표로 삼아라
04. 아직 알지 못하는 것을 함께 만들어라

01 로지컬 리스닝은 균형의 예술이다

여기까지 읽은 독자라면 로지컬 리스닝이 얼핏 상반되는 요소나 기술을 내포하면서 임기응변식으로 실천해야 하는 통합 기술이라는 점을 확인할 수 있을 것이다. 로지컬 리스닝을 실천하기 위해서는 다음과 같은 일곱 가지 요소에 주의를 기울여야 한다.

1. 정량분석定量分析을 할 수 있고 정보 독해능력이 뛰어나다 하더라도 문맥을 이해하는 능력, 즉 상황을 파악하지 못한다면 로지컬 리스닝은 불가능하다.
2. 논리의 원리원칙을 철저히 지키고 있다 하더라도 사람의 감정 흐름에 무관심하면, 상대는 말을 걸어오지 않는다.
3. 자신의 사고력은 최대한 발휘해야 하지만, 상대방의 발언을 흘려들어서는 안 된다.
4. 상대방을 관찰하면서 발언의 숨은 의도를 파악해야 한다. 하지만 고정관념에 사로잡혀서는 안 된다.

5. 자신만의 확고한 생각을 견지해야 하지만 고집을 피워서는 안 된다.
6. 상대방에게 휘둘려서는 안 된다. 하지만 상대방을 수용할 줄 알아야 한다.
7. 리스닝을 통해 성과를 달성해야 한다. 또한 과정 역시 중시해야 한다.

상대방에 무관심하면 유려하게 대처하지 못한다

나는 중학교와 고등학교에서 유도를 배웠고 대학에서는 가라테空手, 봉술棒術 등을 종합적으로 하는 무예武道를 배웠다. 또한 비즈니스 스쿨에 들어가기 직전까지 무술사범을 하기도 했다. 이러한 경험에 비추어봤을 때, 무예와 로지컬 리스닝의 공통적인 핵심은 그때그때의 상황에 따라 감각적으로 대응해야 한다는 것이다. 또한 이 둘은 살아있는 사람을 상대로 하는 것이고, 생각 없이 상대했다가는 제대로 대응할 수 없는 공통점도 가지고 있다. 자만하면 곧 빈틈이 생기고, 의기소침하면 기술을 사용할 수 없다. 즉, 로지컬 리스닝은 균형의 예술Art of Balance이다.

그렇지만 예술이라고 해서 주눅들 필요는 없다. 예술은 기본을 철저히 쌓는 것이다. 기본을 철저하게 쌓다보면 어느 순간 사람들이 예술라고 부른다. 물론, 이는 무예에만 해당되는 것이 아니라 스포츠나 학문에도 해당된다.

비즈니스에서도 상대방의 이야기를 정확히 듣고, 관찰하고, 성심성의껏 대응하는 기본을 철저하게 지켜야 한다. 그렇게 하면 누구든 회의를 할 때나 고객과 마주칠 때 좋은 성과를 낼 수 있다.

자신이 듣는 방식, 이야기하는 방식을 점검해보자

아마 이 책을 읽은 뒤에는 다른 사람과 대화를 나누거나 회의를 할 때, 지금까지 주의하지 않았던 것들이 무엇인지를 알 수 있을 것이다. 워크숍에 참가했던 분들은 이런 얘기를 했다.

"다른 사람의 얘기를 듣는 게 얼마나 대단한 일인지 알게 됐다."
"지금껏, 내 논리만 주장해왔다는 걸 깨달았다."
"평소 다른 사람의 말을 얼마나 흘려듣고 살았는지를 깨달았다."
"진지하게 다른 사람의 얘기를 듣는다는 건 쉽지 않은 일이다."

'상대방 논지의 흐름을 따라가면서 그 의도를 헤아리고, 이야기하는 상황을 파악하며 대응'하는 일련의 흐름 속에서 지금까지 지녔던 자신만의 듣기 방식, 이야기 방식을 점검해본다면 개선해야 할 점이 무엇인지 알게 될 것이다.

02 '間'을 연구하라

비즈니스 스쿨에 가기 전까지 나는 무예武道에 빠져 있었기 때문에 사고하는 훈련을 제대로 하지 않았다. 그런데 지금 와 돌이켜보면 무예를 배웠던 것이 지금 하고 있는 일에 많은 도움이 되고 있다. 앞서 얘기했듯이 '살아있는 사람을 상대로 하는 작업'이라는 관점에서 본다면 무예와 로지컬 리스닝은 결국 같은 것이다. 그 당시에 나는 다양한 것들을 공부했지만 그 중에서도 '間'에 대해 공부한 것이 큰 도움이 됐다. '間'이라는 한자는 문門 사이로 태양日이 바라보이는 상형문자다. 즉, 몇 미터 앞의 문門과 수십만 킬로미터 바깥의 태양日을 한 순간에 포착한 것이다. 즉, 공간과 시간을 함께 처리했다. 생각해보면 '시간時間' '공간空間' 그리고 '인간人間'이란 말에도 '사이간間'이 모두 들어 있다.(그림 8-1)

'間'은 로지컬 리스닝의 핵심이다. 로지컬 리스닝은 결국 적절한 때와 장소에서 상대방과의 관계를 어떻게 구축할 것인가의 문제인 것이다. '사이間'가 나쁘면 상대방은 말을 걸어오지

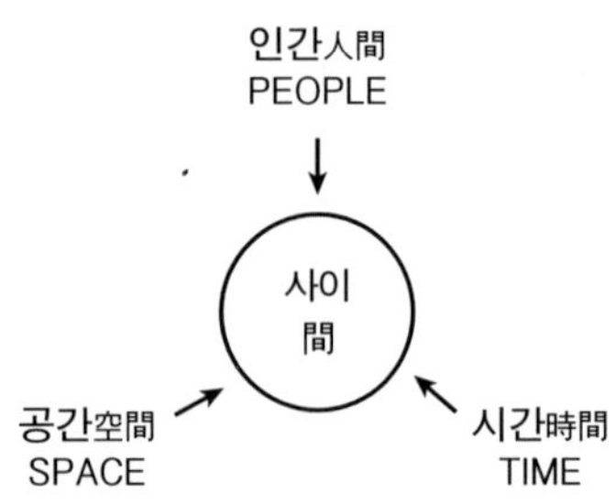

[그림 8-1] '間'을 연구

않지만 '사이間'가 좋으면 대화가 피어나고 공감이 일어난다. 합기도를 창시한 우에시바 모리헤이植芝盛平(1883-1969) 씨는 "가늠을 하면 조화한다相すれば和す*"는 말을 했다. '사이'를 연구하면 그러한 경지에 도달할 수 있다는 것이다.

* 합기도에서는 상대와 싸우겠다는 생각을 버리라고 말한다. 싸운다는 생각을 하면 이미 패했다는 것이다. 즉, 상대방의 기를 먼저 읽고(가늠하고) 나면 그에 어울리는 조화(상응)를 구사할 수 있다는 원리다. -옮긴이

03 '아이누케'를 목표로 삼아라

합기도란 말이 나온 김에 무예에 관한 얘기를 조금 더 하겠다. 도쿠가와 시대에 야규 세키슈사이柳生石舟齊라는 사람이 있었다. 세키슈사이는 일본 제일의 성검聖劍으로 칭송받던 기미이즈미 이세노카미 노부스上泉伊勢守信綱에게 한 수 가르쳐주기를 간청했다. 그래서 노부스는 제자였던 히키다 분고로疋田文五郞와 서로 대결하게 했다. 그런데 세키슈사이는 분고로를 어린애 다루듯 했다고 한다. 분고로는 중국 전통 무예의 달인인 오가사와라 겐신사이小笠原源信齋를 꼼짝도 못하게 만든 인물인데도 말이다. 그런데 겐신사이는 자신의 제자인 하리가야 세키운針ヶ谷夕雲에게도 패하고 말았다. 그리고 세키운 역시 예순 남짓 되었을 때 제자 오다기리 이치운小田切一雲으로부터 도전을 받았다. 그래서 제자와 세 번에 걸쳐 진검승부를 펼쳤는데 세 번 모두 승자를 가릴 수 없었다고 한다.

세키운은 우리 인생에서 중요한 것은 유일무이唯一無二한 지극히 성스러운 공간에 도달하는 것이라고 한다. 그런데 그곳은

누구나 도달할 수 있는 경지지만 매우 험난한 길이다. 거기에 도달한 사람은 그 경지에 들어간 다른 사람들과 완전한 일치를 경험한다. 또 그러한 경지에 이른 사람들끼리 대결을 할 경우에는 서로를 죽이지 못한다. 이처럼 서로를 죽이지 못한 상태를 '아이누케相抜け'라고 한다. 즉, 세키운과 이치운이 세 번 맞붙어서 세 번 모두 칼에 피를 묻히지 않은 것을 '아이누케 했다'고 하는 것이다.

또한 겐신사이 밑에는 3000명의 문하생이, 세키운 밑에는 2800명의 문하생이 있었다. 당시에는 무술, 검술을 '마음대로 휘두르는' 시대였기 때문에, 상대방의 도장에 쳐들어갈 수 있었고 스승에게도 도전할 수 있었다. 이것을 통해 알 수 있는 것은 이론만 가지고는 살아남을 수 없다는 것이다.

이러한 배경을 비판적으로 생각해보면 '아이누케'는 정신론적인 얘기나 초자연적인 현상은 아닌 듯하다. 스즈키 다이세츠鈴木大拙(1870-1966)는 양쪽 모두 죽게 되는 '아이우치相打ち'와 양쪽 모두가 사는 '아이누케'를 대비시켜 다음과 같이 해설했다.

"그 間이 멀다면 반드시 검이 닿는 곳까지 가야 하고, 검이 닿는 곳에 이르면 마땅히 베어야 한다. 또한 그 間이 가깝다면 그 즉시 베어야 할 것이다. 어떤 사유도 끼어들 수 없다."

이처럼 세키운의 사상이 표출된 기술을 '유화무박자柔和無拍子'라고 부른다. '멀다면 칼이 미치는 곳까지 가서 베어버리면 된다. 쓸데없는 생각은 하지 말라'는 얘기다.

아마도 이 기술은 아기 같은 무심無心함, 부드럽고 평온한 기운, 흠잡을 데 없는 기술, 적절한 때를 찾는 능력 따위를 초월한 것이 아니었을까 한다. 세키운과 이치운에게 물어볼 수 없는 노릇이니 구체적으로 어떤 기술이었는지 확인할 수는 없지만, 이것은 철학자 니시다 기타로西田幾太郎(1870-1945)가 말한 '순수경험' 상태와 매우 흡사하다는 생각이 든다.

나는 무예나 철학에 관심이 없는 독자라도 세상에는 이런 경지가 존재하고, 거기에 도달하는 것도 가능하다는 사실을 말해두고 싶다. 그것을 쉽게 'win-win 관계'라고 부르는 건 좀 내키지 않는다.

04 아직 알지 못하는 것을 함께 만들어라

무예는 '아이누케'를 체험하지 못하고 15년 전에 접었지만 사람을 상대하는 '구미테組手(대련 상대)'에 관해서는 많은 발견을 했고 공부도 계속하고 있다. 로지컬 리스닝에 관해 앞에서 얘기했듯이 듣기에는 다음의 3단계가 있다.

귀로 듣는다.(청력)

↓

머리로 듣는다.(사고력) → 이해를 한다.

↓

마음으로 듣는다.(EQ) → 공감이 생긴다.

이런 단계는 널리 알려져 있다. 그런데 나는 그보다 더 나아간 단계가 있다고 생각한다. '영혼으로 듣는다'고 표현하면 적절할지 모르겠다. 이는 서로가 서로의 생각을 일치시키는 상태다. 내가 어떤 말을 머릿속에 떠올리는 것과 동시에 상대방의 입에서 그 말이 나오고, 반대로 상대방이 어떤 말을 머릿속에 떠올리는 순간 내가 그 말을 하는 것과 같은 상태를 말한다. 그렇게 되면 서로 간에 새로운 발견이나 깨달음을 공유하게 되고, 아직 알지 못하는 어떤 것을 함께 만들어낼 수 있다. 이런 단계를 공명협창共鳴協創이라고 부른다.

오토 셔머의 U법칙

이런 생각을 하다가 흥미롭게도 MIT(매사추세츠 공과대학)에서 'U법칙'을 제시한 오토 셔머의 논문을 보게 됐다. 그에 따르면 리스닝에는 다음의 4단계가 있다고 한다.

다운로딩: 이미 알고 있는 것을 듣는다. 차이는 처음부터 없다고 생각한다.

↓

객관적 경청: 차이에 대해 의문을 제기하면서 경청한다.

↓

공감 경청: 앞의 두 가지 듣기 방법의 주체는 자기자신이다. 여기서부터는 상대방의 관점에서 듣는다.

↓

협창協創 경청: 자신과 타인의 구별이 없는 상태. 대화가 창출되는 장場에 귀를 기울인다.

셔머가 말하는 네 번째 단계인 협창 경청은 '아이누케'와 흡사하다. 그는 다음과 같이 표현했다.

> "네 번째 단계는 '공감한다'는 것을 넘어선 단계다."
> "대부분의 사람들이 이 네 번째 단계에 숨겨진 황금을 찾아낼 수 있다. 늘 존재하고 있기 때문이다."

나는 이와 같은 표현을 접하고 소름이 끼쳤다. 그는 우리들이 '다운로드' 모드에 길들여져 있기 때문에 네 번째의 협창 경청에 도달할 수 없다고 지적한다. 반대로 최종적인 단계에 도달하기 위해서는 '자신의 생각을 내려놔야 한다'고 강조한다. 그러기 위해서는 질책하는 것, 두려워하는 것 그리고 냉소적인 것(상대방을 공격하기 위해 준비하는)으로부터 벗어나야 한다고 얘기한다. 내가 주장해온 내용과 같다.

실천의 힌트는 '조해리의 창'에 있다

물론 비즈니스 현장에서는 다양한 상황들이 일어난다. 때문에 매번 공명협창共鳴協創이나 셔머가 말하는 협창 경청 단계까지 도달하지 않아도 문제가 잘 해결되는 경우도 있다. 다만, 너무 복잡해서 해결책이 보이지 않거나 기존의 시스템으로는 도저히 대응할 수 없는 문제에서 이 단계의 대화가 필요하다는 것이다. 실천의 힌트는 '조해리의 창'에 있다.(그림 8-2)

다운로드는 이미 알고 있는 것을 확인하는 단계다. 서로 자신이 모르는 것에 대해서는 주의를 기울이지 않는다.(그림 8-2) 앞에서도 말했듯이 '토론'에서는 자신의 맹점을 방어하고 상대방의 맹점을 공격하게 된다. 말하기가 듣기를 앞지르는 것이다. 그런데 '대화'를 하면 말하기와 듣기의 균형이 이루어진다. 서로가 자신이 모르는 바를 자각하면서 상대방에게 배우기 때문이다. 그런데 공명협창이나 협창 경청은 서로가 공통의 무지無知에 대해 초점을 맞추기 때문에 듣기가 말하기를 앞지르게 된다.(그림 8-3)

이미 알고 있는 것의 확인은 분명히 필요하다. 또한 상대방의 궤변이나 조직 내의 집단사고에도 주의를 기울여야 한다. 그런데 그것들을 넘어서서 대화할 수 있다면, 그리고 아직 알지 못하는 어떤 것을 서로 협력해서 만들어갈 수 있다면, 지금보다 더욱 살기 좋은 세상이 될 것이다.

		자신이	
		알고 있는 부분	모르는 부분
상대가	알고 있는 것	상호 간에 이미 알고 있는 바를 확인	자신이 모르는 것
	모르는 것	상대방이 모르는 것	상호 간의 무지無知

[그림 8-2] 이미 알고 있는 바를 확인하는 것이 리스닝의 첫걸음

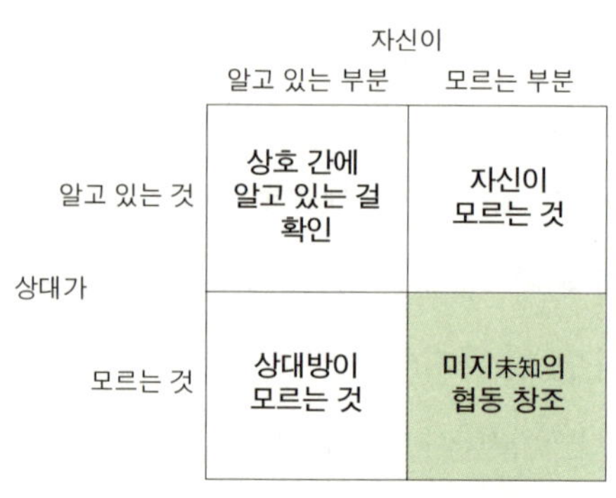

[그림 8-3] 공명된 협동창조

"그건 꿈 같은 애기다!"라고 말할 사람이 있을지도 모르겠다. 그런데 내가 이제껏 얼마나 다른 사람들의 얘기를 들어왔고 듣고 있는지를 생각해보라. 특히 자녀들의 얘기를 경청한 적이 있었는지 자문해보라. 아마 반성하고 용서를 빌어야 할 것이다.

나의 오랜 친구기도 한 사쿠라이 히로시櫻井弘는 '부모자식 간에는 커뮤니케이션을 소홀히 하게 된다'고 말했다. CNS 화법話法연구소 소장으로 커뮤니케이션 전문가인 그 친구 역시 자신의 체험을 토대로 "가장 소홀하기 쉬운 부모자식 간의 커뮤니케이션 방식을 검토해봐야 한다. 그러면 자기자신의 커뮤니케이션 방식이 지닌 경향성을 통해 사물을 보는 방식, 사고방식이 선명하게 나타날 것이다"라는 충고를 해주었다.

물론, 자녀뿐 아니라 부모를 대하는 커뮤니케이션도 마찬가지다. 80세나 된 노모의 얘기를 얼마나 잘 듣고 있는지, 다운로드 모드로 듣고 있지는 않은지, 빡빡한 화법으로 대하지는 않는지를 생각해보라. 역시 용서를 구할 수밖에 없을 것이다.

그런데 확실히 말할 수 있는 건 "지금까지는 말하는 것 때문에 창피를 당해왔지만, 듣는 것을 통해서는 뭔가를 배워왔다"는 사실이다.

르노 회장인 슈바이처 씨도 "다른 사람의 얘기를 귀 기울여 들으면 반드시 도움이 된다. 내 인생을 돌아보면, 확실히 그렇다는 생각이 든다"고 말했다.

공자는 나이 60이 되면 이순耳順, 즉 수양이 더욱 무르익는다고 말했다. 그래서 듣는 것이 이치에 맞으면 아무런 장애 없이 이해할 수 있게 된다고 했다.

아무쪼록 이 책이 독자 여러분들에게 좀더 '듣기'를 연마하고자 하는 동기부여가 되었으면 한다. 로지컬 리스닝을 지금부터 실천해보자.

SUMMARY

Logical Listening

- 로지컬 리스닝은 균형의 예술이다.
- 상대방의 이야기를 정확히 듣고, 관찰하고, 성심성의껏 대응하는 것이 비지니스의 기본이다.
- '間'은 로지컬 리스닝의 핵심이다.
- 듣기에는 귀로 듣기(청력), 머리로 듣기(사고력), 마음으로 듣기(EQ)의 세 가지 단계가 있다. 그런데 그 보다 더 나아간 단계가 '영혼으로 듣기'다.
- 협창 경청에 도달하기 위해서는 질책하는 것, 두려워하는 것, 그리고 냉소적인 것(상대방을 공격하기 위해 준비하는)으로부터 벗어나야 한다.

창조적 사고 측정 테스트의 답

PART 04의 7장

1번 문제) 답은 A	PART 04의 8장 참조.
2번 문제) 답은 A	'타당한 추론으로 보기 힘든 것'에 주의할 것. 소비자금융의 비즈니스는 이자가 없으면 존립하지 못한다.
3번 문제) 답은 C	고원과 평지에서의 아데노신3인산 합성 유무를 정리하면 분명해진다.
4번 문제) 답은 B	발언자의 주요 논점을 간파할 것.
5번 문제) 답은 B	'일부 알콜음료'란 말에 주의해야 한다. 다른 회사의 맥주에도 푸린체가 들어 있다는 걸 시사하지 않으면 논리에 구멍이 뚫린다.

찾아보기

가

나

| 다 |

| 라 |

| 마 |

| 바 |

| 사 |

| 아 |

| 자 |